변액유니버설 보험

컨설팅 키포인트 63

KB191717

변액 유니버셜 보험

컨설팅 키포인트 63

사람은 서로 의존해야 살 수 있는 존재이며 그 가운데 친절을 더하면 성공을 기대할 수 있다. 평생직업의식을 갖고 꼭 필요한 정보로 무장하여 지적이지만 금융교육이 필요한 우리의 고객들을 열심히 돕는 것이 성공의 지름길이다.

- 아델리아(전 세계 MDRT 회장) -

지금 당장의 소득만 올리려고 생각하는
보험세일즈맨은 이 책을 보지 마라!

단지 돈만 사랑하고 고객을 사랑하자 않는
자신의 이익이 세일즈 미션이라 생각하는
자신만을 위하는 보험설계사는 이 책을 보지 마라.

갈 길이 조금 멀다 해도 늘 내일의 희망을 안고
현재의 일을 평생직업으로 삼으며 영원히 사람을 남기고
그 결과로 보험영업을 알차게 하려는
고객을 아가페적으로 사랑하는 보험컨설턴트만 이 책을 보라!

또한 보험컨설턴트를 뛰어넘어
올바른 자산형성과 재무설계로 고객의 가정에
보장과 더불어 행복과 부를 올곧게 심고 가꾸어주고 싶은
진정한 종합재무설계사만 이 책을 넘겨라.

단순한 재무설계사가 아닌
고객의 생애 전반에 대한 인생재테크를 책임진 키운슬러로서
평생 동안 고객과 함께 동반자로
인생의 여정을 멋있고 아름답게 가꾸면서
이를 JOP의 소중한 굴레로 여기면서 올곧게 걸어갈
마음의 자세와 목표가 확실하게 정립되어 있는
프로기질로 무장된 전문금융 FC만 이 책을 덮어라.

Prologue

프 롤 로 그

지금 보험시장은 전쟁 중!

금융상품 중 **최고의 상품**

'이보다 더 나은 보험상품을 개발하기란 그리 쉽지 않지 않을 것이다.'

이러한 전문가들의 진단이 나올 만큼 변액유니버설보험은 우리나라 투자문화에 일대 혁신을 몰고 오고 있는 고품격 종합금융형 장기간 접투자 상품이다. 변액유니버설보험의 종주국인 미국에서도 변액유니버설보험은 판매된 지 20년이 넘도록 이보다 더 좋은 상품이 나오지 않고 있다. 그만큼 보험상품 중에서는 독보적인 존재라고 할 수 있다. 만약 노벨보험상이 있다면 이 상품을 개발한 보험계리인에게 주어져야 하지 않을까!

특히 장기적으로 저금리 기조를 형성할 것으로 보이는 우리나라 경제트렌드에 비추어 볼 때 비과세 혜택이 주어지면서 투자와 저축, 보장 등 모든 기능을 두루 갖춘 One Stop Service 형식의 종합금융상품은 변액유니버설보험밖에 없다. 이러한 현실을 반영하듯 현재 보험시장도 변액보험과 유니버설보험을 상호 결합하여 만든 변액유니버설보험 체제로 시너지 효과를 내려는 움직임이 대세이다. 금융장벽이 허물어지고 있는 종합금융화 시대, 점점 치열하게 전개되어 갈 보험시장에서 고객

6 변액유니버설보험 컨설팅 키포인트 63

의 사랑을 더 받을 수 있는 상품이기 때문이다.

이제 변액유니버설보험을 왜 집중판매해야 하는지 알 수 있을 것이다. 그것이 대세이기 때문이다. 이 대세에 동참하자. 그러기 위해 우선 당신이 앞으로 나가야할 보험 로드맵(Road Map)을 설정할 수 있어야 할 것이다.

보험영업에서 **승리하는 길**

지금 당신은 보험시장이라는 전쟁터에 서 있다. 그러나 전쟁터를 둘러싼 보험환경은 날이 갈수록 나빠지기만 한다. 보험영업방식은 갈수록 다양화, 다각화되어 가고 있고, 보험상품을 취급하는 곳도 금융권은 물론 유통업체, 네크워크산업, 서비스산업체 등 온라인과 오프라인을 불문하고 사방팔방으로 뻗어 나가고 있다. 그러다 보니 방문판매를 하는 보험컨설턴트를 통해 보험상품에 가입하려는 사람은 점점 줄어들고 있다. 보험컨설턴트들의 운신 폭을 제약하는 시대로 점점 변해가고 있는 것이다.

이럴 때 **어떻게 대처해**나가야 할까?

이런 상황에서는 변액유니버설보험의 고수가 되는 길밖에는 방법이 없다. 이외에 다른 대안이나 묘책은 없다. 오로지 인생재테크 설계능

Prologue
프 롤 로 그

력을 두루 갖춘 재무 컨설팅클리닉 전문가가 되어 변액유니버설보험의 진정한 고수가 되는 방법 이외엔 다른 대안이 없는 것이다.

　그런데 여기서 반드시 알아둘 사실은 그 길이 단순한 보험세일즈의 길이 아니라는 것이다. 고객의 눈높이에 맞추어 컨설팅을 해주는 컨셉세일즈도 아니다. 상품을 판매하고 유지하도록 서비스해주는 것에만 국한해서도 안 된다. 고객의 라이프 맵(Life Map)을 토대로 모든 재무상태를 진단하는 것은 물론 보험혜택을 모두 누려 보험효력이 소멸되는 그날까지 책임을 지는, 즉 평생 컨설팅클리닉을 해나가야만 하는 것이다.

고객 생애 전반의 **인생재테크 설계**

변액유니버설보험에서 컨설팅클리닉은 고객의 생애 전반에 관한 인생재테크를 추진해나가는 고품격의 재무플랜 작업기술이다. 그러므로 당신은 고객이 원하는 시기에 목적자금을 보다 효율적으로 마련할 수 있도록 고객이 선택한 펀드를 관리해주면서 어느 시점에 다른 펀드로 갈아타야 하는지, 또 어느 시점에 적립금액을 찾아야만 가장 이익을 보는지를 지속적으로 조언해주고 관리해주는 매니저요, 코치가 되어야 한다. 즉, 변액유니버설보험 컨설팅클리닉은 고객의 삶의 질을 드높여 주기 위해 '보장'이라는 밑바탕에 '재테크'라는 물감으로 인생

행복마당에 그림을 차곡차곡 그려나가 고객의 인생행복을 완성시켜가는 '인생재테크 작업기술'인 것이다. 따라서 당신은 고객이 시행착오 없이 인생행복마당의 그림을 그려 나갈 수 있도록 컨설팅하여 고객의 대만족을 이끌어내야 하는 것이다.

전쟁터에서는 살아남는 것은 매우 중요하다. 살아야 행복한 삶을 꾸려갈 수 있는 기회를 가질 수 있기 때문이다. 그러나 살아남는 것으로 만족해서는 안 된다. 전쟁에 참전한 대가로 받은 명예훈장과 연금으로 떳떳하고 자랑스럽게 남은 인생을 여봐란듯이 살아가는 것이 더 값진 것이다. 전쟁터를 방불케 하는 보험시장에서도 마찬가지이다. 어떠한 일이 있더라도 살아남아 승리의 월계관을 써야 한다. 보험전문인으로서 확실히 입지를 굳혀 일과 삶을 즐기는 멋을 맛봐야 한다.
그러나 당신 혼자서만 월계관을 쓴다면 그건 끈 떨어진 갓이나 다름없다. 성공의 자리에 있도록 만들어준 고객들에게 평생의 자랑거리가 되도록 해야 한다. 그러므로 당신은 단순한 전문가가 아닌 고객과 여생을 같이 하면서 그들의 행복을 위해 보다 더 노력하려는 진정한 인생의 동반자 역할을 자임해야 할 것이다.

그런 차원에서 이 책에서는 변액유니버설보험을 어떻게 컨설팅클리닉 해야 고객의 마음을 사로잡을 수 있는지 그 길을 심도 있게 제시했다. 보험시장을 둘러싼 트렌드와 더불어 왜 변액유니버설보험을 판매해야 하고, 무엇을 보다 깊이 알아야 하는지, 변액유니버설보험의 진정한 컨설팅 키포인트는 무엇인지, 그리고 변액유니버설보험에는 어떤 단점이 숨어 있고, 판매시 아킬레스건은 무엇인지, 보다 효율적으로 판매하기 위해서는 어떻게 컨설팅클리닉을 해나가야 하는지, 전략적 프로세스에는 어떻게 임해야 하는지, 실전화법은 어떻게 전개해야 설득력이 있는지, 어떠한 방법으로 사후관리해야 하는지 그에 대해 심층 분석을 하면서 다각도로 솔루션을 제시해보았다.

이 책은 필자가 《변액유니버설보험 제대로 알면 성공한다》를 낸이후 변액유니버설보험에 대한 올바른 컨설팅솔루션을 제시해달라는 독자들의 요구에 보답하고자 내게 되었다. 따라서 변액유니버설보험 상품에 대한 단순한 이론이나 장점은 위에서 소개한 책에 세밀하게 기술해 놓았으므로 이 책에서는 일반론적인 장점의 피력은 생략하겠다. 단, 변액유니버설보험의 컨설팅 키포인트라 할 수 있는 16대 주기능은 고객의 인생재테크 컨설팅클리닉 강화를 위해 별도로 제시해놓았다. 여기서 변액유니버설보험상품은 단순히 변액유니버설보험 적립형(저축형)만을 의미하는 것이 아니라 보장형(종신보험, CI 보험, LTC 보험 등), 연금형(변액연금보험) 등의 변액보험과 유니버설보험이 상호 결합된 모든 실적배당형의 보장투자상품을 일컫는 총체적인 용어임을 밝혀둔다.

변액보험 판매관리사로서 진정한 고수가 되는 방법에 대해 심층적으로 피력해놓았으므로 이 책을 보면 누구나 변액유니버설보험 컨설팅클리닉의 고수가 될 수 있을 것이다. 여기서 컨설팅클리닉 고수란 고객발굴, 판매(업적), 재정컨설팅, 재무컨설팅, 고객관리, 고객창출, 수익창출, 소개확보 등 모든 분야에서 최고가 됨을 의미한다. 이 책을 통해 보다 금융전문가로서의 지식과 프로십을 업그레이드하여 보험컨설턴트들도 다른 별정직 고소득 전문직군과 같은 전문직업인이 되기를 진심으로 바란다. 이 책이 나오기까지 보험대리점주로서 바쁜 와중에도 아낌없는 조언과 수고를 마다 않은 사랑하는 아내에게 깊고 넓은 사랑과 감사를 전한다.

끝으로 이 책을 읽는 보험컨설턴트들이 현재의 이익을 남기는 보험세일즈가 아닌 영원히 고객을 남기는 컨설팅클리닉을 전개하여 은퇴하는 그날까지 언제나 성공마당에 안주할 수 있기를 깊고 간절하게 바란다.

가을의 길목에서 김 동 범

Contents
차 례

제1장 • 변액유니버설보험 **고수가 되기 위한** 맥 잡기

컨설팅 키포인트 | 01 변액유니버설보험의 미래는 밝다 ················· 20

컨설팅 키포인트 | 02 변액유니버설보험시장이 커질 수밖에 없는 이유 몇 가지 ······· 31

컨설팅 키포인트 | 03 실패에서 배우는 컨설팅 키포인트 ················· 43

컨설팅 키포인트 | 04 당당한 영업을 위한 인프라를 구축하라 ················· 49

컨설팅 키포인트 | 05 고객이 깨어 있음을 간과하지 마라 ················· 56

컨설팅 키포인트 | 06 미국 Vs. 일본 Vs. 한국 보험세일즈맨의 차이 ················· 60

컨설팅 키포인트 | 07 변액유니버설보험으로 인생을 재테크하라 ················· 66

컨설팅 키포인트 | 08 스스로 가입하듯 완전판매하라 ················· 77

컨설팅 키포인트 | 09 인생재테크를 위한 라이프 맵을 만들어라 ················· 81

컨설팅 키포인트 | 10 변액유니버설보험은 먼저 찜하는 자가 임자다? ················· 83

컨설팅 키포인트 | 11 고객의, 고객을 위한 컨설턴트가 되라 ················· 86

제2장 • 변액유니버설보험 **컨설팅 키포인트** 정복하기

컨설팅 키포인트 │12 변액유니버설보험의 16가지 장점을 익혀라 ---------------- 92

컨설팅 키포인트 │13 '보험기능' 은 투자기반을 다지는 인프라 ---------------- 97

컨설팅 키포인트 │14 '투신기능' 은 고수익을 추구하는 적립식펀드 ------------ 99

컨설팅 키포인트 │15 '은행기능' 은 변액유니버설보험의 참 매력 ------------ 101

컨설팅 키포인트 │16 '연금기능' 은 장수시대 최적의 대안 ---------------- 103

컨설팅 키포인트 │17 '종신기능' 은 불확실성시대에 영속성을 부여 --------- 105

컨설팅 키포인트 │18 '상속기능' 은 부의 대물림을 실현 ---------------- 107

컨설팅 키포인트 │19 '교육기능' 은 청출어람의 승화 ------------------- 109

컨설팅 키포인트 │20 '주택기능' 은 내 집 마련 꿈을 실현 ------------- 111

컨설팅 키포인트 │21 '결혼기능' 은 가정의 소중함을 일깨워 줌 ---------- 113

컨설팅 키포인트 │22 '절세기능' 은 세테크의 참맛 --------------------- 114

컨설팅 키포인트 │23 '주식기능' 은 간접투자로 리스크를 줄여줌 --------- 116

컨설팅 키포인트 │24 '대출기능' 은 자금융통을 원활하게 --------------- 118

컨설팅 키포인트 │25 '인플레 헤지' 기능은 미래가치의 불안해소 --------- 120

컨설팅 키포인트 │26 '보안기능' 은 나만의 텃밭 ----------------------- 121

컨설팅 키포인트 │27 '안전망 기능' 은 안심성 제공 ------------------- 124

컨설팅 키포인트 │28 '다다익선기능' 은 덤의 참맛 -------------------- 126

Contents
차 례

제3장 • 변액유니버설보험 단점 극복 클리닉

컨설팅 키포인트 | 29 고객에게 단점을 숨기지 마라 ····················· 130

컨설팅 키포인트 | 30 단점을 장점으로 승화시켜라 ····················· 133

컨설팅 키포인트 | 31 변액유니버설보험의 아킬레스건 ················· 138

컨설팅 키포인트 | 32 수익률 게임만으로는 승산이 없다 ··············· 140

컨설팅 키포인트 | 33 변액유니버설보험에 대한 냉철한 분석이 먼저다 ····· 144

컨설팅 키포인트 | 34 펀드수익률은 따지면서 왜 사업비는 안 따지나? ···· 147

컨설팅 키포인트 | 35 단기간엔 절대로 고수익을 낼 수 없다 ··········· 150

컨설팅 키포인트 | 36 투자수익률을 적립식펀드와 단순비교하지 마라 ····· 155

컨설팅 키포인트 | 37 장기간 예치하면 무조건 고수익이 날까? ········· 162

컨설팅 키포인트 | 38 변액유니버설보험은 만기가 없는 상품일까? ······ 168

컨설팅 키포인트 | 39 왜 나이를 많이 먹을수록 수익률이 떨어질까? ······ 171

제4장 • 변액유니버설보험 **컨설팅 고수 되기**

컨설팅 키포인트 I 40 어떻게 해야 컨설팅 고수가 될까? ·············· 178

컨설팅 키포인트 I 41 고객의 인생재테크를 설계하라 ·············· 183

컨설팅 키포인트 I 42 수익률보다 다양한 보장에 승부수를 띄워라 ·············· 188

컨설팅 키포인트 I 43 펀드를 고를 수 있는 최고상품임을 부각시켜라 ·············· 192

컨설팅 키포인트 I 44 당신은 수익률을 어떻게 설명하는가? ·············· 197

컨설팅 키포인트 I 45 금리체계를 정확히 알아야 고수가 될 수 있다 ·············· 204

컨설팅 키포인트 I 46 금융상품의 만기금액은 이렇게 산정한다 ·············· 211

컨설팅 키포인트 I 47 장거리와 단거리 경주는 룰이 다름을 알려라 ·············· 217

컨설팅 키포인트 I 48 전문가답게 조정수익률로 계산해 설명하라 ·············· 223

컨설팅 키포인트 I 49 매월 100만 원은 쓸 수 있도록 설계하라 ·············· 228

컨설팅 키포인트 I 50 정액저축투자방법을 이끌어내라 ·············· 235

컨설팅 키포인트 I 51 보험료추가납입제도를 최대한 활용하라 ·············· 242

컨설팅 키포인트 I 52 적립식펀드와의 차이는 료(料)자로 풀어라 ·············· 246

Contents
차 례

제5장 • **탑(TOP) 실적을 만드는**
변액유니버설보험 **판매 비법**

컨설팅 키포인트 ┃ 53   세대마케팅으로 안정고객층을 확보하라 ⋯⋯⋯⋯⋯ 254

컨설팅 키포인트 ┃ 54   기존고객에게 맞춤식 리모델링을 실시하라 ⋯⋯⋯⋯ 257

컨설팅 키포인트 ┃ 55   소개마케팅을 접목시켜 시너지화하라 ⋯⋯⋯⋯⋯ 262

컨설팅 키포인트 ┃ 56   과학적으로 캐치세일즈를 해나가라 ⋯⋯⋯⋯⋯⋯ 266

컨설팅 키포인트 ┃ 57   'Foot in the Door' 기법을 익혀 물 흐르듯 공략하라 ⋯ 270

컨설팅 키포인트 ┃ 58   'Face in the Door' 기법을 전략적으로 구사하라 ⋯⋯ 276

컨설팅 키포인트 ┃ 59   고객심리의 적기를 포착하라 ⋯⋯⋯⋯⋯⋯⋯⋯ 282

컨설팅 키포인트 ┃ 60   밴드웨건 마케팅을 펼쳐라 ⋯⋯⋯⋯⋯⋯⋯⋯⋯ 290

컨설팅 키포인트 ┃ 61   디마케팅을 전략적으로 추진해나가라 ⋯⋯⋯⋯⋯ 297

컨설팅 키포인트 ┃ 62   파레토 법칙에 입각한 VIP 마케팅을 펼쳐라 ⋯⋯⋯ 303

컨설팅 키포인트 ┃ 63   명품마케팅으로 베블렌 효과를 노려라 ⋯⋯⋯⋯⋯ 312

변액유니버셜 보험

컨설팅 키포인트

6 3

제1장

변액유니버설보험
고수가 되기 위한 맥 잡기

변액유니버설보험의 최고수가 되려면 총체적인 맥을 정확히 짚을 줄 알아야한다.
경제전반에 대한 트렌드를 정확히 읽고 이에 따른 솔루션을 제시할 줄 아는 컨설턴트가
되어야 고수가 될 수 있다. 또한 재무 컨설팅클리닉을 하기 위한 인프라를 구축해야만
진정한 고수가 될 수 있다. 변액유니버설보험의 고수는 내공을 다져 맥을 잘 집는 최고
전문가이다.

변액유니버설보험의 미래는 밝다

우리나라의 향후 장기경제전망은 변액유니버설보험의 성공여부를 가늠하는 중요한 잣대가 된다. 최장기 간접투자상품인 변액유니버설보험은 장기경제전망이 밝아야만 사랑받을 수 있다. 고객들의 살림이 펴야 인생재테크의 완결을 위해 여유자금을 지속적으로 투자해나갈 수 있기 때문이다. 특히, 주식시장의 흐름세가 양호하게 전개되어 투자수익률이 높아져야만 고객들이 실적배당형의 보험투자상품을 선호하게 된다. 이런 관점에서 1장에서는 우리나라가 벤치마킹 대상으로 삼고 있는 미국의 경제트렌드 변화추이를 살펴보면서 향후 변액보험시장의 전망을 종합적으로 분석해보기로 하겠다.

●●● 한국 경제트렌드 Vs. 미국 경제트렌드(20년 전)

우리나라 경제트렌드는 20년 전 미국의 복사판이다. 약 20년 전 미국의 경제트렌드는 현재 우리나라의 거울과 같다. 우리나라의 경제 패턴은 약간의 변수는 있지만 종합주가지수나 각종 경제지표 등에서 과거의 미국과 닮아 있다는 것이 필자가 각종 자료를 분석하면서 느낀 결론이다.

현재 우리나라 국민 1인당 총소득(GNI)은 1만 4,162 달러(약 1,420만 원)로 세계 30위 수준이다(2004년 말 기준). 20년 전 미국의 1인당 국민 총소득(GNI)은 약 1만 5,000 달러 수준이었다(2003년 현재 미국의 1인당 국민소득은 37,800 달러이다). 종합주가지수 또한 우리나라는 1,200포인트 지점(2005년 11월 현재)에 머물고 있는데 아이러니컬하게도 20년 전의 미국의 경우도 다우존슨산업지수(Dow Jones Industrial Average)가 약 1,500포인트 대였다.

이후 미국의 다우존슨다우지수는 현재까지 20년 넘게 장기 랠리를 펼쳐나가면서 1만 포인트 위에서 움직이고 있다(2005년 11월 현재 10,500 포인트 선이다). 참고로 현재시점에서의 우리나라 증시와 1982년경의 미국 증시트렌드를 매일경제신문(2005. 11. 1)과 서울경제신문(2005. 8. 1)에 게재되었던 자료들을 토대로 비교분석해보면 20년 이상 세월의 격차가 있음에도 불구하고 다음과 같은 유사점이 있음을 알 수 있다.

한국증시 Vs. 미국증시 트렌드 비교분석

구분	한국 종합주가지수	미국 다우존슨다우지수	비고(공통점)
기준 년도	2005년 10월 말 현재	1982년 10월	23년 차이
주요 경제 환경	경제성장 침체로 위기감, 가계신용 붕괴, 소비심리 위축, 저금리 현상 고착, 정부 경기부양책 강화	경제성장률 침체, 가계부채 증가, 소비심리 위축, 구조조정, 금리 급변동, 대대적인 감세정책 실시	경제성장 침체 지속과 소비심리 위축 현상이 비슷함
지수 흐름	- 1980년대 이래 4자리수 안착 5번 실패 - 2005년 7월 들어 1,000 포인트 안착 성공	- 1964년 이후 5차례 고점 돌파 실패 - 1982년 6월 1,000포인트 안착 성공	1,000포인트 안착 전 매우 심한 지수 변동폭 보임

구분	한국 종합주가지수	미국 다우존슨다우지수	비고(공통점)
증시 여건	M&A 및 지배구조 이슈 활발, 종합금융화, 우량주 물량 급감	구조조정 및 M&A 활발, 장기물량 공급 감소, 개인 주식 비중 증가세	- 시장의 전반적인 증시여건 호전 추세 - 펀드 강세
투자 환경	적립식펀드 및 배당투자 펀드 등 간접투자상품 활성화, 연기금의 투자제한 철폐, 금융겸업화 강화	퇴직연금제 도입 직전(기반 조성), 장기투자환경 개선, 금융겸업화 본격 진행	- 장기투자환경 조성 - 간접투자 문화 초기 형성 시점
지수 상승률	2004년 말 대비 10개월 동안 약 30.2% 상승	1982년 8월 이후부터 15개월 간 약 65.6% 상승	향후 상승여력이 있음을 사례로 보여줌
향후 증시 성장 가능성	20년 이후 현재시점의 미국과 같은 주가상승 인프라 구축 가능성	- 1982년 이후 현재 10배 상승 - 세계 경제 견인차 역할 지속 수행	2005년 한국증시 상승률 세계 5위 수준

정보통신과 과학기술의 발달로 인해 날이 갈수록 경제성장속도가 빨라지고 있는 추세라 해도 강대국이 아닌 우리나라는 종속변수로서 정치적, 국제적 변수가 늘 걸림돌로 작용할 개연성이 높다. 따라서 아무리 경제성장이 잘 이루어진다 해도 우리나라는 앞으로 20년 정도는 지나야 현재의 미국 경제수준과 엇비슷할 것이라고 전문가들은 말한다. 이를 쉽게 설명하면 앞으로 20년 후에는 우리나라 종합주가지수가 미국, 일본 등 선진국과 비슷한 궤적을 그려나갈 것이라는 얘기다.

●●● 우리나라의 장기경제전망의 추세

비온 뒤에 땅이 더 굳는다고 IMF 체제라는 깊은 홍역을 치른 우리나라 주식시장이 또다시 장기침체의 길로 접어들 확률은 적어졌다.

실제로 우리나라 경제규모(GDP 기준)는 6,801억 달러로 세계 11위를 차지하고 있고, 저축률은 33.3%로 매년 조금씩 증가 추세에 있다(통계청 발표, 2005. 8. 10).

참고로 현재 우리나라의 주요경제지표를 국제순위와 비교해 구체적으로 살펴보면 다음과 같다.

우리나라 주요경제지표의 국제순위　　　　　　　　　　※ 자료 : 통계청(2005. 8. 10)

구분	항목	수치	국제순위
경제규모	국내 총생산(GNP)	6,801억 달러	11위
	1인당 국민총소득(GNI)	1만 4,162 달러	30위
	수출액	2,538억 4,500만 달러	12위
	수입액	2,244억 6,300만 달러	13위
	경상수지	276억 1,300만 달러	11위
성장속도	외환 보유액	1,990억 6,800만 달러	4위
	경제성장률(2004)	4.6%	OECD중 4위
	저축률	(2003년말 기준) 33.3%	7위
	실업률(2004)	4.2%	OECD중 2위
생산부문	선박건조량	831만 9,000 CG/T	1위
	자동차 생산량	346만 9,000 대	6위
	전자제품 생산액	902억 8,500만 달러	4위
	총인구(2005년말 추정치)	4,829만 4,000 명	25위
지출부문	인터넷 이용자 수	인구 100명당 61 명	3위
	이동전화 가입자 수	인구 100명당 70 명	30위

앞의 표를 보면 알 수 있듯이 우리나라가 차지하는 국제적인 위상은 점점 높아지고 있으며 이는 곧바로 국력신장과 경기활성화를 의미한다. 특히 산업정책연구원에서 발표한 각국의 국가경쟁력에 대한 조사결과에 따르면 한국의 인적자원 경쟁력은 세계 7위로 나타났다(2004. 11. 12).

우리나라 경제에 대한 국제시장의 평가는 매우 양호한 편이다. 세계경제포럼(WEF)에서 매년 발표하는 글로벌 경쟁력지수(Global Competitiveness Index)를 보더라도 현재(2004년 말 기준)는 전 세계 104개국 중 26위이지만 거시경제 건전성(4위)과 기술이용 용이성(12위) 등 부문별에서는 상대적으로 높은 점수를 받았으므로 앞으로는 점차 개선될 것이라고 전문가들은 진단하고 있다.

OECD에서는 2006년 이후 우리나라 경제성장률을 연 4% 이상으로 예측하고 있는데 이는 OECD 30개 선진국가 중에서 4위에 해당하는 매우 양호한 수치이다. IMD(International Institute for Management Development, 국제경영개발원)의 국가경쟁력 지표에서도 우리나라의 기술경쟁력은 세계 2위, 과학경쟁력은 15위 수준으로 국가 경쟁력부분에서도 전망이 밝은 것으로 나타나고 있다.

이와 같은 각종 지표들이 알려주듯 우리나라 경제의 미래성장 잠재력은 현재의 외환사정과 대외채무상환능력, 미래 실물경제성장력, 산업안정성, 경제시장활력 측면 등에서 점점 나아지고 있다. 이것으로 보아 우리나라 경제가 서서히 안정권으로 접어들면서 큰 폭의 성장세는 아니지만 지속적으로 성장가도를 달릴 것이라는 것은 전문가가 아니라도 짐작할 수 있는 바이다.

　우리나라의 장기경제전망이 밝다는 것은 바로 저축시장의 활성화를 의미한다. 이는 또한 주식시장의 활황과 맞물려 펀드투자로 수익을 창출하는 변액유니버설보험의 성공여부를 가름하는 중요한 잣대가 될 것이다. 즉, 변액유니버설보험이 경제탄력을 받아 매우 안정적으로 성장할 것임을 의미하는 것이다.

●●● 20년 후 변액유니버설보험시장의 미래

변액유니버설보험(Variable Universal Life Insurance)이 미국에서 처음 판매된 시기는 1984년이고 본격적으로 활성화된 시기는 1986년부터이다. 그 후 변액유니버설보험은 꾸준히 상승세를 보여 지금까지 출시된 보험상품 중 가장 많은 마켓쉐어(Market Share)를 기록하고 있다. 투자수익률 또한 연평균 8~10% 대를 실현하고 있다.

　미국의 보험시장을 살펴보면 변액보험과 유니버설보험상품이 나오기 전, 즉 1970년대까지는 종신보험과 정기보험 위주로 보험시장이 형성되다가 1976년 변액보험이 출시되고, 1979년 유니버설보험이 출시된 이후 다원화된 상품판매 체제로 전개되어 왔다. 그러다가 1984년 변액유니버설보험이 출시되면서부터 다시 쏠림현상이 나타나기 시작했는데 1995년 이후부터는 변액보험과 유니버설보험이 결합한 변액유니버설보험시장으로 완전히 돌아섰으며, 그 이후에는 보다 확고히 입지를 굳혀나가고 있다.

　현재 미국에서 제일 많이 팔리고 있는 보험상품은 변액유니버설보험, 변액연금보험, 유니버설보험, 변액종신보험 등 변액보험 또는 유니버설보험과 결합된 퓨전형 보험투자상품들이다.

　고객은 갈수록 미래에 대한 불확실성을 없애고, 안정적인 생활을 유지할 수 있기를 원한다. 그런 면에서 보장과 재테크라는 두 마리 토끼를 모두 잡는 인생재테크 상품인 보험투자상품은 고객의 사랑을 받을 수밖에 없다. 우리나라에서 변액유니버설보험은 미국보다 약 20년 후인 2003년 하반기에 최초로 출시되었다. 그리고 2년이 지난 2005년 하반기에 들어서면서 대부분의 생명보험회사가 변액유니버설보험을 취급하고 있다.

　앞으로 우리나라의 경우 보험시장은 변액유니버설보험 위주로 완전 재편될 것이며, 향후 10년 안에 약 60조 원의 규모까지 성장이 가능하다고 전문가들은 말한다. 현재 변액유니버설보험시장규모가 약 3조 원 정도임을 감안할 때 변액유니버설보험을 판매하는 당신의 앞날은 매우 전도가 창창하다고 할 수 있다.

　미국에서의 변액유니버설보험이 20년이 지난 지금도 그 열기가 꺼질 줄 모르고 계속 성장가도를 달릴 수 있었던 가장 큰 근본적인 이유는 고물가·저금리의 시대적 상황과 주식시장의 활황 장세가 맞물려 돌아갔기 때문이다. 또한 고령화로 인한 인구구조의 변화와 세계 2차 대전이 끝나고 태어난 베이비붐 세대의 경제적 은퇴 시기가 맞물려 노후생활자금 마련을 위한 장기재테크형 금융상품의 수요가 급속히 확대되는 추세이기 때문에 인생재테크 수단으로 변액유니버설보험상품이 많이 팔렸던 것이다.

　미국의 이러한 상황은 현재 우리가 겪고 있는 경제트렌드와 매우 닮아 있다. 그러므로 우리나라의 변액유니버설보험시장 또한 매우 밝다고 할 수 있다.

●●● 한국의 보험정책

우리나라의 보험시장은 정책이나 상품개발, 마케팅 전략, 영업방식 등 모든 면에서 미국을 벤치마킹하고 있다. 조금 과장해서 말하면 벤치마킹이라기보다 복사판이라 해도 될 정도이다. 왜 우리는 미국 보험회사들의 방식을 전반적으로 벤치마킹하는 것일까? 그것은 미국의 보험산업을 닮아야 종합금융시대에 도태되지 않고 경쟁력을 발휘할 수 있기 때문이다. 왜 그러한지는 미국의 보험산업 전반, 즉 보험고객, 보험회사, 보험에이전트 관점에서 살펴보면 알 수 있을 것이다.

첫째, 미국의 소비자들은 다른 어느 나라보다도 보험에 대한 인식이 합리적이다. 보험을 단순히 위험보장 기능이 있는 상품으로 인식하지 않는다. 그들은 가계자산의 효율적인 형성과 관리 차원에서 안분비례를 하면서 보험에 가입한다. 그렇기 때문에 보험에 대해 왜곡된 시각을 가지지 않고 인생재테크란 관점에서 늘 새로운 시각으로 금융시장을 바라볼 수 있다.

둘째, 보험회사 또한 재무건전성이 매우 양호하고 투명하다. 뿐만 아니라 금융권에서 차지하고 있는 위치도 막강하여 일반 소비자들에 대한 인지도가 매우 높은 편이다.

마지막으로, 보험에이전트 역시 전문지식으로 무장한 투철한 프로십(Pro-Ship)과 평생직업관을 갖고 고객 지향적으로 일하고 있다.

참고로 다음 페이지에 있는 그래프를 보면 미국의 가계금융자산구성 형태와 현재 우리나라의 가계금융자산구성 형태는 많은 차이를 보이고 있음을 알 수 있다. 우리나라는 현금과 예금이 가계금융자산의 반수 이상을 차지하고 있어 완전 비대칭을 이루고 있는 반면, 미국은 보험 · 연금과 주식, 투자신탁, 현금과 예금, 채권 등 모든 금융자산이 포트폴리오(Portfolio)에 입각하여 적절하게 골고루 분포되어 있다. 이는 앞으로 우리나라의 가계금융자산이 미국과 같은 합리적인 형태로 이루어질 것이라는 것을 짐작케 한다. 즉, 고객들이 앞으로는 보험투자 상품, 개인연금, 간접투자상품, 주식 쪽으로 자산을 분산하여 운용할 것임을 예고해주는 것이다.

앞에서도 설명했듯이 20년 전의 미국과 닮은꼴인 우리나라의 보험산업시스템은 현재 미국의 보험시장이 그러하듯이 20년 후에도 변액유니버설보험상품 군(##)이 주도적으로 제 힘을 발휘해갈 것으로 보인다. 그러나 우리나라의 경우에는 세계 경제를 리드하는 초강대국으로서의 미국과는 달리 국제유가나 환율, 국내외정세 등 외적인 요소에 주가가 매우 민감하게 작용하므로 변액유니버설보험상품 군(##)에 대한 투자수익률 측면에서는 약간의 변수가 있을 수 있다. 정리하면 앞으로 20년 후 우리나라 경제가 현재의 미국과 100% 같아진다고는 할 수 없지만 어느 정도 닮은꼴로 전개되리라는 것은 전문가들의 견해를 빌어 말할 수 있을 것이다.

한국 VS 미국 가계금융 자산 구성 비교(2002년 말 기준)   자료 : PCA투신운용

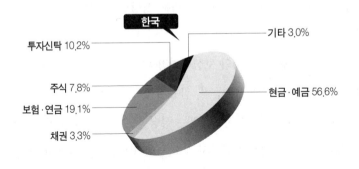

한국

투자신탁 10.2%
기타 3.0%
주식 7.8%
현금·예금 56.6%
보험·연금 19.1%
채권 3.3%

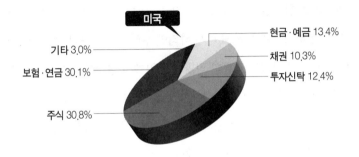

미국

기타 3.0%
보험·연금 30.1%
주식 30.8%
현금·예금 13.4%
채권 10.3%
투자신탁 12.4%

●●● 보험사와 보험컨설턴트의 능력이 변수

그런데 현재 미국의 보험시장을 닮아가려면 몇 가지 조건이 전제되어야 한다. 보험회사의 자산운용능력과 마케팅능력, 영업조직 우대방안, 사업비절감노력, 영업조직 핵심역량강화, 보험사 및 보험컨설턴트의 대고객 기본인식 제고, 고객사후관리를 통한 충성고객 확보노력 등이 그것이다. 이 조건들이 먼저 선행되어야 우리가 벤치마킹하고자 하는 미국의 보험시장에 가까이 다가갈 수 있다. 하지만 안타깝게도 아직은 기대수준에 훨씬 못 미치는 것 같다.

먼저 보험사의 재무건전성과 고객의 신임도, 마케팅 전략, 자산운용능력, 상품개발능력 면에서 미국과는 상당한 차이를 보이고 있다. 이는 우리가 해결해야 할 가장 큰 걸림돌이다.

두 번째로 보험설계사와 보험대리점들의 직업관과 재정클리닉 능력, 컨설팅 능력, 재무설계 능력, 금융지식, 프로십, 보험관련 업무지식 등도 미국의 보험에이전트들과는 상당한 수준차이를 보이고 있다는 것인데 이 또한 앞으로 반드시 짚고 넘어가야 할 중요 과제이다.

미국의 보험산업처럼 앞으로 10년 후, 아니 20년 후에도 변액유니버설보험이 뿌리를 튼튼히 내리게 하려면 우리나라의 보험사와 보험컨설턴트들도 패러다임을 과감히 전환하여 앞에서 언급한 전제조건을 미국의 수준으로 하루빨리 구축해나가야 할 것이다. 뿐만 아니라 CRM (Customer Relationship Management)을 기본으로 깔고 경제금융 전반에 대한 내공과 고객 위주의 평생마케팅을 핵심역량으로 키워가면서 보다 전문화·전업화해나가야 한다. 그렇지 않으면 일반 소비자들이 생각하는 보험설계사의 위상은 일본과 같은 수준의 단계, 아니 그 이하에서 머무를 수밖에 없을 것이다.

변액유니버설보험시장이
커질 수밖에 없는 이유 몇 가지

●●● **경기회복에 대한 강한 기대심리**

변액유니버설보험시장이 커질 수밖에 없는 가장 큰 이유는 이 상품의
성장여부를 결정짓는 주식시장이 서서히 활성화되고 있다는 것이다.
주식시장이 활성화되고 있다는 것은 주식투자자들 사이에 경기회복에
대한 기대감이 솔솔 불고 있음을 의미한다. 아무리 여윳돈이 많아도
예상수익이 낮으면 자금은 쉽사리 움직이지 않는 것이 투자의 기본적
인 속성이다. 그런데 지금 주식시장이 서서히 활황장세로 접어들고 있
다는 것은 경기회복에 대한 기대감이 높다는 것이다. 확실히 투자자들
사이에 경기회복은 더딜지라도 이미 바닥을 지난 것은 확실하다는 믿
음이 깔려 있다. 실물경기의 흐름이 좋아질 것이라는 믿음이 커지고
있는 것이다. 최근 랠리(Rally)의 초점이 과거실적보다는 향후 실적개선
에 대한 기대감을 반영하고 있다는 점도 눈여겨볼 대목이다.

현재 주식시장의 성장은 2003년 하반기부터 시작된 저금리와 이
로 인한 간접투자상품 수요의 촉발, 그리고 지속적인 펀드의 자금 유
입으로 주가상승의 선순환 고리가 만들어졌기 때문이라고 전문가들은

분석하고 있다. 국제유가나 물가, 정치적 상황 때문에 일시적으로 주식이 떨어지는 경우는 발생할 수 있지만 장기적인 관점에서 볼 때 주식시장의 상승세는 대세라고 할 수 있다. 실제로 1994년 종합주가지수가 사상최고치를 경신한 이래 무려 10년 10개월 동안 긴 조정국면을 거치다가 2005년 9월 7일, 증시 역사상 최고점을 기록한 이후 지금까지 상승세를 이어가고 있음은 시사하는 바가 크다고 할 수 있다.

종합주가지수 변동추이　　　　　　　　　　　　　　* 자료 : 종합선물거래소

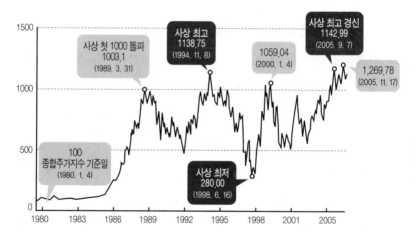

●●● 새로운 증시문화의 형성

요즈음 증권시장은 이전과는 사뭇 다른 양상으로 형성되어 가고 있다. 빠르지는 않지만 서서히 미국, 일본, 영국, 프랑스 등 서구 선진국 주식시장의 안정된 모습을 따라가고 있는 것이다. 즉, 단기투자에서 장기투자로, 테마주보다는 펀더멘털 우량주로, 한탕주의에서 안정적인 수익추구로 바뀌는 등 과거와는 확실히 다른 분위기이다.

과거의 주식시장은 건전한 재산증식수단이 아니라 한몫 잡아보려는 투기적인 성격이 강했기 때문에 단기매매가 주류를 형성하였다. 개인은 물론 기관까지도 장기투자나 가치투자보다는 주가흐름과 투자시점을 더 중요시하는 모멘텀(Momentum) 투자로 일관했다. 그러나 지금의 주식시장은 비교적 장기적 투자로, 그리고 적립식 간접투자를 통해 자산을 보다 효율적으로 운용해야 한다는 인식으로 전환되어 가고 있다. 저금리 추세와 맞물려 투자자들 사이에서 우량주식을 장기 보유하여 수익을 올리려는 이른바 바이엔홀드(Buy & Hold) 전략이 확산되는 분위기다. 실제로 지금의 주식시장은 단기차익을 노린 개인의 단타매매가 줄어들고 있는데 이런 점이 과거와는 다른 개선된 모습으로 증시체질이 바뀌어가고 있는 것을 반증해주는 것이라 할 수 있다.

증시수급기반도 매우 탄탄해져 가고 있는 추세이다. 변액보험과 연기금 등 장기자금이 꾸준히 유입되면서 매수 세력이 확대되어 가고 있고, 외국인 지분확대와 자사주 매입 등으로 유통물량이 갈수록 줄고 있기 때문이다. 또한 지금 논의되고 있는 퇴직연금제가 도입된다면 증시기반은 보다 탄탄해질 것이라는 기대감 또한 있는 것이 사실이다. 퇴직연금제도는 노후자금수단으로서는 별다른 도움이 안 되고 있는 퇴직일시금제도를 대체하여 도입하는 것이다. 퇴직연금제도를 실시하고 있는 미국이나 서구 여러 나라를 보면 퇴직연금 대부분이 주식과 채권 등으로 운용되고 있다. 그러므로 국내에서도 이 자금이 주식시장으로 유입될 가능성은 높다고 봐야 할 것이다.

개인의 금융자산 운용방식의 변화도 새로운 증시문화 형성의 한 축을 이룬다. 현재 미국은 개인자산의 53% 이상을 주식이나 투자신탁, 또는 채권으로 운용하고, 보험과 연금으로는 30% 이상을 운용하고 있다. 그러나 아직까지 우리나라는 현금과 예금으로 무려 56% 이상을 묶어 두고 있는 실정이다. 하지만 이제는 주식이 일시적 투기가 아니라 안정적인 수익구조라는 인식의 전환이 이루어지고 있고, 개인의 장기투자문화가 확산되는 단계이므로 앞으로 증시기반은 날이 갈수록 한층 공고해질 것이다.

이처럼 증시 주변여건이 탄탄해지고 유동성장세가 점점 견고해지고 있으므로 우리나라의 증시문화는 거품 없는 건강한 체질로 바뀌어가고 있다고 할 수 있다.

●●● 주식시장의 성장잠재력

우리나라 주식시장의 규모나 성장 폭은 국가경제규모에 비해 매우 낮은 편이다. 현재 우리나라의 경제규모는 세계 11위인데 반해 주가상승률 폭은 주식을 상장거래하고 있는 48개국 중 30위 중반 정도이다. GDP 대비 시가총액비율도 다른 나라보다 낮다. 경제규모 대비 증권시장의 규모를 가늠할 수 있는 자본화율(시가총액/GDP)도 57%(2003년말 현재)에 그쳐 미국 107%, 일본 74%, 홍콩 484% 등에 비해 크게 낮은 것으로 분석되고 있다.

이는 우리나라가 경제규모에 걸맞는 주식시장을 형성하지 못했다는 것을 의미한다. 그러므로 앞으로 우리나라 주식시장이 국가경제규모에 버금갈 만큼 충분히 성장할 수 있을 것이라는 것은 쉽게 짐작할 수 있다. 설령 국제유가와 미국증시, 국내 경제상황 등이 국내 주식시장에 영향을 많이 끼친다 해도 특별한 변수가 없는 한 성장 잠재력은 매우 높다고 할 수 있는 것이다.

이러한 현실을 반영이라도 하듯 최근 들어 주식이 부동산을 제치고 가장 유망한 재테크 상품으로 떠오르고 있다. 서울경제신문이 창간 45주년을 맞아 일반 투자자 500명을 대상으로 실시한 설문조사를 보면 '여유자금이 있으면 어디에 투자하겠느냐'는 질문에 전체의 58.2%가 '주식(펀드 포함)'을 꼽았다. 이는 향후 주식시장의 전망을 밝게 하는 것이다. 이를 구체적으로 살펴보면 다음과 같다.

여유자금이 있을 경우 가장 적합한 재테크 투자처는?　　　※ 자료 : 서울경제신문(2005. 8. 1)

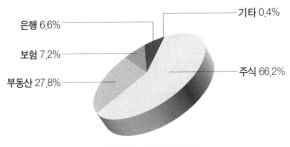

기타 0.4%
은행 6.6%
보험 7.2%
부동산 27.8%
주식 66.2%

조사대상 : 일반투자자 500명

●●● 상대적으로 저평가된 주가

우리나라 주가의 상대적 저평가는 앞으로 당연히 주식이 오를 수밖에 없음을 입증해주는 객관적인 자료이다. 과거부터 우리나라는 단타 위주의 투기적 매매 때문에 기업실적에 비해 만성적으로 저평가받는 '코리아 디스카운트(KOREA Discount)'가 지속되어 왔다. 그것은 우리나라 주식시장을 세계에서 가장 저평가된 나라 중 하나로 만드는 단초가 되었다.

세계적으로 유명한 미국 월가의 국제증시분석기관인 톰슨 퍼스트 콜(Thomson First Call)과 증권 선물거래소의 분석에 따르면 한국증시의 PER*(Price Earnings Ratio : 주가수익비율)는 2005년 10월 말 기준 9.4배로, 러시아에 이어 세계 48개 주요국 가운데 두 번째로 낮은 것으로 나타났다.

참고로 주식시장의 주가수익비율(PER)의 경우 미국 20배, 일본 32.4배, 홍콩 16.1배, 영국 13.7배, 프랑스 14배, 홍콩 12.7배에 달하므로 이들 나라들과 비교해볼 때 우리나라는 상대적으로 낮은 상태이다.

이렇게 저평가된 잘못된 시장구조를 바꾸기 위한 기업들의 노력은 이제 결실을 맺기 시작하여 상장기업들의 가치상승이 서서히 이루어지고 있다. 외환위기 이후 그동안 다각적인 구조조정을 통해 영업이익은 늘리고 금융비용은 줄여 내실을 다져오고 있는 알찬 기업들이 많아지고 있는 것이다. 이젠 국내기업들도 세계적인 경쟁력을 가지고 있고, 주주들에게 많은 혜택을 주고 있으며, 은행의 이자보다 높은 배당금리를 주는 시대로 가고 있다. 이러한 기업들의 노력은 투자자로 하여금 국내기업의 경영수준이 앞으로 점점 좋아질 것이라는 전망을 하게 되어 적립식펀드의 일종인 변액유니버설보험이 성장하는 데에 많은 디딤돌 역할을 하게 될 것이다.

---

* PER - 1주의 가격을 1주당 당기순이익으로 나눈 수치로서 주가가 1주당 이익금의 몇 배나 되는가를 나타내는 지표이다. 기업의 수익성 면에서 주가를 판단하는 척도로 쓰이며 계산공식은 '투자수익비율(PER) = 주가/1주당 당기순이익(EPS)' 이다.

●●● 간접투자자금이 계속적으로 증가

전문가들은 주가가 안정적으로 계속 상승을 해나가려면 단타가 아닌 장타, 직접투자가 아닌 간접투자, 데이트레이딩이 아닌 붙박이식의 정액투자가 지속적으로 이루어져야 한다고 한다. 비근한 예로 미국의 주식시장이 안정적으로 계속 상승을 해올 수 있었던 것은 바로 정액식 간접투자가 갈수록 많아졌기 때문이다. 그런 점에 비추어볼 때 현재 우리나라 주가상승의 결정적인 역할을 하고 있는 간접투자자금이 점점 늘어가고 있는 추세라는 것은 우리나라 주식시장이 안정적으로 상승해나갈 것이라는 것을 예측하게 해준다. 증권업협회에 따르면 간접투자 계좌 수는 2005년 8월말 현재 731만 여개로 직접투자 계좌 수(693만 계좌)보다 많다. 2004년 말만 하더라도 간접투자 계좌 수는 448만 여개로 664만 개의 직접투자 계좌 수를 밑돌았다. 또한 2004년 10월 7조 원 대였던 주식형펀드 수탁액은 2005년 11월에 20조 원(적립식 펀드 수탁액은 10조 원) 대를 넘어섰다. 불과 1년여 사이에 주식형펀드 수탁액이 약 3배 가까이 된 것이다. 이는 주식형펀드가 주가 상승세를 떠받치는 기둥역할을 톡톡히 하고 있다는 것을 보여준다.

이처럼 주식형펀드에 들어온 돈은 자연스럽게 기관투자가들의 주식매수로 연결되어 주가상승을 가져오게 된다. 은행의 적립식펀드, 보험사의 변액보험 등 펀드규모의 확대가 주가상승의 견인차 역할을 하고 있는 것이다. 이러한 현실에서 우리는 변액유니버설보험의 성장가능성을 점칠 수 있다.

변액유니버설보험상품이 본격적으로 팔리기 시작한 2004년 하반기부터 때를 같이하여 적립식펀드의 자금 증가세가 두드러지게 이루어지고 있는 것도 눈여겨 볼 대목이다.

●●● 재테크 수단으로 투자대안

IMF이후 본격적인 금리인하가 계속 진행되면서 이젠 이자소득만으로
는 생활이 곤란해졌다. 비록 지난번(2005. 11. 11) 한국은행의 콜 금리 인
상(0.25% 포인트)으로 은행 예금금리가 다소 상승했지만 그리 큰 이자소
득을 시현해주지는 못한다. 시중금리가 5%라는 저금리 시대에 있어서
물가상승률을 감안하면 조정수익률로 환산한 실질금리는 거의 '0%'
에 가까우므로 은행권에 있던 자금들이 주식시장으로 유입되는 현상
은 당연한 일이다. 그러나 여유자금이 주식시장으로 몰리는 이유를 저
금리로만 설명하는 것은 충분치 않다.

　　우리나라는 고령사회로의 진입속도가 다른 나라에 비해 매우 빠르
다. 하지만 급속한 노령화에 따른 대비책은 마땅치 않다. 또한 지난번
8·31 부동산종합대책을 보다시피 앞으로 사행성 높은 부동산투자에
대해서는 정부가 강력한 정책으로 제제를 가할 것이므로 부동산에 자
금이 유입되기도 힘든 상황이다.

　　우리는 생애 전반에 있어 리스크를 줄이고 보다 안락한 미래를 위
해 인생재테크를 전략적으로 추진해나가야 한다. 그러나 지금까지 살
펴본 현재의 환경 속에서는 리스크를 헤지(Hedge)해나가면서 고수익을
올릴 수 있는 마땅한 재테크 수단이 별로 없다. 일단은 연 4~5%의 저
금리때문에 은행 창구에서 빠져나온 돈이 증시 쪽으로 흘러들고 있다.
다행스럽게도 주식시장의 자금흐름이 매우 양호한 선순환의 구조를

갖춰가고 있으므로 앞으로 재테크의 대안투자로 부각되고 있는 변액유니버설보험의 투자수익률은 당연히 높아질 것이고, 이에 따라 가입고객 또한 점차 증가할 것이라는 점은 자명한 이치라 할 수 있다.

●●● 인생재테크를 완벽하게 실현해주는 상품

생활상의 위험보장기능과 목적자금마련을 위한 재테크 기능을 동시에 실현해주는 인생재테크 상품은 변액유니버설보험밖에는 없다. 변액유니버설보험은 고객의 투자금(보험료)을 대부분 주식에 투자하는 정액투자상품으로 적립식펀드로서의 소임 또한 톡톡히 하고 있다. 그러므로 주식시장의 버팀목 역할을 할 것이라는 데에 이의를 제기하는 전문가들은 별로 없다. 고객의 투자금을 주식에 투자하여 주가가 상승하면 저절로 변액유니버설보험을 가입한 고객들의 적립금액이 늘어나게 되고, 이는 곧바로 목적자금의 마련시기를 앞당겨줘 삶을 보다 풍요롭게 만들어주므로 변액유니버설보험은 인생재테크를 완벽하게 실현해주는 상품이라고 할 것이다.

> **※ 꼭 알아둘 사항**
> 여기서 당신은 인생재테크에 대한 개념 정립을 반드시 하고 가야 한다. 이 책의 주된 컨셉이 바로 '고객의 인생재테크를 완수해가는 수단으로서 변액유니버설보험을 어떻게 컨설팅클리닉 해나가야 할 것인가'에 대한 답을 제시하는 것이기 때문이다.
> 필자가 말하는 '인생재테크'란 단순히 목적자금마련만을 의미하는 투자개념이 아니다. 생활상의 리스크 헤지도 실현하고, 효율적으로 가계자산을 운용하면서 인생을 보다 풍요롭게 살아가기 위한(Pacific Life) 전방위적인 생애재무플랜을 의미한다. 앞으로 인생재테크는 이 책의 기본화두가 될 것이므로 독자들도 '인생재테크상품=변액유니버설보험'이라는 등식을 반드시 기억하여 이 책을 읽고 이를 화두로 컨설팅클리닉을 해나가기 바란다. 그래야만 다른 보험설계사들과는 차별화된 컨셉세일즈를 해나갈 수 있게 될 것이다.

●●● 장기투자문화는 재테크의 기본 흐름

많은 사람들이 부동산을 노후대비수단으로 매우 중요하게 인식하고 자산을 주로 부동산 중심으로 형성해놓고 있다. 그러나 고령화가 급진전될수록 부동산 가격은 점차 붕괴될 가능성이 높다는 것이 전문가들의 공통된 견해이다. 실제로 선진국의 경우 부동산 가격의 상승률은 대부분 은행정기예금 금리 수준에 머물고 있다. 부동산에 투자를 해서는 양도소득세나 보유세도 많을 뿐더러 물가상승률을 커버해나갈 수도 없어 자연히 주식시장으로 자금이 몰리고, 장기투자 금융상품이나 연금형 금융상품이 장기투자수단으로 떠오를 수밖에 없게 된 것이다. 우리나라의 경우도 앞으로는 부동산 자산이 연금자산으로 많이 이동할 것으로 보인다. 또한 고령화의 진전속도에 비해 기업연금과 국민연금이 제구실을 못하고 있기 때문에 개인연금 중에서도 변액연금보험이 노후소득보전을 위한 대안상품으로 부각될 것이며, 생활보장과 장기재테크를 동시에 실현해주는 변액유니버설보험은 재테크 수단 중 최고의 고품격 상품이 될 것이다.

●●● 보험사의 전략적 마케팅 계획

생명보험에 있어 수입보험료 자원은 단기상품보다는 장기상품이 효자 노릇을 톡톡히 해주고 있다. 수십 년간 고객을 관리하면서 계속 보험료를 거두어들일 수 있어 안정적인 자산운용에 많은 도움이 되기 때문이다. 따라서 최장기상품이면서 상대적으로 보험료 규모가 큰 변액유니버설보험상품 군(群)은 더 확실한 효자 노릇을 할 것임은 의심할 여지가 없다. 또한 최고로 인기를 끌고 있는 신규상품이고, 누구나 가입할 수 있는 전천후 상품이기 때문에 보험산업의 성장에도 견인차 역할을 할 것이며, 교차판매가 되는 보험다각화 시대에 보험시장 확대의 기회요인으로 작용할 것이다. 이렇듯 자사 성장의 주도적 역할을 할 변액유니버설보험을 보험회사에서는 당연히 전략적으로 마케팅 계획을 수립하고 강력하게 추진해 나가야 할 것이다.

연도별 경상 GDP 성장률 및 보험료 성장률 추이   자료 : 한국은행

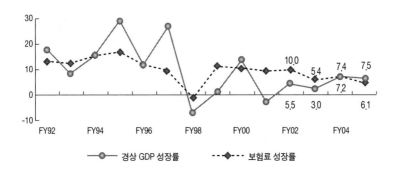

●●● **부의 축적을 토대로 한 인생재테크**

"지금 일반 사람들이 가장 부러워하는 대상은 누구일까?"

"당신은 누가 가장 부럽고 존경스러운가?"

"그리고 앞으로 어떻게 살고 싶은가?"

이렇게 질문하면 대다수의 사람들은 아마 "부자를 제일 부러워하고 부자가 되고 싶다"고 말할 것이다.

그만큼 우리는 부(富)의 축적 여부가 삶의 질을 판가름하는 세상 속에 살고 있다. 실제로 가난한 집 자식보다는 부자 자식들의 학력이 더

좋다고 한다. 또 부자가 더 오래 살고, 부부금슬도 상대적으로 더 좋다는 말을 우리는 흔히 하곤 한다. 그러나 이런 말들이 단지 떠도는 말로 끝나지 않고 여러 가지 연구나 설문조사 결과들을 통해 사실로 증명되고 있으니 이는 어쩔 수 없는 자본주의 사회의 일면인가 보다.

위험보장을 목적으로 설계된 순수한 전통형 보험상품보다 변액유니버설보험상품이 더 성장할 수 있는 진정한 이유는 보장도 좋지만 재테크를 더 중요하게 여기는 고객의 선호도 때문이다. 즉, 고객들은 보장은 기본이고 그 위에 재테크 기능이 두루 갖추어진 인생재테크 상품을 더 선호한다. 일반 보험상품은 보장이 주목적인 반면 변액유니버설보험은 캐시밸류(Cash Value)가 주된 목적이다. 때문에 부(富)의 축적을 위한 재테크가 화두로 점점 자리를 잡아가고 있는 추세에서는 변액유니버설보험이 사랑받을 수밖에 없다. 그러므로 이제 당신은 지금 고객들이 삶의 질을 보다 드높여서 최상의 퍼시픽 라이프(Pacific Life)를 추구한다는 것을 알아야 한다. 또한 부(富)의 축적을 위한 재테크를 원하고 있고, 그 수단은 찾고 있다는 사실을 늘 염두에 두면서 재무컨설턴트로서 컨설팅클리닉에 임해야 한다.

실패에서 배우는 컨설팅 키포인트

1976년에 변액보험을 출시한 미국은 보험회사들의 철두철미한 준비와 치밀한 마케팅 전략, 고객의 니즈에 따른 다양한 상품설계, 세금이연 및 절세효과, 상속과 연계한 마케팅 강화, 보험에이전트에 대한 전문지식 및 프로십 배양, 지속적인 컨설팅 교육을 통한 완전판매 실현, 그리고 증권시장의 지속적인 활성화와 시중금리의 하락에 따른 뮤추얼펀드의 대중화 등이 복합적으로 작용하여 성공하였다. 그러나 1986년 변액보험을 출시한 일본에서는 성공을 거두지 못했는데 그 이유는 크게 두 가지로 나눌 수 있다.

내적 요인으로는 보험사의 정책부재와 안이한 판매태도, 사전준비 부족 및 보험설계사들의 불완전판매 등을 들수 있다. 외적 요인으로는 주식시장의 하락장세 지속, 부동산 경기침체 등을 들 수 있다. 이러한 요인들이 복합적으로 작용하여 일본의 변액보험상품은 실패를 한 것이다.

지금부터 필자는 앞으로 당신이 변액유니버설보험 영업에 참고할 수 있도록 일본이 변액보험 판매에 실패한 이유를 보험마케팅 차원에서 설명하고자 한다. 보험투자상품 판매시 온고지신이요, 타산지석으로 삼을만한 좋은 사례라 할 수 있다.

●●●● 불완전판매

일본의 보험컨설턴트들은 장기상품이라 수당체계가 좋은 점만을 생각한 나머지 너무 쉽게 변액보험에 접근하였다. 그러다 보니 고객을 현혹시키는 불완전판매가 극성을 부렸다. 변액상품을 불완전판매한다는 것은 보험사 또는 보험설계사가 변액보험의 장점과 이점만 설명하고 펀드기능만 강조하여 고객이 변액보험을 보험상품이 아닌 주식형펀드로 오해하도록 만들어 가입하게 한 것을 말한다.

　당시 일본은 주가가 한창 상승일로에 있었을 때였으므로 펀드투자(간접주식투자)로 고수익을 올리려는 상당수의 투자자들이 변액보험을 펀드상품으로 완전히 오인하여 주택담보대출을 받으면서까지 고액으로 가입하였다. 설상가상으로 보험설계사들이 은행직원과 결탁하여 대출금리를 상회하는 이율보증을 약속하면서 계약을 적극 유치하는 경우도 빈번하였다. 그런데 출시된 지 얼마 가지 않아 서서히 부동산 버블이 꺼지고, 고금리 사태가 이어졌다. 설상가상으로 1990년 대 초부터는 주식시장 또한 본격적으로 침체의 늪에 빠져들게 되었다. 그러자 주가폭락에 따른 투자실적 저하로 보험사들은 채무상환불능 상태가 야기되었고, 주택을 잃게 된 계약자들의 소송은 변액보험상품의 이미지를 악화시키는 결과를 초래하여 지금까지도 그 후유증으로 심한 몸살을 앓고 있는 것이다.

●●● 펀드운용의 미숙

변액보험은 펀드종목수가 많아야 가입 후 적기에 가장 수익률이 높은 펀드로 갈아탈 수 있는데 일본은 그러하질 못했다. 즉, 초기에 일본에서 시판된 변액보험은 상품의 유연성(Flexibility)이 완전히 결여되었다.

일본에 있는 외국보험사의 경우에는 채권형, 주식형, 통합형 등 특별계정을 3개까지 설정하여 운용할 수 있게 해주었지만, 내국보험사의 경우에는 차별을 두어 통합형 펀드 1개만 운용할 수 있도록 펀드운영시스템이 고정되어 있었다. 이는 당초부터 펀드투자에 대한 리스크 분산 능력이 결여되었음을 의미할 뿐만 아니라 변액보험에서 가장 중요한 요소, 즉 고객이 적시에 가장 수익률이 높은 펀드로 갈아탈 수 있어야 한다는 것을 간과한 것이다(참고로 미국과 유럽의 경우 변액유니버설보험은 상품 한 개당 펀드종목 수가 30개 이상이 된다). 달랑 한 개의 통합형 펀드로만 운영을 해야 하다 보니 수익률이 낮은 채권보다는 상대적으로 리스크가 큰 주식 위주로 자산을 운용할 수밖에 없었다(변액보험판매 초기의 10년 만기 채권수익률은 1.5% 정도이었음).

이러한 펀드운용상의 미숙함은 주식시장 침체라는 위기상황에서 운영의 묘를 발휘할 수 없게 되었고, 결국 고수익 달성에 실패하면서 고객의 원성을 사게 되었다. 이렇게 한 번 혼이 난 경험이 있기 때문일까? 지금까지도 일본의 대형생보사들은 부실판매로 인한 민원을 미연에 방지한다는 차원에서 변액보험상품 판매를 기피하는 현상을 보이고 있다.

●●● 주식시장의 장기침체

변액상품은 펀드로 운용되는 장기투자상품으로 가장 큰 투자처는 당연히 주식이다(우리나라의 경우 채권형도 있지만 현재 이를 선택한 가입자는 그리 많지 않다). 그런데 일본의 경우 활황세를 나타내었던 주식시장이 변액보험이 출시된 이후 곤두박질을 치기 시작하였다. 아무리 코스트 에버리징 효과가 적용되는 정액투자상품이라 해도 주식시장이 장기침체의 늪으로 빠진 이상 수익률은 저하될 수밖에 없다. 당시 변액보험상품의 평균수익률은 약 5% 정도(1992년 이후에는 이보다 더 저조하였음)였는데 이는 10% 정도 되는 정액보험상품 평균배당률의 반밖에 안 되는 수치였다. 이처럼 두 상품 사이에 많은 차이를 보이자 고객들은 투자리스크를 감내하면서까지 구태여 변액보험상품에 가입할 필요를 느끼지 못했다. 즉, 당시 일본의 변액보험은 고객을 유인할 만한 메리트가 정액보험상품보다도 없었던 것이다.

●●● 판매자들의 능력 부족

변액보험은 정액보험과 달리 고도의 상품지식과 재무컨설팅 능력을 요구하는 고품격 상품이다. 보험지식은 물론이고 금융, 증권, 세무, 부동산 등 경제전반에 대해서도 폭넓게 전문지식을 닦은 연후에 판매해야 한다. 그런데 일본의 보험판매자들은 너무 쉽게 변액보험상품에 접근하여 불완전판매를 낳는 불찰을 만들었다. 즉, 판매자들이 고액의 수당만을 생각한 나머지 난해한 상품내용에 대한 깊은 연구 없이 그냥 무작정 고객에게 고수익을 낳을 수 있는 최고의 펀드상품이라고 과대포장하여 권유했던 것이다.

●●● 보험사의 안이한 대응과 마케팅 전략의 부재

미국은 변액보험을 판매하기 5년 전부터 미리 변액보험상품을 팔기 위한 인프라 구축에 힘을 쏟았다고 한다. 그리고 보험에이전트의 전문화와 전업화를 최우선 정책으로 수립하여 시장에서 성공할 수 있도록 사전준비를 철저히 하였다. 그러나 일본은 정액보험과는 확연히 다른 상품구조를 갖고 있는 변액상품을 아무런 사전준비도 없이 급작스럽게 도입하여 판매했다. 미국을 보니 잘 팔릴 것이라고 지레짐작한 것이다. 이러한 판단을 하게 된 근본적인 이유는 1980년 대 초반 일본의 보험시장 성장 폭이 미국보다 매우 컸고, 이에 따라 보험사 또한 급신장을 해왔기 때문이다.

변액보험의 단점을 커버할 수 있도록 유니버설보험의 고유기능인 보험료추가납입이나 중도인출기능 등을 결합하여 패키지 형태로 개발하였다면, 펀드 변경과 같은 부가금융서비스를 도입하여 상품경쟁력을 높였다면, 일본 역시 변액유니버설보험이 대세를 이루고 있을지도 모른다.

결국 미국에서 잘 팔리면 일본에서도 잘 팔릴 거라는 선입관과 미국의 보험세일즈맨들과 일본의 보험세일즈맨들의 수준 차이를 간과했기 때문에 일본의 변액보험은 실패할 수밖에 없었다. 이 부분은 장기투자상품인 변액유니버설보험의 판매에 있어서 매우 중요한 요소이므로 뒷장에서 다시 설명하기로 한다.

지금까지 살펴보았듯이 일본은 보험사의 사전준비 부족과 안이한 대응, 마케팅 전략 부족, 주식시장의 침체와 펀드의 운용 미숙, 보험설

계사들의 상품숙지능력 부족과 판매에 임하는 컨설팅 능력부재(KASH
-Knowledge, Attitude, Skill, Habit- 숙지운용 미숙) 등이 한데 어우러져서 변
액보험상품 판매에 실패했다.

　우리는 일본을 반면교사로 삼아 그러한 전철을 밟지 않도록 보험
사는 철저한 인프라 구축과 마케팅 전략을, 보험컨설턴트들은 전문가
로서의 부단히 핵심역량을 키워 완전판매를 해나가야 할 것이다.

당당한 영업을 위한
인프라를 구축하라

●●● **변액유니버설보험 판매관리사**

"당신은 보험세일즈맨인가? 보험설계사인가?"

둘 다 아니다.

"당신은 변액유니버설보험 세일즈맨인가? 변액유니버설보험 설계사인가?"

이 둘도 다 아니다.

당신은 '변액유니버설보험 판매관리사'이다. 고상하게 말하면 변액유니버설보험 컨설턴트인 것이다.

당신은 고객의 입장에 서서 재무컨설팅을 해야 하는 인생재테크 컨설턴트이다. 그러므로 자신의 이익(업적과 소득)만을 위해 보험상품을 팔려고 해서는 절대로 안 된다. 특히나 변액유니버설보험 군(群)의 경우 전문지식이나 평생직업의식 없이 자신의 이익만을 생각해서 판매한다면 계약을 체결한 이후 자칫 큰 탈이 날 수 있다. 따라서 변액유니버설보험을 판매할 때는 변액유니버설보험 내면 깊숙이 감추어져 있는 진면목을 보다 정확히 파악하고, 그에 따른 컨설팅클리닉은 물론 계약을 체결한 이후에도 지속적으로 관리해나가야 할 것이다.

　　보험회사는 고객의 입장에 서서 상품에 대한 허와 실을 객관적으로 명시하지 않을 수 있다. 그것을 탓할 수는 없다. 그러므로 고객의 입장에 서서 컨설팅클리닉할 수 있는 사람은 고객을 항상 마주 대하는 당신뿐이다. 즉, 보험회사와 고객 모두의 입장을 염두에 둘 수 있는 사람은 변액유니버설보험 컨설턴트인 당신뿐인 것이다. 그런 차원에서 지금부터 필자는 어느 한 곳에 치우침 없이 객관적으로 당신에게 변액유니버설보험의 진면목을 보여주고 그에 따른 솔루션을 제시하고자 한다.

●●● 효자인가 애물단지인가

장수시대의 진입에 따라 전통형 종신보험은 이미 개인연금에게 정상자리를 물려주었다. 이렇듯 보험소비자들의 보험선호도는 경제사회 환경에 따라 언제든지 바뀔 수 있다. 현재 우리를 둘러싼 주변환경은 간단히 저금리 시대, 장수시대로 요약할 수 있다. 이런 환경에서는 은행예금을 대체할 수 있는 목적자금마련, 나이들었을 때 필요한 충분한 노후자금마련이 필수조건일 것이다. 그리고 그에 가장 적합한 인생재테크 상품은 연금기능까지 두루 갖춘 변액유니버설보험상품 군(群)밖에는 없다. 보험시장의 파이가 한정되어 있는 현실에서 변액유니버설보험은 보험컨설턴트들에게 고소득을 올려 줄 수 있는 효자상품이다. 그래서 보험회사마다 변액유니버설보험상품을 주력화하여 세일즈 전략을 펼치고 있다.

　　그러나 여기서 절대로 간과해선 안 될 중요한 사실이 있다. 당신은 단순한 변액유니버설보험 '판매사'가 아니라 '판매관리사'라는 것이다.

"왜 당신이 판매사가 아니라 판매관리사인지 정확히 아는가?"

그저 자격증에 그렇게 인쇄되어 있기 때문은 아닐 것이다. 당신을 보험설계사 혹은 보험판매사가 아닌 '변액유니버설보험 판매관리사'라고 하는 호칭한 이유는 변액유니버설보험은 판매가 중요한 것이 아니라 사후관리가 더 중요하다는 것을 말하기 위함이다.

다른 보험과는 달리 변액유니버설보험은 보험료추가납입제도라는 것이 있어서 자금이 여유가 될 때 높은 수익률을 기대하여 추가로 보험료를 납입할 수 있다. 그리고 납입된 보험료 대부분은 펀드에 투자된다. 그러므로 고객이 높은 수익률을 올릴 수 있도록 하기 위해서는 그 어느 보험상품보다도 사후관리가 중요하다. 고객이 지속적으로 높은 수익률의 펀드로 갈아탈 수 있도록 해야 함은 물론, 언제 어느 시점에서 목적자금을 인출해야 가장 고수익을 얻을 수 있는지 항상 예의주시하면서 고객에게 조언을 아끼지 말아야 한다.

이렇게 보험 체결뿐만 아니라 사후관리까지 철저히 하려면 우선 자신이 변액유니버설보험과 통해야 함은 물론 경제와 금융 및 세무와도 통해야 한다. 일반지식과 프로십과도 통해야 한다. 평생직업의식을 갖고 일해야 한다.

이러한 종합적인 요소들이 화학적으로 이루어질 때 당신은 변액유니버설보험을 당당하게 팔 수 있다. 만약 이러한 자질과 자세를 갖추지 않는다면 일본의 보험세일즈맨들처럼 고객들의 신뢰를 잃게 될 것이다. 고객의 신뢰를 잃어버린 변액유니버설보험은 고객이 투자한 돈을 찾는 그 날까지 항상 애물단지로 전락될 소지를 다분히 안고 있을 수 있다는 사실을 늘 명심해야 한다.

●●● 정도에 입각한 영업

금융감독원 관계자의 말에 의하면 날이 갈수록 변액보험상품의 불완전 판매에 대한 소비자들의 민원이 증가하고 있다고 한다. 변액유니버설보험은 간접투자상품이긴 하지만 어디까지나 근본은 '보험'인 만큼 보험료 일부를 보험사의 사업비로 공제한 후 나머지 차액을 펀드에 투자하여 운용하므로 펀드수익률과 실제적립금액 상에는 상당한 차이가 있다. 그런데 문제는 그러한 사실을 계약자들이 대부분 모르고 있다는 것이다. 대부분의 원인은 보험체결 당시 담당설계사로부터 이러한 사실을 듣지 못했기 때문일 것이다. 주식에 투자하여 펀드로 운용되는 실적배당형의 장기상품인 변액보험에 대해 그 내용을 정확히 인식하지 못한 입장이라면 고객은 이를 설명해주는 보험컨설턴트의 말을 액면 그대로 믿을 수밖에 없다. 즉, 앞으로 당신이 설명하는 변액유니버설보험에 대한 모든 내용은 고객에게는 바로 그 자체가 정답으로 와 닿을 것이며, 차후 이와 관련하여 당신이 그릇된 정보를 제공해주었다는 사실을 고객이 알게 되면 이는 곧바로 클레임으로 이어질 수 있다.

여기 신문의 기사 몇 토막을 실어 본다.

변액보험 소송 줄이어……

변액보험을 투자신탁회사의 펀드로 혼동하고 가입, 뒤늦게 소송을 벌이는 사례가 빈발해 소비자들의 주의가 요구된다. 최근 의사들이 변액보험과 관련, 보험사나 설계사를 상대로 소송하는 일이 잇따르고 있다. 보험설계사가 변액보험이 마치 투신사의 펀드와 같은 것인 양 설명하고 상품을 판매했다고 주장하고 있다. 가입한지 얼마 되지 않아 환매해도 약간의 수수료만 내고 원금을 찾을 수 있다고 오해했던 것. 이런 점에 대해서는 설계사가 설명을 제대로 하지 않아 펀드와 유사한 줄로 믿고 있는 사람들이 많다. (자료 : 이데일리 2005. 1. 14)

변액보험 '눈속임 판매' 여전……

보험에 투자기능을 덧붙여 인기를 끌고 있는 변액보험이 마치 고수익을 보장하는 펀드인 것처럼 과장 선전되는 게 좀처럼 수그러들지 않고 있다. 금융감독기관의 엄포에도 ××계 보험사를 중심으로 주가상승에 편승, 최근 소비자를 한층 더 우롱하는 무차별 판매 전략을 펼치고 있어 피해가 우려된다. …(중략)… 이전에도 일부 보험사들은 변액보험을 판매하며 '일종의 펀드라 기존의 생명보험 등을 해약하고 새로 갈아타는 게 유리하다.'고 거짓 선전해 금융감독원으로부터 시정 통고를 받았다. 기존 보험을 해약하는 것이 어렵게 되자 이번엔 해약이 필요 없이 기존 보험을 담보로 높은 금리의 보험대출을 받도록 하는 판매술이 등장한 것이다. (서울신문 2005. 8. 6)

원금손실 가능성 고객에 안 알려…… 변액보험 변칙판매 여전

보험료의 일부로 주식·채권 등에 투자해서 얻은 수익금의 일부를 고객에게 돌려주는 '변액(變額)보험' 가입자가 최근 급증하면서 원금 손실 문제를 놓고 가입자와 금융회사 간 분쟁이 잇따르고 있다. 특히 최근 분쟁은 보험회사들이 고객들에게 원금 손실 가능성을 사전에 충분히 알려주지 않은 데서 비롯되고 있다. 이에 금융감독원은 변액보험상품을 판매하는 보험사와 은행을 상대로 내달 중 실태 점검에 나서기로 했다. 금감원 관계자는 "변액보험 판매 때 원금 손실 가능성을 반드시 알려야 한다는 내용의 '변액보험 모범판매 규준'을 만들어 시행하도록 금융회사들에 요청했는데도 제대로 시행되지 않아 실태 점검에 나서기로 한 것"이라고 말했다. 금감원 조사에 따르면, 변액보험 분쟁은 중도해약 때 발생하는 경우가 많은 것으로 나타났다. (조선일보, 2005. 8. 9)

얼마 전에는 변액유니버설보험의 특별계정 해약률이 21.4%로 일반계정의 2배가 넘는다는 기사가 난 적이 있다(2005. 5. 25일자. 각 일간지). 특별계정의 효력상실 해약률이 높게 나타나고 있는 이유는 변액유니버설보험상품 군(群)의 불완전판매가 여전히 늘고 있기 때문이다. 간접투자 형태이면서 실적에 따라 배당받을 수 있다는 잇점 때문에 변액유니버설보험상품의 수요가 증가하고는 있지만 이를 판매하는 과정에서 변액보험의 특성을 충분히 설명하지 않거나 과도한 수익률을 예시한다면 변액유니버설보험에 관한 민원은 계속될 수밖에 없다. 또 이와 같은 불완전판매를 그대로 방치한 채 펀드의 운용실적이 악화된다면 고객과의 분쟁발생 가능성이 매우 높을 수밖에 없다. 이는 보험사와 판매관리사 모두에게 치명적인 손실을 가져다 줄 수 있다. 가까운 일본시장의 예를 보아도 쉽게 짐작할 수 있을 것이다. 그러므로 변액유니버설보험은 99%의 완전판매가 아닌 반드시 100% 완전판매가 선행되어야 한다는 대전제조건을 늘 염두에 두고 컨설팅에 임해야 할 것이다.

●●● 고객발굴과 충성고객화

변액유니버설보험은 적립형이든 보장형이든 또는 연금형이든 아직 가입하지 않은 고객(백지시장)을 발굴하여 유망고객으로 배양해야 한다. 머뭇거릴 틈이나 여유는 없다. 처음으로 찜하는 보험컨설턴트가 임자이다. 이유 여하를 막론하고 고객을 설득시켜 일단 가입시켜야 한다. 주춤거리다가 다른 보험컨설턴트와 계약을 한 뒤라면 당신과의 계약은 완전히 끝났다고 봐야 한다.

"고객이 여유만 된다면 변액유니버설보험도 두 개 정도 드는 것은 가능하지 않을까요? 계약을 완전히 포기할 필요는 없을 것 같은데요. 암보험의 경우도 몇 개씩 드는 사람이 많잖아요."

지금 당신은 이와 같은 의문을 품고 있을지도 모른다. 그러나 이는 변액유니버설보험의 특성을 모르기 때문에 하는 소리다. 매월 고액의 보험료를 지불해야 하는 종신보험의 경우 한 회사에 가입한 사람이 또다시 다른 회사의 종신보험을 가입하기는 쉽지 않다. 변액유니버설보험 또한 그러하다. 아니 오히려 그러한 경향이 종신보험보다 훨씬 더 심하다. 변액유니버설보험이 종신보험보다 고객을 더 고정고객으로 만들 수밖에 없는 이유는 여러가지가 있다.

그중 한 가지 이유는 변액유니버설보험은 보험설계사의 역할이 계약체결로 끝나는 것이 아니라 고객이 가장 만족해하는 시점에서 투자된 자금(적립금)을 찾게 해주어야 하기 때문이다. 또 한 가지 이유는 추가납입제도에서 찾을 수 있다. 자신과 인연을 맺고 있는 보험컨설턴트가 마음에 든다면 여유자금이 생겼을 때 또 다른 보험에 가입하는 것보다는 추가납입제도를 이용하여 기존에 계약한 변액유니버설보험에 투자하려 할 것이기 때문이다. 나머지 이유들은 이 책을 읽으면서 스스로 찾기 바란다.

고객이 깨어 있음을 간과하지 마라

●●● 고객이 머물고 있는 곳

몇 년 전까지만 해도 보험설계사와 보험대리점을 중심으로 한 대면영업, 즉 방문판매영업이 유일무이했던 보험시장은 인터넷, 방카슈랑스, 홈쇼핑, TM, DM 등 신규판매채널 조직의 등장과 활성화로 보험의 판매방식과 가입방식이 많이 달라졌다. 판매방식과 가입방식만이 바뀐 것이 아니라 보험소비자들에게 보험상품에 대한 시야를 확 트이게 해주었고, 그 결과 보험소비자들의 보험인식 수준은 보험설계사들 못지않게 높아졌다.

이렇게 판매방식이 다양화, 다각화되어 가고 있는 추세에서는 고객을 쉽게 봐서는 안 된다. 즉, 고객이 보험상품을 선택할 때 단순히 담당설계사에게 전적으로 의지할 것으로 믿어서는 안 된다. 어디서나 정보를 쉽게 얻을 수 찾을 수 있으므로 고객은 스스로 무슨 상품이 더 좋은지를 꼼꼼히 살펴보고 당신에게는 그저 조언을 구하는 것일 수 있다. 따라서 섣불리 고객을 만나 변액유니버설보험을 권했다가는 큰 난관에 봉착할 수 있을 것이다.

여기 인터넷에 올라와 있는 보험가입자들의 의견을 살펴보기로 하자. 고객들의 변액유니버설보험에 대한 높아진 지식수준을 엿볼 수 있을 뿐만 아니라 요구사항이 얼마나 까다로워졌는지도 알 수 있다.

질문 하나

변액유니버설보험에 대해 보다 깊은 내용을 알고 싶다.

"보장도 받고 저축도 할 수 있는 보험 상품에 가입하려고 알아보고 있는데요. 요즘 변액유니버설보험에 대한 이야기가 많아서요. 그 상품의 장단점을 좀 알려주세요. 장점만 부각시켜 현혹시키는 답변은 일체 사양합니다. 저도 그 정도는 이미 알고 있으니까요. 종신보험이나 연금보험 등 다른 전통형보험과 비교해 상품구조상의 차이점을 자세하게 설명해주시면 좋겠습니다."

질문 둘

변액유니버설보험 많이 내다 적게 내면 손해인가?

"변액유니버설보험에 가입한지 9개월 정도 되었습니다. 아는 보험설계사의 조언에 따라 처음 18개월은 500만 원씩 납입하고 그 이후에는 제 마음대로 하기로 했습니다. 그래서 1년 반이 지나면 100만 원씩 납입할 계획이었는데, 오늘 어떤 분께 들었는데, 보험이라는 게 모두 처음 1년 동안은 거의 모든 사업비가 충당되기 때문에 처음에 적게 내다 나중에 많이 내는 것에 비해 처음엔 많이 내고 나중에 줄여 내게 되면 상당히 손해라는 말을 들었습니다. 순간 속았나 싶은 생각도 들었습니다. 사실 앞으로의 수익률이 얼마나 될지도 모르는데 청약을 철회하고 다시 들어야 할지 아니면 그냥 두어야 되는지 고민입니다.
쉽게 말해 제가 1년 반 동안 총 9,000만 원을 납입하게 되는데 이 돈 모두가 펀드로 운용되는 게 아니라 이중 보험설계사 수수료랑 보험회사 경비 등 이런 거로 얼마나 빠지고 운용되는 건지 정확히 알고 싶습니다."

질문 셋

변액유니버설보험에서 사업비항목으로 공제되는 게 뭔가?

"아내 앞으로 주계약 10만 원 정도의 변액유니버설상품을 가입하였는데, 수수료 얘기를 들어서 본사 상담직원과 통화했는데 10만 원 전액이 펀드에 투자되는 게 아니고, 그중 상당수가 사업비란 항목으로 공제되는데 납입 후 약 7년 동안이나 공제된다고 하더군요. 그래서 제대로 된 투자는 7년 이후라고 하는데 그러면 본격적으로 7년 후부터 펀드에 투자되어 높은 수익률을 낸다 해도 7년 동안 공제된 수수료를 만회하려면 얼마만큼의 시간이 필요할런지 그럴 바에야 차라리 가입해놓은 은행권의 적립식펀드에 추가로 불입할 걸 하는 생각이 듭니다. 설계해준 분은 중장기적으로 보면 변액유니버설상품이 훨씬 좋다고 하던데, 인터넷에서 검색해보니 주계약 10만 원이면 대부분 설계사수당과 내근 사원인건비, 계약유지비 등으로 빠지고 펀드에 투자되어도 종목변경시 또 수수료가 공제된다고 합니다. 조언 좀 부탁드립니다."

질문 넷

변액유니버설보험에 대해서 궁금하다.

"한 달에 300만 원 정도 받는 샐러리맨입니다. 나이는 서른이고 건강체질입니다. 종신보험은 이미 가입이 되어 있어서 노후준비를 하려고 연금보험을 알아보니 요즘은 변액유니버설보험을 많이들 권하는 것 같아서 좀 알아보고 가입을 하려고 합니다. 어느 회사 상품이 좋은지 그런 것을 좀 알아보려구요. 월 50~70만 원 정도로 한 10년에서 15년 정도 넣으려고 생각하고 있습니다. 회사 상품별 장단점을 정확히 알고 싶습니다. 적립식펀드와 수익률도 객관적으로 비교를 해서요."

질문 다섯

내게 가장 효율적인 재테크 방법은 무엇일까?

"20대 후반의 회사원입니다. 여러 가지 사정상 지금까지 저축을 하나도 하지 못하다가 이제야 저축을 하려고 하는데 저에게 맞는 가장 효율적인 재테크 방법을 찾고 있습니다. 제가 저축 가능한 돈은 약 80만 원 정도입니다. 청약부금과 일반적금 그리고 적립식펀드 등 3가지로 나누어서 저축할 계획을 갖고 있습니다. 고수익을 얻을 수 있으면서도 안전하게 저축할 수 있는 재테크 방법 없을까요?"

질문 여섯

변액유니버설상품은 일복리로 계산하는가?

"변액유니버설보험에 가입하려고 하는데요? 매일매일 투자실적이 반영되어 일 복리상품과 같은 효과를 갖는다고 하는데 흔히 적금이자 구하는 공식이 '월 납입액 $\times n(n+1)/2 \times r/12$' 잖아요. 이게 복리계산식인가요? 아니면 단리인가요? 혹시 월 납입액 이자도 복리로 계산하는 방법이 있으면 좀 부탁드립니다. 그리고 변액유니버설보험은 일복리가 맞나요?"

질문 일곱

노후준비에는 어떤 상품이 가장 적합한가?

"맞벌이를 하는 30대 후반 주부인데요. 노후준비는 어떤 상품이 좋은지 추천 해주세요. 제가 보기에는 적립식펀드가 좋을 것 같은데…… 요즈음 또 제가 눈 여겨 본 것은 변액유니버설보험과 개인연금신탁인데요. 소득공제를 받기 위해 선 남편명의로 개인연금을 들어야 하지만 남편 나이가 많아서 10년 이상의 조 건은 안 됩니다. 제가 가입하면 되는데 소득공제도 안 되고 한 푼이라도 아껴 야 되는데 고수님들의 조언 정말 부탁드립니다."

질문 여덟

매달 사업비 손실을 보는데도 수익이 날 수 있나?

"주식이 활황이라는 소식에 뭔가 투자를 해야 할 것 같아 변액유니버설보험에 가입하였습니다. 고수익에 대한 기대가 컸는데 변액유니버설보험에 대해 공부 를 하다보니 실망스런 부분이 있더군요. 바로 사업비 문제입니다. 처음 가입시 설계사분에게 보험료 중 사업비 명목으로 일정 퍼센트가 나간다는 설명은 들 었지만 그게 18%나 되는 줄은 정말 몰랐습니다. 당황스럽더군요. 제가 이해하 기로는 한달에 100만 원을 낸다면 18만 원은 사업비로 나가고 나머지 82만 원 에 대해서 수익이 붙는다는 말인 것 같은데요. 그렇다면 과연 투자성 상품이라 고 할 수 있는 건지요. 매달 사업비 손실을 보는데도 수익이 날 수 있는 건가 요? 아님 사업비가 거의 없어진다는 7년 이후에 나는 수익을 보고 장기투자를 하는 건가요? 사업비가 계속 18% 이상 나가는 한에는 절대로 수익이 날 수 없 을 거 같은데 말이죠."

이런 고객의 물음에 즉시 만족할 만한 답을 해줄 수 있는가?

이제 고객이 변액유니버설보험에 대해 속속들이 알고 있고, 어려 운 질문들 또한 서슴치 않고 하고 있다는 사실을 반드시 알고 준비해 나가지 않으면 안 된다. 재정클리닉을 담당하는 금융전문가로서, 인생 재테크 컨설턴트로서 변액유니버설보험상품에 대한 지식으로 무장을 해야만 고객의 심리를 파악하고 고객의 컨셉에 맞춰 컨설팅클리닉을 전개할 수 있는 진정한 고수가 될 것이다.

미국 Vs. 일본 Vs. 한국
보험세일즈맨의 차이

미국에 살고 있는 필자의 지인 한 사람이 지난번 한국에 와서 한 말이 생각난다. 필자가 보험전문컨설턴트라는 것을 알고 말하는 것 같은 느낌이 들었다. 필자에게 대뜸 이런 질문을 하는 것이었다.

"지금 한국의 보험에이전트들은 어떻게 영업을 하고 있지?"

나는 평소 생각하고 있는 대로 말했다. 특히 현재 생명보험과 손해보험대리점을 겸업하면서 그 누구보다도 고객을 위해 18년 동안 열정적으로 일하고 있는 사랑하는 아내의 예를 들으면서 말해주었다.

그 지인은 내 이야기를 묵묵히 듣더니 '○○ 어머님 정말 대단하시다(그는 필자 아내를 이렇게 부른다)' 면서 자기네 가족을 담당하고 있는 미국의 보험에이전트에 대해 말해주었다.

현재 자신을 담당한 에이전트도 자신과 같이 은퇴를 바라보고 있는 나이지만 서로 인연을 맺은 지는 25년이 넘었다고 한다.

30대 초반에 만나서 고객과 보험세일즈맨이라는 비즈니스 관계를 떠나 신뢰를 쌓으면서 우정을 돈독히 해왔다고 한다. 변액유니버설보험도 가입한 지 올해로 15년이 되었는데 매월 해피콜을 해주면서 현재 시점에서 펀드수익률이 얼마인지를 알려준다고 한다. 그리고 다른 펀드는 얼마의 수익을 올리고 있으므로 언제 갈아타야 할지 그 시점까지 조언을 해준다고 한다. 특히 자신이 은퇴시기인지라 언제 적립금액을 찾아야 가장 수익이 클지 그 시점을 놓치지 않기 위해 주식시황을 예의 주시하면서 체크해준다고 한다. 그래서 자신은 장기투자상품이라도 변액유니버설보험에 대해 아무런 불안감이 없다고 한다.

그런데 자기 보험에이전트만 그렇게 하는 것이 아니란다. 자기가 알고 있는 주변 사람들과 얘기를 나누어보면 많은 보험에이전트들이 사전 컨설팅뿐만 아니라 사후 컨설팅도 확실하게 해주고 인생카운슬러도 하면서 고객의 동반자 역할을 자임하고 있다고 한다. 즉, 미국의 보험에이전트들은 보험영업을 평생직업으로 여기면서 고객의 금융전문주치의로서 고객과 함께 인생을 보내는 것이다. 고객과 같이 늙어가면서 자연스럽게 평생 보험관리를 해준다고 볼 수 있다.

●●● 영업조직의 부침이 심하다

앞장에서 일본이 왜 변액보험상품에 실패했는지 그 이유를 종합적으로 살펴봤는데 그중 한 가지 이유가 빠졌었다. 바로 보험컨설턴트로서의 진정한 자리매김이 확고하지 않았다는 것이다. 즉, 부침이 심하다. 지금도 일본의 보험설계사들이 미국의 보험에이전트와 같은 수준으로 전문화, 직업화되었다고는 볼 수 없다. 그렇지만 우리나라의 경우는 일본보다도 더 부침이 심하다.

금융감독원에서 발표한 바에 따르면 보험업계의 13차월 설계사 정착률(FY 2004 기준)은 생명보험 33.7%, 손해보험 38.8%로 대량증원·대량탈락의 악순환이 여전한 것으로 나타나고 있다(2005. 8. 2). 보험설계사들 중 절반 이상이 1년도 못 버티고 중도에 그만두고 있다는 것은 심각한 일이다.

IMF 체제 이후 구조조정 과정을 거치면서 보험회사 또한 인재를 선별하여 채용하고는 있지만 여전히 연고의 틀에서 완전히 벗어나지는 못해 정착률을 높이는 데 한계를 드러내는 것이라고 볼 수 있다. 보험영업조직의 '대량모집·대량탈락'의 악순환(Turn Over 현상)은 과다 사업비 지출 등 보험사의 경영효율에도 악영향을 가져오며 보험료를 상승시키는 단초가 되어 그 피해가 고객들에게 고스란히 전가됨은 물론, 보험설계사의 전업화와 전문화를 위한 능력개발에도 심각한 문제점을 야기시키고 있다.

일본의 경우 보험영업조직의 13개월 정착률은 약 60%를 상회하고 있고, 미국의 경우에는 약 80%를 상회하고 있다. 그런데 더 심각한 문제는 이들 나라는 근속연수가 오래될수록 정착률이 좋아지는 데 반해 우리나라는 10년, 20년 이상 되는 장기근속한 설계사가 그리 많지 않다는 데 있다. 이는 앞으로 사후관리가 생명인 변액유니버설보험상품 판매에 있어서 가장 큰 걸림돌로 작용하게 될 것이라고 필자는 판단한다.

●●● 고객에게 전문직업인임을 보여줘라

보험전문가들은 말한다. 보험문화나 보험세일즈맨들의 수준을 볼 때 우리나라는 일본보다 약 5~7년 정도 뒤떨어져 있고, 미국보다는 최소한 15~20년 이상 뒤떨어져 있다고……. 이는 맞는 말일 것이다.

영업조직에 있어 우리나라와 일본이 비슷한 점은 아직도 보험설계사가 진정한 전문설계사가 아닌 세일즈맨의 수준에 머물러 있다는 것이다. 본인이 전문가라고 생각한다고 저절로 전문가가 되는 것은 결코 아니다. 고객이 객관적으로 확실하게 인정을 해주어야 하는 것이다.

'우리나라 보험설계사들은 왜 아직 전업화 · 전문화되지 못하고 있는가?'

이 문제를 풀어가는 과정에서 보험회사의 경영능력부재와 패러다임 전환에 대한 것은 논외 밖으로 하자. 이 책을 읽는 독자들은 주로 필드에서 활동하는 사람들일 것이므로 그에 포커스를 맞춰 풀어가는 것이 좋을 것 같기 때문이다.

그런 관점에서 볼 때 우리나라의 보험설계사가 전업화 · 전문화되지 못하는 이유는 평생직업의식을 갖지 못했기 때문이라고 볼 수 있다. '당신은 당신의 직업을 고객이 은퇴를 한 이후까지도 계속 갖고 있으면서 평생토록 고객의 사후관리를 책임질 수 있는가?' 스스로 자신에게 질문해보자. 당신이 현재의 보험영업을 평생직업으로 여기면서 고객을 발굴하고 있는지를, 또 계약을 체결한 후 책임감을 가지고 사후관리를 하고 있는지를…….

지금 우리나라에서 판매되고 있는 보험상품들은 구조만 약간 다를 뿐 미국 또는 일본의 보험상품들과 거의 비슷하다. 변액유니버설보험도 비슷하여 대부분의 상품이 장기투자상품이다. 게다가 변액유니버설보험은 보험료 대부분이 펀드로 운용되기 때문에 계약을 체결한 이후부터 보험의 소멸시효가 끝나는 날까지 계속적으로 고객을 착실하게 관리해야 고객만족도가 높아질 수 있다.

그러므로 만약 당신이 보험마케팅을 총괄하고 있는 본사 리더라면 보험설계사들을 전업화 · 전문화할 수 있도록 반드시 방안을 찾아야 할 것이다. 그렇지 않으면 장기적으로 볼 때 변액유니버설보험으로 당신 회사를 성장시킬 수 없음은 불문가지이다.

●●● 10년 후부터 고객이 만족하도록 만들어라

그 어느 나라보다도 전문화 · 전업화되어 있고 완전판매를 지향하고 있는 미국이나 영국 등 보험선진국에서도 변액유니버설보험의 부실판매로 인한 클레임은 나타난다. 여기서 부실판매는 사전 컨설팅클리닉의 미숙과 사후 컨설팅의 부재를 동시에 말하는 것이다. 적립식펀드가 무엇인지, 변액보험이 무엇인지 대부분 알고 있는 선진국에서도 클레임이 발생하는데 하물며 변액보험이 출시된지 얼마되지 않은 우리나라에서 제대로 컨설팅클리닉을 해주지 않는다면 나중에는 정말로 많은 민원이 야기될지도 모른다.

변액보험은 판매하는 것이 중요한 게 아니다. 가입한지 10년 이후부터 고객이 적기에 목적자금을 만족할 만한 수준으로 마련할 수 있도록 지속적으로 컨설팅 해주는 것이 더 중요하다. 이점은 절대 잊어서는 안 된다. 즉, 적립금액의 수익규모가 최대치가 되어 수익률이 최고점에 올라와 있을 때 고객이 적립금액을 전액 인출해 활용할 수 있도록 지속적으로 클리닉을 해주어야 한다.

특히 채권형이 아닌 주식형펀드의 경우 인출시점에서 주가가 대폭락을 하게 되면 수익률이 매우 떨어질 수 있으므로 사후관리를 철저히 하여 고객과 심각한 마찰을 야기시키지 않도록 명심해야 할 것이다.

변액유니버설보험으로
인생을 재테크하라

●●● 보험세일즈 방식에 대한 패러다임

위험보장중심의 상품과 실적배당중심의 상품은 판매시 그 컨설팅 방법 자체가 달라야 한다. 이같은 이유로 변액보험과 정액보험은 세일즈 프로세스(Sales Process)가 완전히 다르다.

위험보장상품은 피보험자의 사망, 사고 및 보험만기 등 보험금지급사유가 발생하였을 때 당초 약정된 보험금만 지급하면 아무런 문제가 없다. 보험가입자 또한 자신의 수익증대를 위해 특별히 신경을 쓸 필요가 없다. 보험설계사도 상품을 팔고 나면 그 이후에는 단순한 유지관리나 보험금지급사유 발생시에 그에 대한 급부서비스를 제공하면 그뿐이다.

그러나 실적배당형의 보험투자상품을 이러한 형태로 관리한다는 것은 매우 곤란하다. 그러므로 하루빨리 변액유니버설보험 세일즈에 대한 패러다임을 완전히 전환해나가야 한다. 왜 그러한지는 다음 도표를 보면 금방 이해가 갈 것이다. 변액보험상품의 자산운용 흐름을 주의깊게 살펴보면서 계속 진행하기로 하자.

변액보험상품의 자산운용 흐름도

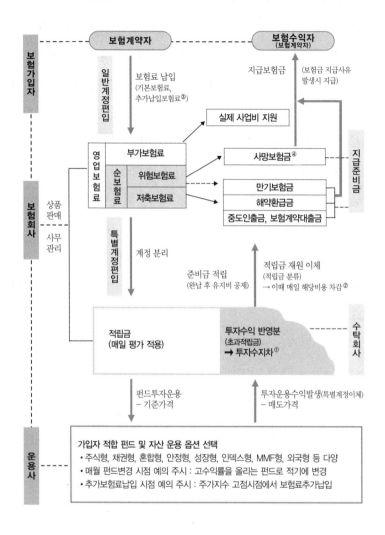

---

*① 투자수지차는 '투자수입 - 투자비용' 으로 변동보험금 계산에 사용.

② 해당 비용 차감 대상 : 특별 계정 인용 수수료 · 최저사망보험금 보증비용, 최저 연금적립금 보증비용(변액연금), 특별계정운용보수, 특별계정수탁보수 등

③ 보험료 추가 납입시에는 기본보험료와 달리 사업비중 수금비만 차감됨.

④ 사망보험금은 사망계약의 보험료 적립금을 의미함(최저 주계약 기납입보험료 최저보증)

••• 니즈판매는 가장 기초적인 방식

지금까지의 보험판매 패턴은 컨설팅 세일즈가 아닌 안면을 토대로 한 인적판매(Relationship Selling) 위주였다. 지인에게 판매하거나 지인이 소개시켜주는 사람을 찾아가 판매하는 등 정적인 인간관계에 의존하여 부탁 또는 설득하면서 획일적으로 상품을 판매한 것이다. 그리고 회사에서 전략적으로 출시하거나 시장선점을 위해 추진하는 주력상품을 주로 판매하였다. 즉, 보장, 저축, 특정질병, 상해연금 등 몇 가지 주력상품을 만들어 놓고 고객이 선호하는 상품을 꼭 집어서 판매하는 주력상품 세일즈(Product Selling) 방식을 집중적으로 해온 것이다. 그러다가 보험상품의 판매채널이 다양화되자 고객의 보장내역을 분석하고 이를 토대로 재정설계를 해주는 니즈판매(Needs Based Selling)를 실시하게 되었다.

그러나 니즈판매는 인생의 5대 자금(자녀교육과 결혼, 주택마련, 일상 생활보장, 은퇴 후 노후생활, 긴급예비자금)을 기초로 하여 설계되기 때문에 사망 등 필요보장자산이나 고객 컨셉에 맞는 상품설계능력은 부족하다. 그러다 보니 고객이 필요로 하는 각종자금에 대한 구체적인 준비방법을 체계적으로 제시하기보다는 총량적으로 대충 어느 정도가 부족하므로 이 정도의 보험은 들어놔야 한다는 식으로 판매하게 된다. 예를 들어, 인생의 5대 자금으로 이만큼은 필요한데 종신보험이나 연금보험, 상해보험, 질병보험 등을 가입할 경우 이 정도의 보장자산을 확보할 수 있으므로 이 정도는 들어야 한다라는 식으로 영업을 하는 것이다.

●●● 1 : 1 맞춤식 컨설팅 세일즈

그러나 이제는 그러한 단순한 니즈판매로는 다른 모집채널조직과의 경쟁에서 결코 이길 수 없다. 그 정도의 판매능력은 다른 보험채널조직도 구축해놓았기 때문이다. 그리고 고객 또한 그 정도는 대충 알고 있다. 따라서 단순한 보험설계사가 아닌 당신의 명함에 찍혀 있듯이 진정한 보험컨설턴트가 되려면 니즈판매에 머물러서는 안 된다.

고객의 전 생애를 기초로 한 컨설팅 세일즈(Consulting Selling)가 이루어져야 한다. 입수된 고객의 정보를 분석하여 니즈를 정확히 읽고 이에 맞게 셀링 포인트(Selling Point)를 잡은 다음 고객의 재정상태를 안정시킬 수 있도록 컨설팅 세일즈를 해나가야 한다. 보험영업에 있어서 컨설팅이란 특정 고객에게 보험설계사가 전문지식을 활용하여 문제점을 분석하고 진단하여 구체적인 해결방안을 제시하고 조언해주는 상담기법을 말한다. 보험상품의 완전판매를 이룩하려면 컨설팅 세일즈를 통해서 상품을 판매하고 지속적으로 컨설팅 서비스를 해주어야 한다.

당신이 보험컨설턴트로서 성공하기 위해서는 고객 개개인의 라이프스타일과 라이프사이클을 파악하여 고객 가정의 재정상태가 안정될 수 있도록 완벽하게 설계하고, 그에 가장 알맞은 상품을 권유하고, 고객이 가입하는 그 순간부터 보험서비스가 최종적으로 끝나는 시점(보험계약 소멸시점)까지 철저하게 1 : 1 맞춤 서비스로 관리해주는 컨설팅 프로그램을 만들어야 할 것이다.

●●● 컨셉을 기초로 한 재무세일즈

1 : 1 맞춤 컨설팅 세일즈와 비슷한 개념이지만 컨셉세일즈(Concept Selling)는 고객의 눈높이에 맞춘다는 점에서 그 의미가 약간 다르다. 고객의 인생에 대두되는 사고, 질병, 소득, 세무, 교육, 주택, 은퇴, 노후, 투자, 리스크 헤지, 상속 등 모든 경제적인 테마에 대해 구체적으로 정보를 입수하고 검토한 다음, 이를 고객의 라이프스타일과 가치관에 따라 경제적 또는 생활상의 테마별로 우선순위와 목표수준을 설정한 후 그 달성전략을 수립하고, 이의 합리적 해결책으로 당신이 제공해주는 가장 적합한 보험상품을 가입하도록 하는 것이 컨셉세일즈이다.

그러나 다목적 종합금융상품인 변액유니버설보험은 컨셉세일즈만으로는 부족하다. 보다 업그레이드된 세일즈 기법이 필요하다. 예를 들어 컨셉을 기초로 한 재무세일즈(Financial Selling) 같은 것이 좋겠다. 종합금융화시대에는 은행의 PB나 증권의 FC 못지않게 재무설계를 기초로 하여 상품을 컨설팅해야 한다. 재무세일즈란 한마디로 말하면 고객에게 맞는 최적의 인생재테크를 설계하여 판매하는 것을 말한다. 고객의 컨셉을 정확히 분석하는 것은 물론이고 재정안정설계 등을 통해 보장자산을 합리적으로 설계하여 판매해야 한다. 이제 당신은 JOP에 대한 전문지식을 토대로 고객의 생애 전반에 걸친 인생재테크 방안을 실현시켜 주면서 고객의 동반자로서 인생카운슬러의 역할도 수행하는 팔방미인이 되어야 한다.

●●● 하루빨리 금융전문 FC로

저금리, 급속한 고령화, 통합금융 추세는 보험산업을 위험관리산업에서 자산운용중심산업으로 전환시키고 있다. 이에 발맞춰 보험설계사들 또한 패러다임을 전환해 능동적으로 대처해나가야 한다. 즉, 단순한 보험설계사가 아닌 고객의 재정을 집중적으로 토탈(Total) 관리할 줄 아는 전천후 재무설계사(FC)로 탈바꿈해야 한다. 또한 고객의 재정클리닉을 담당하는 금융주치의가 되어야 한다.

그 길만이 금융권의 장벽이 무너지고 있는 추세에서 살아남을 수 있는 유일한 대안이요, 전문가로서 고소득을 올릴 수 있는 최선의 방책이다.

한국펀드평가(주)의 우재룡 사장은 어느 인터뷰에서 "저금리·고령화 추세에서 통합금융시대는 보험설계사에 의해 주도될 것이다"라고 말했다. 금융소비자의 관심이 은퇴 후 노후소득보장에 집중되는 만큼 고객의 재무능력에 맞춰 1:1로 노후맞춤설계를 해줄 수 있는 재무설계사가 반드시 필요하며 이를 주도적으로 이끌어갈 사람은 바로 보험설계사라는 것이다.

보험회사는 보험영업조직이 없으면 식물인간과 마찬가지이다. 보험회사가 내실을 다지면서 영속기업으로 존재하기 위해서는 1차적으로 보험을 판매하는 영업조직에 의존할 수밖에 없다. 그러나 그 영업조직에 몸담고 있는 보험설계사와 보험대리점 또한 평생직업의식을 갖고 전문가로 입지를 공고히 하려면 보험설계사가 아닌 금융전문 FC로 자리매김을 해야 한다. 고객의 생애관리(Life Care)를 위한 인생재테크 전문가가 되어야 하는 것이다. 그렇게 되기 위해서는 보험지식뿐만 아니라 경제금융 전반에 대하여 폭넓게 종합적인 지식을 습득해야 한다. 그리고 다른 보험세일즈맨들에게 뺏기지 않도록 자신의 고객은 반드시 충성고객으로 만들어 놓아야 한다.

기존고객들을 충성고객으로 만드는 길은 당신 스스로가 보험에 대한 애정을 토해내고 진정한 보험광(狂)이 되어 현재의 일을 평생 동안 안고 가려는 확고한 집념과 보험영업에 대한 올바른 가치관 정립이 확립되어야만 가능하다.

●●● 변액유니버설보험은 계약체결보다 사후관리가 더 신경 쓰이는 상품이다

변액유니버설보험을 판매하기 위해서는 먼저 고객의 라이프 맵을 플래닝한 후 이 컨셉에 맞춰 종합적으로 재무컨설팅을 하는 것이 기본이다. 그리고 그러한 재무컨설팅을 토대로 하여 삶의 질을 높이는 수단으로서의 변액유니버설보험을 제안해야 한다. 그래야만 당신은 고객에게 믿을 수 있는 동반자로서, 멘토(Mentor)로서 인정받을 수 있을 것이다. 그리고 그렇게 해나가야만 신규고객을 충성고객으로 만들어 놓을 수 있을 것이다.

그러므로 앞으로 당신은 잠재고객으로부터 신계약을 체결하는 것뿐만 아니라 이들에게 만족감을 심어주어, 협력화를 통한 소개고객의 확보까지 이어질 수 있도록 사후관리를 철저히 해야 한다. 즉, 변액유니버설보험 계약을 체결한 뒤에도 지속적인 레드오션 전략과 CRM 마케팅을 펼쳐 고객과의 신뢰를 구축해나가고, 이를 바탕으로 세대마케팅이 이루어지도록 해야 한다.

그래야 이 신규고객들을 단순히 상품만 구매한 일반적인 고객의 수준을 뛰어넘어 당신의 보험영업에 대해 협조는 물론 다른 사람들을 소개해줄 수 있는 충성고객으로 만들 수 있다.

신규고객이 충성고객이 될 때만이 이들을 소개자화해서 신규고객을 계속적으로 양산해나갈 수 있음을 명심하라. 그래야만 당신의 고소득이 보장될 것이며, 보험컨설턴트로서의 입지를 확실히 굳혀 롱런할 수 있을 것이다.

●●● 보험선진국의 에이전트들은 사후관리를 최고의 덕목으로 삼고 있다

변액유니버설보험상품 군(群)의 영업에 성공한 미국의 보험에이전트들의 경우 세일즈 프로세스 상에서 가장 우선시하는 과정은 계약체결이 아닌 사후관리라고 한다. 변액유니버설보험상품 판매에 있어 사후관리를 등한시하면 아무리 기존고객들을 대상으로 한 레드오션 전략과 소개마케팅의 씨앗을 창출하기 위한 블루오션 전략을 펼쳐 나간다할지라도 톱세일즈맨으로 자리매김을 할 수가 없다. 이들은 이러한 사실을 완전판매의 실패와 직간접적인 경험을 통해서 익혔다고 한다.

따라서 당신은 이제부터 '보험선진국의 톱에이전트들은 실적배당형 장기투자상품을 판매할 경우 신계약 체결보다 사후관리에 더 신경을 쓰고 있다'는 사실을 늘 가슴에 새기면서 당신 또한 그러한 방향으로 영업의 물꼬를 틀어야 할 것이다.

●●● 변액유니버설보험은 늘 적립금액에 대한 가변성이 도사리고 있다

변액유니버설보험은 정액보험상품과는 달리 가입을 이후에도 적립금액에 대한 변수가 늘 도사리고 있는 실적배당형 상품이다. 그렇기 때문에 계약체결보다 사후관리에 더 신경을 써야 하는 것이다.

고객과의 컨설팅시 변액유니버설보험 적립금액의 가변성 여부는 고객의 니즈를 환기시키는 데 더없이 좋은 촉매제가 될 수 있다. 투자수익률이 높으면 고수익을 올릴 수 있는 상품이기 때문이다. 하지만 계약체결을 한 후 어느 일정시점, 예를 들어 계약체결 후 10년이 되는 시점에서 고객이 목적자금마련을 위해 적립금액을 인출할 경우 적립금액의 가변성 여부는 투자수익률의 높낮이 정도에 따라 불만족의 대상이 될 수도 있다는 사실을 절대로 간과해선 안 된다. 즉, 실적배당형 상품은 계약이 완전히 소멸되는 시점까지 언제나 고객들에게 희비쌍곡선이 중첩되면서 뒤따른다는 사실을 유념해야 한다.

●●● 변액유니버설보험은 뜨거운 감자(?)다

변액유니버설보험은 고객이 투자한 돈(보험료)이 얼마나 많이 부풀려져, 언제 어떻게 고객의 품으로 다시 돌아갈지 예단을 할 수 없는 뜨거운 감자(?)다. 고객은 목적자금을 필요로 하는 일정한 시점에서 적립금액이 가장 많이 나오기를 원한다. 그런 면에서 변액유니버설보험은 영양가가 매우 높은 고품격 상품이지만, 그 영양가가 가장 높은 시점이 언제가 될는지는 아무도 속단할 수 없다. 변액유니버설보험은 채권형 등 일부 펀드를 제외하고는 거의 대부분이 주식이라는 변화무쌍한 매개체와 접목된 상품이다. 따라서 당신은 변액유니버설보험 계약을 체결한 그 날부터 주식시장의 변화를 예의주시하다가 고객이 선택한 펀드가 가장 영양가 높은 시점(적립금액 규모 및 투자수익률의 꼭짓점)이 언제인지를 현명하게 판단하여 고객에게 지속적으로 조언을 해주어야 한다. 그러기 위해서는 재무컨설턴트로서의 전문가적 자세를 견지하면서 항상 고객에게 신경을 써야 할 것이다.

이를 등한시하면 힘들게 내 편으로 만들어놓은 신규고객을 평생고객으로 만들어갈 수 있는 기회를 놓치게 될 뿐만 아니라 중도해약이나 클레임이라는 달갑지 않은 결과를 초래하게 될 수도 있다. 그러므로 당신은 세상인심의 변화에 휩쓸려 자신의 이익 앞에서는 한없이 작아지는 고객의 마음이 어떻게 해야 변하지 않고 만족감을 느낄지 다각도로 전략과 전술을 모색하고 강구해나가야 할 것이다.

●●● 장기투자상품은 고객이 만족할 때까지 늘 신경 써야 한다

간접투자상품중 가입기간이 가장 긴 장기상품인 변액유니버설보험은 투자되는 보험료 규모가 매우 크기 때문에 박봉의 샐러리맨들의 경우 고액계약을 체결하기가 쉽지 않다. 또한 경제적 능력이 작아진 세대에게도 가입을 권유하기 힘들다. 지금 당장 생활이 빠듯한 사람에게 현실의 가계 상태를 도외시한 채 머나먼 미래를 위해 투자하라고 하는 것은 여러모로 역부족이다. 이러한 고객층들은 보험을 통해 가계보전을 위한 최소한의 안전장치를 마련하려는 인식은 갖고 있지만, 장기적으로 목적자금마련을 위해 여유자금을 굴릴만한 여력은 거의 없다.

따라서 주로 전문가 집단이나 고소득 샐러리맨, 자영업자 등을 타겟으로 삼는 타켓마케팅과 부유층과 기업임원들을 상대로 한 VIP마케팅을 전개해야 한다. 그리고 기존고객에 대해서는 레드오션(Red Ocean) 전략을 접목한 CRM 마케팅을 전개해야 하며, 신규고객을 효과적으로 확보하기 위해서는 블루오션(Blue Ocean) 전략과 CRM을 접목한 소개마케팅을 지속적으로 추진해야 한다. 그래야만 소개확보와 추가계약이 이루어져야 계속적인 신규계약의 창출이 가능해진다.

변액유니버설보험 저축형을 가입하는 고객들은 거의 모두가 이 상품을 보험상품이 아닌 장기투자상품이라고 생각한다. 즉, 위험보장은 곁가지이고 수익이 주목적이라는 것이다. 따라서 변액유니버설보험에 가입한 고객들은 향후 투자수익률에 지대한 관심을 가지고 늘 주식시황을 예의주시하게 된다. 또한 '당신에게 가입을 해주는 대신 당신은 앞으로 내가 가입한 상품에 대해 사후관리를 지속적으로 해주어야 한다'는 생각을 당연하게 여긴다.

이러한 사실을 간과한 채 계약을 체결하게 되면 당신은 차후 곤란한 상황에 처할 수 있다. 예를 들어, 당신이 판매한 변액유니버설보험 상품이 다른 회사 상품보다 펀드수익률이 상대적으로 저조할 경우와 같은 상황이다. 이럴 경우 당신에 대한 고객의 불신임은 극에 달할 수도 있다.

다시 한 번 명심하자. 변액유니버설보험은 계약을 체결한 이후에도 고객이 가입시 목적한 대로 인생재테크가 영글 수 있게 지속적으로 컨설팅을 해주어야 한다는 사실을 말이다. 마음속에 깊이 새겼으면 이제 변액유니버설보험을 향한 컨설팅세일즈의 첫 발을 떼어야 할 때이다.

스스로 가입하듯 완전판매하라

●●● 완전판매를 위한 컨설팅클리닉이 생명이다

아무리 좋은 상품이라 할지라도 단점은 있게 마련이다. 이 세상에 정도의 차이는 있지만 단점이 없는 상품은 있을 수 없다. 특히 상품에 대한 니즈와 선호도가 서로 다른 각각의 고객입장에서 볼 때는 더욱 그러하다. 변액유니버설보험 또한 마찬가지다. 이 시대가 낳은 최고의 종합금융상품임을 필자는 다각도로 분석하여 깊이 알고 있지만 단점이 없는 완벽한 상품은 아니다.

변액유니버설보험은 확정금리형의 단기상품이 아닌 10년 이상 장기적으로 운용해야 하는 실적배당형의 간접투자상품이다. 따라서 단기투자상품으로 판매한다든지, 일정한 수익률을 올릴 수 있다고 확정적으로 말을 한다든지, 납입보험료가 100% 펀드로 운용된다든지, 몇 년 후 해약을 하면 원금이상은 나온다든지, 대출받아 신규가입을 해도 그 이상의 수익을 올릴 수 있다든지 하는 식으로 고객들에게 잘못 컨설팅하면 절대로 안 된다.

그렇게 되면 판매한지 무려 20년이 경과한 지금에 와서 수많은 클레임이 야기되고 있는 백수보험(종신연금형 보험상품임)의 전철을 밟을 우려가 있다.

이러한 우려가 단순한 기우로 끝나려면 완전판매를 해나가야 한다. 변액유니버설보험은 복리로 운용되고 비과세 혜택을 받는다 해도 약 10년 이상은 지나야 은행에 정기적금을 든 이상의 효과를 볼 수 있다. 또한 앞으로도 저금리 기조가 유지되겠지만 어느 정도는 금리 인상이 뒤따를 것이다. 변액유니버설보험을 완전판매하려는 당신은 이러한 금융전반에 대한 지식을 두루 섭렵하면서 변액유니버설보험의 기본속성을 정확하게 알고 고객과의 컨설팅에 임해야 할 것이다. 그런 다음에는 변액유니버설보험의 단점을 커버하고 장점을 극대화시켜 나가는 컨설팅클리닉을 전개해야 할 것이다. 그래야만 고객이 영양가가 듬뿍 들어 있는 뜨거운 감자(변액유니버설보험 적립금액)를 맛볼 것이며, 고객의 인생재테크가 알차게 영글어나갈 것이다. 당신에게는 변액유니버설보험의 완전판매를 위한 컨설팅클리닉만이 생명이요, 당신이 끌어안고 가야 할 영업 아젠다이다.

●●● 종합컨설팅능력을 갖춰야 완전판매를 할 수 있다

프리에이전트 시대, 당신은 움직이는 비즈니스맨이다. 재무컨설팅 전문가가 되어야 한다.

고객을 향해 시선을 늘 집중하고 재무니즈에 민감하게 반응하며 재테크 방법에 대한 고객의 궁금증에 충실히 답변해주고, 고객의 니즈를 채워줄만한 정보를 제공해야 한다. 물론 이런 노력만으로는 변액유니버설보험을 판매할 수 없다. 이러한 노력을 바탕으로 고객의 재무니즈를 변액유니버설보험으로 완성시킬 수 있도록 재무컨설팅 능력을 구비해나가는 것이 중요하다. 즉, 당신이 원하는 상품을 자신의 방식대로 파는 것이 아니라 고객의 니즈에 가장 부합하는 만족스런 상품으로 설계해서 제공함은 물론, 더 나아가 고객의 인생을 제대로 설계하여 만족감을 심어주고, 행복을 선사할 수 있어야 한다. 그러기 위해서는 보험상품의 설계능력뿐만 아니라 주식과 펀드판매·가계자산의 포트폴리오 능력, 세무능력, 은퇴설계능력 등 경제금융전반에 걸쳐서 고객의 생애관리(Life-Care)를 해나갈 수 있도록 종합컨설팅능력을 업그레이드시키지 않으면 안 된다.

이제 당신은 고객의 가계자산을 종합적으로 관리해줄 수 있는 금융·경제상식이 풍부한 믿음직한 전문가가 되어 고객과의 만남에 더욱 자신감을 갖고 임해야 할 것이다. 경제신문은 기본이고 주식시세, 부동산동향, 사회이슈 등 경제·사회 전반에 관해 고객들이 필요로 할 만한 각종 정보와 자료들을 두루 섭렵하여 당신의 설명을 듣고 고객이 인생재테크의 필요성을 피부로 느낄 수 있어야 한다. 또한 간접투자방식과 변액유니버설보험에 대해 보다 쉽게 이해할 수 있도록 설명해야 한다. 변액유니버설보험의 종합적인 상품내용과 자산운용 메커니즘, 투자시 유용하게 활용할 수 있는 다양한 자산운용 옵션을 충분히 이해하고 있는지 확인해보자. 이를 통해 물가상승에 따른 인플레이션 대두 문제, 저금리 하에서의 자산운용방법, 펀드변경의 효율성, 고령화에 따른 연금선택 및 수령방법 등과 관련된 다양한 고객설득기법을 개발하여 변액유니버설보험 마케팅에 접목시켜 나가야 할 것이다. 특히, 변액유니버설보험 고객에게는 분기별로 금융·경제시장의 흐름을 분석하여 주고, 펀드변경과 관련한 다양한 정보와 자료들을 제공해주는 씀씀이를 발휘하여 투자전문가로서의 입지를 굳혀야 나가야 한다. 그리하여 현재 당신의 명함에 어떤 타이틀이 새겨져 있든 고객이 당신을 그냥 보험세일즈맨으로 여기게 해서는 안 될 것이다.

인생재테크를 위한
라이프 맵을 만들어라

●●● 보험세일즈에 대한 패러다임을 전환하라

변액유니버설보험이 10년 이상, 연평균 10%를 상회하는 수익률을 꾸준히 올린다는 것은 쉬운 일이 아니다. 그것은 변액유니버설보험을 판매한지 20년이 경과한 미국이나 일본 또는 유럽의 사례를 보면 알 수 있다. 현재 우리나라 보험사에서 운용하는 변액상품의 펀드운용 수익률을 보아도 그러하다. 물론 일시적으로 두 자리 수의 수익률을 올릴 수는 있지만 10년 이상의 장기적인 관점에서 살펴볼 때 주식시장의 신장세가 가파르게 전개되지 않는 한 그것은 불가능한 일이다.

변액유니버설보험으로 단기간에 수익을 올릴 수는 없다. 최소한 가입한지 5년 이상은 경과해야 간신히 원금이 나온다. 비과세 혜택이나 복리운용 등을 제외하고 단순히 수익률만 놓고 적립식펀드와 비교해보면 같은 투자수익률을 올릴 경우 약 15년 이상이 지나야 확실한 대항능력이 있게 된다.* 그러므로 실적배당형인 변액유니버설보험상

---

*여기서 필자가 비과세 혜택이나 복리운용 같은 부가적인 부분을 제외하는 이유는 고객과 컨설팅할 때 이를 니즈환기의 히든카드로 활용하라는 메시지이다.

품을 판매할 때는 위험보장형 보험상품을 판매할 때와 컨설팅방법을 달리해야 한다. 즉, 고객의 사망 등 보험금지급사유가 발생하였을 때 당초 약정된 보험금을 지급하면 아무런 문제가 없는 위험보장상품과는 컨설팅방법 자체가 달라야 한다는 것이다.

••• 라이프 맵을 토대로 인생재테크 컨설팅을 해야 한다

실적배당형의 보험투자상품인 변액유니버설보험의 컨설팅 방법은 어떠해야 할까? 기존의 판매 마인드와 세일즈 스킬만으로는 부족하다. 기존의 보험세일즈 프로세스에 입각하여 판매를 해서는 안 된다. 하루 빨리 보험세일즈에 대한 패러다임을 전환해나가야 한다.

라이프사이클(Life Cycle), 라이프스타일(Life Style), 라이프스테이지(Life Stage) 즉, 고객의 인생 3L*을 기본적 인프라로 삼아 라이프 맵을 플래닝한 다음 이에 따라 재무컨설팅을 기초로 하여 인생재테크를 추진해나가야 한다. 보험상품에 대한 서비스는 기본이고 그를 기반으로 하여 재무서비스와 세무서비스, 은퇴서비스 등이 이루어지도록 종합적인 인생재테크 컨설팅을 해나가야 하는 것이다. 또한 고객 컨셉에 맞는 올바른 자산형성 방법과 인생재테크를 기반으로 한 자산관리모델을 제공하고, 변액유니버설보험을 선택해 가입한 이후에는 기간수익률이 더 발생할 수 있도록, 삶의 리스크가 헤지되어 고객이 안심할 수 있도록 생애관리 서비스를 실천해나가야 한다. 이것이 당신에게 주어진 보험컨설턴트로서의 직무이며 사명감이라 할 수 있다.

---

* 앞으로 필자가 인생 3L을 지칭할 경우 이는 라이프사이클과 라이프스타일, 라이프 스테이지를 의미하는 것임을 알아두기 바란다.

변액유니버설보험은
먼저 찜하는 자가 임자다?

●●● 더 이상 우물쭈물 망설일 시간이 없다

간접투자시대에 중추적 역할을 할 변액유니버설보험 시장은 아직은 초기 진입시점이어서 백지시장이라 해도 과언이 아니다. 이제 막 걸음마 단계에 접어들었기 때문에 앞으로 성장 폭이 매우 넓다고 할 수 있다. 즉, 당신이 보험영업을 변액유니버설보험으로 올인하더라도 마르지 않는 샘물처럼 그 시장은 끝이 없을 것이라는 것이다. 그러나 아무리 넓은 시장이라도 어느 정도 시기가 무르익게 되면 리모델링을 하지 않는 이상 성장의 꼭짓점에 다다를 수밖에 없다. 그렇게 되면 당신의 상승곡선에도 어느 정도 제약이 뒤따를 수밖에 없다.

참고로 세계일보에 나왔던 기사(2005. 10. 21) 한 토막을 보자.

> 변액유니버설보험은 보험료 일부를 펀드로 조성, 주식이나 채권에 투자하는 실적배당형 상품이다. 이미 주요 보험사 매출의 20~30% 비중을 차지하는 주력상품으로 자리 잡았다. '돈 불리는 보험상품'에 매력을 느끼는 고객도 갈수록 늘고 있다. 최근 1년 사이에 변액보험 운용자산시장 자체가 크게 성장했다. 한국펀드평가가 발표한 '2005년 변액보험 운용현황' 보고서에 따르면 지난 4일 현재 변액보험의 특별계정 운용자산 총액은 5조 6,699억 원이다. 지난해 10월말 총액이 1조 5,889억 원이었던 것에 비하면 1년 만에 무려 세 배 이상 많은 돈이 몰린 셈이다.

이와 같이 변액보험시장이 가파른 상승세를 이어나가고 있으므로 하루빨리 레드오션 전략과 블루오션 전략을 동시에 펼쳐 고객들을 신규고객화 해나가야 할 것이다. 간접투자를 선호하는 고객들에게 다른 보험컨설턴트보다 먼저 접근하여 내 편이 되게끔 만들어 나가야 한다. 지금과 같은 가파른 상승추세가 지속된다면 아마도 5년 이후에는 변액보험시장도 현재의 종신보험시장과 같은 수준에 이르러 맘 놓고 블루오션 전략을 펼쳐 나가기 힘들 것이다. 이 때가 되면 기존고객을 토대로 리모델링을 통한 레드오션 전략을 펼쳐나갈 수밖에 없다.

●●● 우선 고객을 내 가족으로 만들어라

아직도 변액유니버설보험상품에 몰입하고 있지 않다면 곤란하다. 하루빨리 변액유니버설보험 시장으로 뛰어들어야 한다. 지금 변액유니버설보험 시장은 종신보험이 처음 나왔을 때처럼 먼저 찜하는 사람이 임자다. 종신보험의 경우 일단 고객을 종신보험에 가입시키면 그 고객이 다른 종신보험에 또 가입하는 가능성이 낮다. 왜냐하면 비슷한 보장을 이중삼중으로 받는 것은 재정안정에 별 도움이 되지 않을뿐더러 고액의 보험료를 두세 곳에 지출할 정도로 경제적 여력이 있는 사람이 많지 않기 때문이다.

보험료가 가계소득에서 일정 범위를 넘으면 보험은 가정의 행복을 지켜주는 것이 아니라 오히려 가계에 주름살만 키워주게 된다. 그러므로 종신보험의 경우 고객의 충성도가 높을 수밖에 없다.

변액유니버설보험도 고객의 충성도 면에서는 종신보험보다 더하면 더했지 덜하지는 않는다. 즉, 일단 가입을 하고 나면 부유층 고객이 아닌 한 다른 설계사에게 또 가입하는 것은 힘들다는 것이다. 아니 종신보험의 경우 부유층이라면 하나 더 들 가능성이 있지만, 변액유니버설보험의 경우는 부유층 고객이라면 더더욱 두세 개씩 변액유니버설보험을 가입하는 우를 범하지 않는다. 왜냐하면 변액유니버설보험에는 추가납입제도라는 것이 있기 때문이다. 추가납입 보험료에 따른 수익률 증가는 향후 목적자금마련에 가장 큰 영향력(수익률의 최대 견인차 역할)을 미치는데 이러한 사실을 알고 있다면 절대로 다른 회사나 설계사에게 추가로 가입을 하지는 못할 것이기 때문이다. 만약 이러한 사실을 알고도 또 다른 보험에 가입한다면 그 사람은 재테크에 완전히 문외한이거나, 담당설계사가 마음에 들지 않아 다른 거래처를 뚫고자 하는 이유 때문일 것이다. 이것도 아니라면 딱 한 가지, 당신과 그간 맺어 온 인간적인 정 때문에 어쩔 수 없이 가입하는 것일 게다.

추가납입을 하지 않고서는 변액상품은 다른 적립식펀드보다 일정한 기간 내에 더 큰 수익을 올리기 힘들다. 이 말은 간접투자상품 중에 중도에 언제라도 추가납입을 할 수 있으면서 평생 동안 활용하고 난 다음에도 통장대물림이 가능한 상품은 변액유니버설보험밖에 없다는 것으로 해석할 수도 있다. 이렇게 좋은, 아니 이보다 더 좋을 수 없는 보험료추가납입제도, 당신은 어떻게 컨설팅을 하고 있는가?

하루빨리 당신은 확실한 변액상품의 컨설팅클리닉 고수가 되어 연고 고객이든, 개척 고객이든, 소개 고객이든 일단 변액유니버설보험상품을 소개하고 완전판매를 위해 올인 해나가야 할 것이다.

고객의, 고객을 위한
컨설턴트가 되라

••• 평생직업으로 삼지 않으려면 변액보험을 팔지 마라

미국 등 보험선진국의 보험에이전트들은 대부분 고객과 함께 인생을
보내려는 동반자적인 자세를 견지하고 있다. 현재 하고 있는 일에 대
해 남다른 사명감을 갖고 평생 동안 보험영업을 하려는 직업의식이 강
하다. 그들은 자신이 최고라고 생각하지 않는다. 대신 고객들이 그들
을 최고라고 인정해주길 바라면서 가치 창출에 혼신을 기울이고 있다.
말로만 전문가가 아닌 몸소 행동으로 보여주는 것이다. 그렇기 때문에
보험선진국에서는 보험에이전트와 의사, 변호사, 세무사를 최고의 고
소득 전문직업으로 손꼽고 있는 것이다.

   이제 당신도 말로만 보험컨설턴트요, 재무설계사가 아닌 은행의
PB나 증권의 FC 이상으로 재무컨설팅 능력을 갖춘 진정한 FC가 되어
야 한다. 그래야만 평생직업의식의 싹이 튼튼히 터 나갈 수 있다.

   고객이 변액유니버설보험상품에 가입한 것에 만족을 하고, 그 만
족감을 컨설팅을 올바로 해준 당신에게 표시하면서 그 보답으로 다른
사람을 소개해줄 때만이 비로소 진정한 완전판매가 실현된 것이라는

프로십을 가져야 한다.

현재 당신이 머물고 있는 직업을 평생직업으로 여기면서 전문인으로서 늘 고소득을 올리도록 지금부터 차근차근 변액유니버설보험의 씨앗과 소개의 씨불을 만들어나가자. 그러기 위해서는 변액유니버설보험이 왜 좋은지, 인기가 왜 그리 높은지를 알아야 하는 것뿐만 아니라 이 상품을 왜 고객들이 선호하도록 만들어야 하는지 그 저변에 대한 냉철한 분석과 그에 따른 솔루션을 제시해야 한다.

●●● 당신만이 고객을 위해줄 수 있는 멘토이다

늘 고객과 함께 호흡하는 당신만이 고객의 마음을 헤아리고, 진실로 위해줄 수 있다.

당신만이 허심탄회하게 토로하는 인생의 희로애락을 들어주고, 생로병사에 따른 고객의 불안을 잠재워줄 수 있다.

당신만이 고객의 내면에 깊숙이 자리 잡은 가족 사랑의 샘물을 품게 해줄 수 있다.

당신만이 고객의 씀씀이를 알고, 인생재테크를 향한 길을 제시해줄 수 있다.

이런 당신은 고객의 단 하나뿐인 멘토이다.

따라서 고객과 항상 마주대하는 당신은,

고객의 라이프 맵을 플래닝하는 당신은,

고객에게 재무컨설팅을 해주는 당신은,

고객에게 인생재테크의 올바른 길을 안내해주는 당신은,

고객의 인생카운슬러를 자임하는 당신은

늘 고객의 입장에 서서 고객의 컨셉에 맞게 컨설팅클리닉을 해야 한다. 일단 당신을 신뢰하게 되면 고객은 그때부터는 모든 것을 당신에게 맡기려 한다는 것을 알아야 한다.

●●● 돈과 사람을 남기는 길, 변액유니버설보험으로 통하라

변액유니버설보험을 판매할 때는 한 번 고객은 영원한 고객이라는 생각을 갖아야 한다. 소개마케팅과 세대마케팅을 접목시켜 보다 많은 고객을 창출하고 더불어 고객에게 보다 업그레이드된 서비스를 제공하여 보험의 혜택을 받을 수 있도록 해야 한다. 그래야만 변액유니버설보험으로 승부를 하여 성공할 수 있다.

변액유니버설보험을 판매할 때는 돈을 남기는 영업이 아닌 사람을 남기는 영업을 해나가야 한다. 그래야만 롱런하면서 고수익을 올려 성공할 수 있다. 보험영업에서 진정한 성공은 고객과의 윈윈 상태여야 한다는 사실을 간과해선 안 된다. 앞으로 필자가 제시하는 변액유니버설보험 컨설팅클리닉을 토대로 자신만의 고유한 영업원칙을 만들어야 언제나 뒷모습이 아름다운 전문가로 고객의 마음에 남을 수 있다. 이책에서는 이러한 것을 화두로 하여 변액유니버설보험의 특징과 고객의 컨셉에 알맞은 컨설팅 방법, 그에 따른 고품격 화법을 제시해나가고자 한다.

그렇기 때문에 필자는 당신에게 변액유니버설보험의 내공을 깊이, 그리고 넓게 다져 나가라는 메시지를 수시로 던지는 것이다. 이제

이 책에 제시된 길을 따라 재무컨설팅을 구사해나가고 변액유니버셜 보험의 진정한 컨설팅클리닉 고수가 되어 고객마음을 사로잡아 충성 고객으로 만들어나가는 일만 남았다. 마음을 곧추 잡아 아래에 기재해 놓은 변액유니버셜보험 영업을 향한 메시지를 가슴깊이 담아두고 좌우명으로 삼아보길 바란다.

돈을 사랑하지 말고 고객을 사랑하라

보험상품을 당당하게 팔기 위한 인프라를 구축하라.
보험영업에서 진정한 성공은 고객과의 윈윈이다.
돈을 사랑하지 말고 변액유니버셜보험을 사랑하라.
돈을 사랑하지 말고 고객을 사랑하라.
절대 눈앞의 이익에만 현혹되지 마라.
보다 멀리 바라다보고 보험상품을 판매하라.

고객과 당신의 인생이 같이 걸어간다고
늘 가슴에 아로새기면서 보험상품을 판매하라.
화장실 갈 때와 나올 때가 다른 세일즈맨이 되지 마라.
만약 당신이 그러한 사람이라면
당신의 명함에 쓰여 있듯이 FC라고 스스로는 우겨도
보험컨설턴트도 아닌, 재무설계사도 아닌
단순한 보험세일즈맨일 뿐이다.

당신이 성공하고 싶다면 돈만을 남기지 말고
사람을 남기는 영업을 해나가야 한다.
돈을 사랑하지 말고 고객을 사랑해야 한다.
돈과 사람을 남기는 길은 변액유니버셜보험으로 통한다.
돈과 사람을 모두 사랑할 수 있는 길은
변액유니버셜보험으로 통하는 길밖에는 없다.

제2장

변액유니버설보험
컨설팅 키포인트 정복하기

변액유니버설보험의 장점을 완전히 내 것으로 만들어 고객 상황에 따라 컨셉에 맞추어
적절하게 활용해야 한다. 이 장에서는 변액유니버설보험의 컨설팅 키포인트를
16가지 주기능으로 나누어 설명할 것이다.
이 16대 주기능을 완전히 숙지하여 어떤 고객 앞에서도 자유자재로 활용할 수 있어야
진정한 변액유니버설보험 판매관리사라 할 수 있을 것이다.

변액유니버설보험의 16가지 장점을 익혀라

●●● **변액유니버설보험의 승부수**

변액유니버설보험은 이름 자체가 의미하는 바대로 여러 가지 다목적 기능들이 복합적으로 어우러져 있다. 당신은 이 기능들을 유효적절하게 활용할 줄 알아야 한다. 그래서 어떤 고객을 만나도 고객의 스타일에 맞게 맞춰나갈 수 있어야 한다.

고객이 망설일 때나 반론을 제기할 때는 승부수를 띄워야 한다. 그리고 그 승부를 결정짓는 히든카드는 다름 아닌 변액유니버설보험의 장점을 최적기에 극대화시키는 작업기술이다. 즉, 변액유니버설보험의 장점을 그냥 나열하지 말고 해당 고객의 상황에 맞춰서 도움이 될 수 있도록 적나라하게 표현하는 것이다. 그러면 고객은 변액유니버설보험의 특징을 완전히 인식할 수 있을 뿐만 아니라 공감대를 형성해가면서 그 필요성까지도 서서히 느끼기 시작할 것이다.

변액유니버설보험의 승부수는 당신이 변액유니버설보험을 얼마나 고객의 입맛에 맞게 양념을 치느냐에 달려있다.

●●● 고객의 입맛에 맞게 양념을 치는 기술

아무리 좋은 음식도 먹는 사람과 궁합이 잘 맞아야 몸에 이롭듯 변액유니버설보험 또한 아무리 좋은 보험이라도 모든 고객에게 천편일률적으로 적용할 수는 없다. 즉, 변액유니버설보험의 매력 포인트가 고객의 현재 입장과 앞으로 다가올 미래 상황에 잘 맞아 떨어져야 계약이 체결된 이후에도 언제나 만족감을 느낄 수 있다. 따라서 변액유니버설보험의 장점을 완전히 내 것으로 만들어 그 장점 속에 숨겨진 매력 포인트를 발굴해 업그레이드 된 모습으로 탈바꿈을 시켜야 한다. 장점을 그냥 나열식으로만 설명하는 것은 자칫 군더더기가 될 수 있기 때문이다.

당신이 변액유니버설보험을 보다 빨리, 보다 많이, 보다 쉽게 판매할 수 있는 길은 오직 하나! 변액유니버설보험의 장점을 얼마나 고객의 입맛에 맞게 양념을 치느냐에 달렸다. 지금부터 당신의 능력은 인생재테크라는 음식을 보다 맛깔스럽고 먹음직스럽게 보이기 위해, 그리고 영양분을 골고루 섭취하여 건강에 많은 도움이 되게 하기 위해 발휘되어야 한다. 그럼 변액유니버설보험상품에는 어떠한 장점이 있는지 한번 살펴보도록 하자.

●●● 변액유니버설보험의 16대 주기능

필자는 변액유니버설보험상품을 종합 분석하여 총 16가지 기능으로 정리하였다. 이를 크게 세 개로 묶어보면 3대(大) TOP 기능과 7실(實) 웰빙(Well-being) 기능, 6득(得) 덤(Service) 기능으로 분류할 수 있다. 이렇게 분류한 이유는 고객에 따라 그 기능의 우선순위를 잘 판단하여 대화의 물꼬를 터나갈 때 적재적소에서 활용할 수 있도록 하기 위해서이다. 그러므로

'3대(大) 7실(實) 6득(得)'이라는 16대 기능을 가진 변액유니버설보험상품을 제대로 숙지하여 고객의 컨셉에 맞는 컨설팅을 해나가야 할 것이다.

변액유니버설보험상품의 3대(大) 기능은 변액유니버설보험의 가장 큰 특징으로 ① 보험기능 ② 투신기능 ③ 은행기능을 말한다.

변액유니버설보험상품의 7실(實) 기능은 7가지 보조기능으로서 변액유니버설보험상품의 3대 주기능을 보다 확실히 실현해주는 보물창고이다. 여기에는 ④ 연금기능 ⑤ 종신기능 ⑥ 상속기능 ⑦ 교육기능 ⑧ 주택기능 ⑨ 결혼기능 ⑩ 절세기능이 있다. 이 7실(實) 기능은 인생의 5대 자금을 완전히 해결해주는 시금석 역할을 하기 때문에 이 기능들을 제대로 숙지해서 활용한다면 고객을 설득하는 데 있어 강력한 무기가 될 수 있다.

변액유니버설보험상품의 6득(得) 기능은 ⑪ 주식기능 ⑫ 대출기능 ⑬ 인플레 헤지 기능 ⑭ 보안기능 ⑮ 안전망 기능 ⑯ 다다익선기능으로 변액유니버설보험상품의 3대(大) 기능과 7실(實) 기능을 보다 업그레이드시켜주는 퓨전기능을 의미한다. 이 6득(得) 기능은 고객의 머뭇거림과 부정적인 반응을 일거에 물리치는 데 첨병 역할을 담당할 것이다.

••• 변액유니버설보험상품의 3대(大) 7실(實) 6득(得) 기능

앞서 열거한 16가지 변액유니버설보험상품의 기능을 면면히 살펴본다면 변액유니버설보험이 인생재테크에 있어서 최상의 평화로운 삶을 추구하기 위한 최적의 대안상품임을 알 수 있다. 따라서 변액유니버설보험상품의 3대(大) 7실(實) 6득(得)이라는 총 16가지 주된 기능을 완전히 자신의 것으로 소화시킨 다음, 변액유니버설보험상품의 단점과 아킬레스건이 무엇인지 확실히 알고 이를 장점으로 승화시켜 컨설팅클리닉에 나서는 슬기로운 지혜를 발휘해야 할 것이다. 그래야만 생애관리를 해주는 재정클리닉 전문가로서 보험컨설턴트라는 직업을 평생직업으로 삼아 신규고객을 창출해나가면서 고소득을 추구해나갈 수 있다.

변액유니버설보험을 판매할 경우에는 반드시 다음 그림을 꼭 익힌 후 이에 따른 컨설팅클리닉 방법을 전개해나가야 보다 효과적인 결론을 도출해낼 수 있을 것이다. 이 도표와 주석을 아예 복사하여 갖고 다니면서 익히고, 당신 방식대로 이를 별도로 도표화하여 고객과의 프레젠테이션시 활용하면 매우 유익할 것이다.

변액유니버설보험의 다목적 기능 16가지

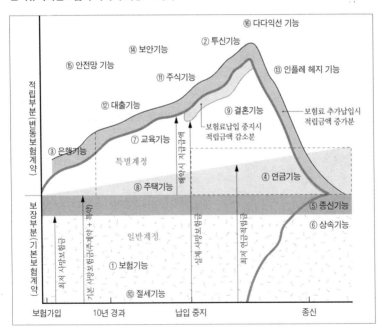

변액유니버설보험상품의 3대(大) 7실(實) 6득(得) 기능을 간단히 정리해보자.

① 보험기능	위험보장	합산 장해지급률 80% 이상시 사망보험금 지급
② 투신기능	실적배당	펀드투자운용 및 적기펀드변경으로 고수익 실현
③ 은행기능	자유로운 입출금	보험료 추가납입 및 일시중지 가능, 필요자금 상시 중도 인출
④ 연금기능	연금수령	보장 달성 후 연금전환시 종신토록 연금수령 가능
⑤ 종신기능	보장저축의 지속	평생 동안 위험보장, 계속 불입가능 및 저축으로 보다 많은 이익실현 가능
⑥ 상속기능	통장대물림	목적자금 활용 후 피보험자 전환 증여 가능
⑦ 교육기능	교육비 적기수급	자녀유학, 대학진학, 어학연수 등 교육자금 활용 가능
⑧ 주택기능	내집 마련 꿈 실현	적기에 목적자금 활용으로 주택 등 부동산 구입 가능
⑨ 결혼기능	가정형성 초석마련	본인 및 자녀 결혼시 자금중도인출 활용 가능
⑩ 절세기능	완전 비과세	10년 이상 유지시 이자소득분에 대해 완전 비과세 적용
⑪ 주식기능	펀드투자	간접투자를 통해 다양한 펀드선택으로 주식투자 묘미 만끽
⑫ 대출기능	유동성자금 확보	보험계약 대출로 자금 적기 활용 및 유동성 극대화 실현
⑬ 인플레 헤지 기능	물가상승 커버	저금리 시대 물가상승으로 인한 적립금의 미래가치 손실 가능성 원천 봉쇄
⑭ 보안기능	세원노출방지	금융소득종합과세 대상에서 제외되어 자산안전보장 및 나만의 확실한 금고 역할 수행
⑮ 안전망 기능	최저보장 지급	보험계약자보호차원에서 최저보장지급제도가 있어 안심하고 투자 가능
⑯ 다다익선기능	품격 업그레이드	가입한도, 특약부가, 계약조건이 까다롭지 않아 매우 편리

'보험기능' 은
투자기반을 다지는 인프라

●●● **목표지향점 : 보장성(Guarantee)을 추구**

장기투자상품인 변액유니버설보험은 상품 형태(저축형, 보장형, 연금형)에 따라 약간의 차이는 있으나 기본적으로는 종신보험과 연금보험을 합쳐 놓은 다기능 상품이라고 할 수 있다. 즉, 경제력이 있는 활동기 시절의 가정의 재정안정보장과 은퇴 후 부부의 노후생활보장을 동시에 실현해주는 가장 기본적인 인생재테크 상품이라는 얘기다. 그러므로 재테크와 세테크 기능 이외에 보험 보유의 기능인 위험보장기능을 통하여 사고 또는 사망시 보험금을 지급받을 수 있다. 위험보장기능이 가능한 이유는 가입시점부터 종신까지 보험가입금액 이외에 별도로 보험료 납입에 따른 적립금액을 사망보험금으로 보장받을 있도록 부가적인 시스템이 구비되어 있기 때문이다.

사망보험금은 피보험자의 사망 또는 1급 장해시(합산 장해지급률 80% 이상 시) 지급되는데 투자실적에 따라 매월 증가하게 된다. 즉 맨 처음 약정한 보험가입금액에 펀드운용실적이 가감되어 수시로(매일, 단 공휴일은 제외) 변동된다. 이 때 계약 당시에 최초로 약정한 기본사망보험금은 어떠한 일이 있어도 항시 보장받을 수 있는데 이를 최저사망보증제도(GMDB : Guaranteed Minimum Death Benefit)라 한다. 변액연금보험에는 투자실적이 아무리 악화되어도 고객이 낸 주계약 보험료를 전액 환급해 주는 기납입최저적립금보장제도(GMAB : Guaranteed Minimum Annuity Benefit)가 있다. 따라서 펀드투자로 수익이 발생하여 적립금액이 증가하면 그만큼의 보장혜택을 추가로 받을 수 있어(적립금액 증가분 + 사망보험금) 금상첨화라 할 수 있다.

'투신기능'은
고수익을 추구하는 적립식펀드

●●● 목표지향점 : 수익성(Returning)을 추구

변액유니버설보험은 적립식펀드에 의한 장기투자로 고수익(Fund Trans, High Return)을 실현해주는 실적배당형의 간접투자상품이라고 할 수 있다. 또한 다양한 펀드를 선택하여 가입하고, 가입한 이후에는 시황에 따라 언제든지 펀드를 변경할 수 있는 장기적립식투자 상품이다.

그런데 변액유니버설보험은 고수익 실현만을 목표로 하는 'High Risk & High Return'형인 적립식펀드와는 근본적으로 운용시스템이 다르다. 고수익 실현이 가능한 재테크 상품이지만 'Middle Risk & Middle Return'형을 추구하는 실적배당형 상품이라고 정의할 수 있다. 왜냐하면 은행 및 증권사, 투신사 등의 단일 펀드상품과는 달리 다양한 펀드 변경을 통해 손해위험을 감소(Risk Hedge)시킬 수 있기 때문이다. 엄브렐러 펀드(Umbrella Fund) 말고는 펀드 선택을 한 후 투자자 마음대로 펀드를 갈아탈 수 있는 간접투자상품은 없다.

또한 변액유니버설보험은 고객이 납부한 금액을 구분하여 계정을 분리하여 운용하고 있다. 위험보장을 위한 보험료는 일반계정으로, 펀드에 투자할 보험료는 특별계정으로 운용하여 주식 및 채권 펀드에 투자함으로써 높은 투자수익률(Track Record)을 올리는 것이다. 그만큼 투자시 리스크를 줄일 수 있도록 시스템이 구비되어 있다.

그리고 펀드 투자시 보통의 경우는 전문 펀드매니저들을 통하여 안정적으로 운영하게 되지만 고객 스스로도 펀드를 변경하여 고수익을 실현할 수 있는 묘미를 맛볼 수 있다. 경제에 안목이 있는 고객들에게는 고객 스스로 안정적이고 높은 수익을 실현할 수 있는 매우 좋은 기회를 얻게 되는 셈이다. 물론 경제트렌드에 안목이 없는 고객이라도 변액유니버설보험의 이러한 시스템을 기회로 삼아 증권동향이나 펀드운용에 대한 시야를 넓힐 수 있는 계기로 삼을 수는 있을 것이다.

'은행기능'은
변액유니버설보험의 참 매력

●●● **목표지향점 : 환금성(換金性)을 추구**

지금까지 보험상품의 취약점 중의 하나는 은행상품과는 달리 고객이 마음대로 자신이 저축한 돈을 자유롭게 인출할 수 없다는 점이었다. 그리고 형편이 어려워 잠시 보험료를 불입하기 곤란할 경우 효력상실이나 해약 이외에는 다른 뾰족한 방법이 없다는 것이었다. 보험상품의 이러한 취약점은 보험소비자들로 하여금 많은 불만과 더불어 은행상품을 더 선호하게 하는 구실을 제공해주었다. 실제로 은행상품을 찾는 많은 사람들이 이러한 이유로 보험보다는 은행을 더 선호하고 있다. 그러나 변액유니버설보험상품은 은행상품과 같은 입출금기능이 있어 필요시 언제든지 돈을 찾아 쓸 수 있다. 이는 다른 간접투자상품에는 일체 없는 변액유니버설보험만이 가진 고유의 기능이다. 이러한 기능 때문에 미국에서도 변액유니버설보험이 변액상품 중에서도 최고의 인기를 끌고 있는 것이다.

변액유니버설보험은 이외에도 보험료의 추가납입 및 일시중지기능, 필요자금의 상시 중도 인출기능이 있어 매우 편리한 원스톱(One-Stop) 종합금융서비스상품이다.

자유로운 납입이 가능하도록 설계되어 있기 때문에 경제적으로 여유가 있을 때에는 여유자금을 추가로 납입하여 적립금액을 늘릴 수 있고, 반대로 어려운 경우에는 적립금액에서 월대체 보험료를 충당해도 되고, 보험료를 납입하지 않아도 일정기간 동안(회사마다 상이)은 보험계약이 해지되지 않고 자동 유지되므로 선택의 폭이 자유롭다.

이처럼 변액유니버설보험은 은행예금이라는 Low Risk & Low Return 형의 안정적인 상품과 적립식펀드라는 High Risk & High Return 형을 기막히게 결합시킨 Middle Risk & Middle Return 형 상품이라고 할 수 있다. 간접투자상품 중 유연성(Flexibility)과 탄력성 (Resiliency)을 가진 안정적인 실적배당형 상품은 변액유니버설보험밖엔 없다는 것을 다시 한 번 강조하고 싶다.

'연금기능' 은
장수시대 최적의 대안

●●● **목표지향점 : 연금성(Annuity)을 추구**

인생재테크 차원에서 요즘 사람들이 가장 신경을 쓰는 부분은 바로 노후자금마련이다. 초고령사회로 접어들고 있는 시점에서 인생의 1/3 정도를 경제적능력이 없는 힘없는 늙은이로 살아가야 한다면 이보다 비참한 인생은 없을 것이다. 따라서 지금과 같은 장수시대를 사는 현대인에게 있어 노후를 대비하여 장기목적자금을 준비해나가는 것은 선택이 아닌 필수라고 할 것이다. 자식이 부모를 봉양하는 것을 기대할 수 없게 된 이상 은퇴 후 최소한 25년 이상을 자기책임 하에 안락하게 보내려면 이 때 필요한 자금은 기본적으로 활동기 시절에 준비를 해두어야 한다. 그래서인지 보험의 경우에도 예전과는 달리 종신보험보다는 개인연금을 더 선호한다.

이런 면에서 가입기간이 제한되어 있지 않은 변액유니버설보험은 노후를 대비해 연금으로 전환하여 사용할 수 있는 최적의 상품이다. 연금전환특약을 부가하여 개개인의 노후준비계획에 맞춰 안정적인 은퇴플랜설계가 가능하기 때문이다. 즉, 변액유니버설보험의 적립금액을 노후생활자금으로 활용하고 싶을 때는 언제든지 연금으로 전환하여 다달이 찾아 사용할 수 있다. 또 가입시점에서는 생각지 못했으나 보험료를 불입하는 중간에 노후생활이 걱정되어 수령받는 연금액을 더 늘리고 싶을 때에는 추가납입제도를 활용하면 된다.

연금전환방법은 보험을 가입한 후 일정시점에서 맨 처음 가입할 때 약정한 주계약보험을 종료 또는 감액한 다음 그 당시의 시점에서 발생한 적립금(또는 해약환급금)을 일시납보험료로 책정하여 연금지급의 재원으로 활용하는 것이다. 특히 변액연금보험은 앞에서 분석한 바와 같이 장래 주식시황 및 경제트렌드에 대해 전망이 밝은 편이므로 노후자금마련을 위해서는 가장 적합한 장기투자상품이라 할 수 있다.

자녀의 교육자금이나 결혼자금, 주택자금, 가정의 생활자금, 그리고 부부만의 노후생활자금 등 인생을 살아가면서 굽이굽이 마다 필요한 자금들……, 변액유니버설보험은 목돈이나 연금지급이 일반적으로 40대 후반부터는 가능하도록 설계되어 있으므로 이를 제대로 알면 사용목적에 따라 적립금액을 다양하게 활용할 수 있을 것이다.

'종신기능'은
불확실성시대에 영속성을 부여

●●● **목표지향점 : 영속성(永續性)을 추구**

변액유니버설보험은 만기가 없는 상품이므로 평생 동안 생활에 대한 위험을 보장 받음은 물론, 지속적인 저축으로 인생의 고갯길마다 필요한 목적자금을 마련할 수 있도록 해준다.

종신보험은 자신의 사망, 또는 사고로 인하여 불행해지는 가족의 위험을 보장하기 위한 최적의 안전수단이다. 물론 종신보험도 가입시 특약을 선택하여 각종 질병에 대한 보장을 받을 수는 있다. 그러나 경제적 능력을 상실하는 은퇴이후 시점에서는 자녀들이 모두 성장하여 경제활동을 하므로 종신보험의 매력(미래가치 저조)은 자연 줄어들게 마련이다. 이 시기부터는 본인의 노후가 더 크게 와 닿는다. 평균수명이 늘어나면서 자녀의 양육을 책임지는 기간 만큼이나 스스로의 노후를 책임져야 하는 기간 또한 길어지고 있기 때문이다.

이렇게 볼 때 변액유니버설보험은 은퇴 전까지는 순수한 보장기능을 수행해주고, 은퇴를 한 이후에는 기본적인 위험보장과 더불어 노후생활에 필요한 자금을 제공해주며, 사망 후에는 상속자금으로까지 활용할 수 있으므로 고품격의 다목적 인생재테크 상품이라 할 만하다. 또한 보험료 불입도 경제적 여건이 허락하는 한 본인이 원하는 시기까지 마음대로 정할 수 있어 많은 이익을 실현할 수 있으므로 자산형성에도 안성맞춤이다. 그만큼 변액유니버설보험은 금융상품으로서의 효율성이 높다. 이처럼 평생 동안 보장을 받고도 이익을 실현할 수 있다는 것은 변액유니버설보험의 가장 큰 매력일 것이다.

'상속기능'은 부의 대물림을 실현

●●● 목표지향점 : 부(富)의 세습성 추구

계속해서 강조하고 있지만 변액유니버설보험은 인생재테크라는 큰 틀의 차원에서 이를 가장 효과적이고 실현해나갈 수 있는 퓨전형 보험투자상품이다. 따라서 단순히 어느 한 가지의 목적자금마련만이 아닌 인생 전반에 걸친 필요자금을 모두 조달 가능하게 해준다는 특징이 있다. 특히 사망 후에 유가족을 위해 일정부분 자산을 물려줄 수 있도록 해주는 상속기능이 있기 때문에 비과세 혜택을 보면서 자식에게 재산을 물려주고 싶은 사람들에게는 매우 유효한 상속수단이 될 것이다.

변액유니버설보험을 상속수단으로 활용하는 방법은 간단하다. 은퇴를 한 이후 일정한 시기에 자녀명의로 통장(보험증권)을 돌리면 된다. 즉, 살아 있을 때는 필요한 자금을 적립금 범위 안에서 적기에 인출하여 활용하다가 일정한 시기에 자녀명의로 통장(보험증권)을 돌려놓으면 사망을 한 후에는 자동 상속(통장대물림)이 되어 비과세 혜택을 보면서 상속자금을 유용하게 활용할 수 있다. 물론 이 경우 처음 가입할 때 피보험자를 자녀 명의로 해야 한다. 그래야만 수익률이 높아진다. 특히 부부형의 경우는 적립금의 상속 성격이 강하다.

가족을 책임진 가장은 가족들을 행복하게 해줄 기본 책무가 있다. 그리고 그 시발점은 넉넉한 자산(유가족들에게 시드머니의 규모 최대화)에 있으며 이는 변액유니버설보험으로 해결해나갈 수 있다.

날이 갈수록 부(富)의 대물림과 더불어 가난의 대물림 또한 고착화되어가는 상황에서 자녀들에게 알토란 같은 적립금액을 승계시켜주는 것은 유태인들과 같이 자자손손이 부자가 되게 할 수 있는 바로미터라 할 수 있다.

'교육기능'은 청출어람의 승화

●●● 목표지향점 : 적시성(適時性)을 추구

우리나라 사람은 전 세계적으로 알아줄 정도로 교육열이 높다. 자식에게 쏟는 애정이 유달리 각별하다. 그러나 자녀가 아무리 재능이 있어도 이를 경제적으로 뒷받침해줄 돈이 없으면 도로아미타불이다. '개천에서 용난다'라는 말은 이제 옛말이다. 실제로 학력도 대물림 되고 있다는 통계가 나왔다. 중앙고용정보원에서 발표한 '사회 계층 변인(소득 · 부모학력 · 지역)에 따른 사교육비 지출연구'라는 논문에 따르면 부모의 학력과 소득수준, 거주지 등에 따라 학력이 유전(遺傳)되는 것으로 드러났다(각 일간지. 2005. 7. 29).

이제 자식들이 보다 훌륭하게 성장할 수 있도록 공부할 수 있는 제반 여건을 조성해주려면 이에 따른 준비를 소홀히 해서는 안 된다. 이런 면에서 변액유니버설보험은 자녀들이 언제나 제대로 된 교육을 받고 성장할 수 있도록 도와줄 것이다. 어느 때이든 필요한 교육자금을 꺼내 활용할 수 있도록 설계되었기 때문이다.

자녀 교육에 들어가는 돈은 단순히 따질 사안이 아니다. 당연히 준비를 해두었다가 적시에 공급해주어야 한다. 그러나 고학년에 올라갈수록 교육비로 지출되는 돈은 점점 커지기 마련이고, 특히 대학교 이후에 들어가는 교육비는 왠만한 부모의 월수입만 가지고는 충당하기 곤란한 현실이다. 그것뿐인가! 유학, 어학연수, 대학원 진학 등 자녀교육에 필요한 뭉칫돈은 계속 필요할 수 있다. 고객에게 이러한 점을 설명하며 계속적으로 고수익을 올려주면서 필요할 때마다 목적자금을 인출해 쓸 수 있는 상품은 변액유니버설보험 이외에는 없다는 것을 알려준다면 고객은 오히려 당신에게 고마워할 것이다.

다른 간접투자상품은 자금을 중도에 인출해 사용할 수 있는 시스템 자체가 전혀 없다. 오로지 변액유니버설보험만이 목적자금을 적기에 언제든지 인출해 활용할 수 있는 내 맘대로의 상품인 것이다.

'주택기능'은 내 집 마련 꿈을 실현

●●● 목표지향점 : 저축성(Saving)을 추구

변액유니버설보험의 특징인 '적기에 목적자금을 인출하여 활용할 수 있다'는 점은 주택, 대지 등 부동산 구입·또한 가능하게 해준다.

　내 집 마련은 서민들의 꿈이다. 언제 어느 때나 편히 쉴 수 있는 아늑한 보금자리인 집은 적어도 한 채는 있어야 일상생활을 기쁘게 할 수 있다. 특히 집에 대한 애착이 유달리 강한 우리네 정서상 결혼 후에는 안정된 삶을 위해 주택을 마련할 필요성을 절실히 느끼게 되는데 이 때 필요한 자금이 만만치 않다. 물건을 사듯 일시불로 돈을 내고 주택을 사는 사람은 웬만한 부자가 아니고서는 불가능하다. 대부분은 월급의 대부분을 저축해도 몇 년 혹은 몇 십년이 걸리기 마련이다. 이 때 무작정 차곡차곡 저축해서 집을 사려는 사람이 있다면 내 집 마련이라는 꿈은 포기하라고 말하고 싶다. 아무리 열심히 저축해도 부동산 가격 상승률을 따라잡지 못해 평생 전세로 전전할 수밖에 없을지도 모른다.

　저축하는 것만이 능사가 아니다. 내 집 마련을 위한 현명한 장기목돈마련 계획이 필요하다. 예를 들어 아파트를 분양받았을 경우 주택자금은 계약금, 1차 중도금, 2차 중도금 등으로 나눠서 지불할 수 있도록 되어 있다. 이럴 경우 주택자금을 원하는 적기에 수급해줄 수 있는 원스톱 금융서비스 상품이 있다면 활용하는 것이 좋지 않을까?

일반 은행적금의 경우 자금이 필요할 때 만기가 되지 않았다면 이자손실을 감안하고 해약을 해야 한다. 하지만 변액유니버설보험은 필요할 때 필요한 만큼 인출해서 쓸 수 있으므로 내 집 마련이라는 꿈을 현실로 바꿔줄 수 있는 최적의 상품이 될 것이다.

목돈 마련을 위한 현명한 재테크 방법은 자신이 필요로 하는 목적 자금을 듀레이션을 보다 짧게 가져가면서 기간수익률을 높일 수 있는 상품에 배팅하는 것이다. 장기적으로 고객이 원하는 기대수익률을 현실화시켜줄 수 있는 장기투자상품은 변액유니버설보험밖에 없다.

'결혼기능'은
가정의 소중함을 일깨워 줌

●●● **목표지향점 : 편리성(便利性)을 추구**

결혼은 우리네 인생에 있어서 가장 중요한 전환점이다. 새로운 인생의 출발점이 되므로 이 때 들어가는 결혼자금 또한 만만치 않은 액수다. 최소한 아파트 전세자금이라도 마련되어야 가정으로서 자립할 수 있는 인프라가 구축된다. 물론 방 한 칸에 사글세로 시작하는 부부가 없다는 것은 아니다. 그러나 신혼시절부터 빠듯하게 사는 것보다 여유 있게 시작하는 것이 더 행복할 것이라는 것은 분명하지 않은가!

자녀가 결혼할 때 부모로서 변액유니버설보험에 가입해두어 여유자금이 있다면 작은 집 한 채라도 결혼선물로 줄 수 있을 것이다. 본인이 결혼자금을 마련해야 하는 상황일 경우 직장생활 초기부터 변액유니버설보험에 가입해두면 결혼 적령기가 되어서는 자금을 마련할 수 있을 것이다. 이처럼 변액유니버설보험은 본인의 결혼자금 또는 자녀의 결혼자금 마련을 위해 중도에 인출하여 유효 적절히 활용할 수 있게 해준다. 언제 결혼할지 정해지지 않은 장래를 대비해서 정액투자를 할 경우에는 반드시 복리로 운용되는 변액유니버설보험을 선택해야 한다.

'절세기능'은 세테크의 참맛

●●● 목표지향점 : 절세성(折稅性)을 추구

변액유니버설보험은 가입 후 10년 이상을 유지하면 이자소득세에 대해 전액 비과세 혜택이 주어지는 아주 매력적인 절세상품이다. 비과세 한도 또한 무제한이다. 그리고 종합금융과세의 적용대상에서도 제외된다. 이러한 장점은 장기투자상품 중 그 어느 금융상품을 찾아봐도 찾을 수 없는 변액유니버설보험만의 특권이다. 특히 금융권을 통틀어서 가입한도가 유일하게 없는 비과세 금융상품은 변액유니버설보험밖에 없다. 다른 절세 금융상품은 가입한도가 정해져 있다. 정리하면 변액유니버설보험은 투자금액에 대한 한도 없이 가입한 후 10년이 지나면 완전비과세로 활용할 수 있다는 것이다. 이러한 메리트는 원천징수의 예외적 적용으로 절약된 세금만큼의 이자수익을 제한 없이 누릴 수 있는 일석이조의 효과를 가져다 준다.

　이뿐만이 아니다. 근로소득자의 경우 특약보험료에 대해서는 연간 100만 원 한도 내에서 소득공제 혜택이 주어진다. 그러므로 빨리 가입할수록 좋다. 그만큼 비과세 혜택을 받는 기간이 길어지기 때문이다.

재산상속시에도 변액유니버설보험은 매우 유용한 절세 기능을 발휘한다. 사망보험금의 경우 비과세 혜택이 주어지기 때문이다. 즉, 은행상품이나 다른 간접투자상품은 상속세와 더불어 배당금(이자액)에 대한 이자소득세 과세가 함께 주어지지만 변액유니버설보험의 경우 사망보험금을 유가족이 수령할 경우에는 상속세만 적용된다.

이처럼 매력 덩어리인 변액유니버설보험을 이 기회에 인생재테크 차원에서 '1가정 1통장 갖기' 뿐만 아니라 '1인 1통장 갖기' 캠페인을 가져봄이 어떤지 가족끼리 머리를 맞대고 의논하는 것도 매우 바람직할 것이다.

'주식기능'은 간접투자로
리스크를 줄여줌

●●● **목표지향점 : 투자성(投資性)을 추구**

단기매매가 아닌 장기적 관점으로 주식투자를 하게 되면 리스크를 줄이면서 보다 안정적인 수익을 얻을 수 있다. 이는 필자가 주장하는 것이 아니라 전문가들의 일관된 견해이며, 장기주식투자로 최소한 시중금리 또는 공시이율 이상의 수익을 실현시킨 미국 등 선진국의 예를 볼 때도 설득력을 가진다. 물론 이 경우 경제의 지속적 성장, 즉 주식시장의 활황장세가 이어져야 한다는 기본 전제조건이 뒤따르기는 하지만 말이다. 방법적인 측면에서는 선호하는 주식에 직접투자를 하는 것 보다는 적립식펀드 등을 활용한 분산투자, 즉 간접투자가 훨씬 더 안정적이고 고수익을 낳는다.

정리하자면 주식투자는 단기보다는 장기투자로, 직접투자보다는 펀드와 같은 간접투자로 해야 리스크를 줄이면서 고수익을 올릴 수 있다는 것이다. 이런 점에서 장기투자상품인 변액유니버설보험은 주식투자의 묘미를 만끽하게 해주는 최고의 상품이라 할 수 있다. 특히 장기간 매월 정액투자를 하면서도 다양한 펀드 운용이 가능한 상품은 변액유니버설보험밖에 없다. 그리고 또 하나, 변액유니버설보험의 매력은 DCA, 즉 코스트 애버리징 효과(Dollar Cost Averaging Effect)에 있다. 주가가 비쌀 때(오를 때)는 소량을 사고, 주가가 쌀 때(떨어질 때)는 많이 사게 되어 평균 매입단가가 낮아지는 코스트 애버리징 효과는 펀드 투자의 묘미를 만끽하게 해준다.

이 밖에 변액유니버설보험으로 유입된 자금은 평균분할투자와 우량주식보유매입, Buy&Hold 전략으로 운용되게 된다. 이러한 전략은 주식시장에서 자칫 노출될 수 있는 리스크에 효과적으로 대응할 수 있게 해준다.

지금의 주식시장은 예전과 달리 타이밍을 노리는 단타로는 높은 수익을 얻기 어렵다. 우량종목에 대한 장기투자가 가장 효과적인 투자전략이라 할 수 있다. 하지만 주식에 문외한인 일반인들은 어떤 주식이 내재가치우량주인지, 업종 대표주인지, 장기적 성장잠재력이 큰 종목인지 정보가 부족할 뿐만 아니라 정보를 알더라도 적시에 접하기 어렵다. 그러므로 변액유니버설보험을 통하여 힘들게 주식을 사고팔지 않고도 리스크를 줄이고, 고수익을 낼 수 있도록 해야 한다. 변액유니버설보험은 전문 펀드매니저들이 그때그때 가장 우량한 종목을 매집하여 운영하고 있으므로 보다 안전하기 때문이다. 그리고 변액유니버설보험에 가입하면 하나의 펀드에서 수십 종목의 우량주를 산다. 즉, 직접투자를 하면 몇 십만 원 짜리 우량주 1개도 못 살 금액이지만 간접투자를 하면 몇 십만 원 짜리 우량주를 수십 종목 구매할 수 있는 효과가 있는 것이다. 이것이 바로 간접투자의 진정한 매력이다.

당신은 똑같은 투자금액으로 우량주 1개만 달랑 사고 싶은가? 아니면 20종목 이상되는 우량주를 사길 원하는가?

'대출기능'은 자금융통을 원할하게

●●● **목표지향점 : 유동성(Liquidity)을 추구**

돈을 빌려주는 데 점점 인색해지고 있는 세상에 살고 있다 보니 갑자기 돈이 궁할 때 아는 사람들에게 손을 벌리는 것도 예전 같지 않다. 이런 경우를 대비해서 긴급예비자금을 갈무리 해두어야 하는데 생활하기도 빠듯한 형편에 통장에 여유자금을 마련해놓는 것은 정말 쉽지 않은 일이다. 현실이 이렇다 보니 정말 급전이 필요할 경우 예금한 돈을 해약하지 않고도 찾아 쓸 수 있는 금융상품이 있다면 이보다 더 기쁜 일은 없을 것이다.

이런 조건을 만족시키는 금융상품이 있다. 바로 변액유니버설보험상품이다. 변액유니버설보험은 언제나 필요한 긴급자금을 적기에 융통해 편히 활용하도록 해주는 안심통장이라 할 수 있다.

변액유니버설보험은 보험계약 대출을 이용하여 필요한 자금을 적기에 활용할 수 있도록 해줄 뿐만 아니라 목적자금 규모가 완성되지 않은 적립금액의 규모를 키워 더 큰 부(富)를 축적하게 해주는 다목적 상품이다. 다른 적립식투자상품의 경우에는 돈을 찾아 쓸 수 있는 방법이 없다. 원천적으로 봉쇄되어 있다. 투자한 자금을 찾아 쓰기 위해서는 만기가 되기를 기다리거나 해지를 해야 한다. 그러므로 언제든지 보험계약자 대출을 받아 사용할 수 있다는 점은 간접투자상품 중 변액유니버설보험만이 가지고 있는 최고의 장점이라 할 수 있다. 물론 보험계약 대출시 대출이자를 지불해야 하지만 은행 대출이율과 비슷한 정도로 저렴하다. 또한 대출이자 중 1.5%를 제외한 나머지 $Y(x-1.5\%)$ 부분은 펀드로 재투자되므로 대출을 받아도 실제적으로 고객이 부담하는 대출이율은 1.5%밖에 안 되는 셈이다.

펀드 상품 중 대출이 되는 상품은 변액유니버설보험밖에 없다.

'인플레 헤지' 기능은 미래가치의 불안해소

●●● 목표지향점 : 가치성(價値性)을 추구

현재의 은행 금리 가지고는 장기적으로 미래의 물가상승에 대응하지 못한다. 그래서 모두들 물가상승률에 상응하는 투자수익률을 올릴 수 있는 대안상품을 찾기 위해 노력하는 것이다. 즉, 금융상품을 선택할 때 가입자들이 가장 신경 쓰는 부분은 나중에 얼마나 벌 수 있는지에 대한 미래가치여부이다. 그래서 장기투자상품은 인플레와 물가상승률을 모두 커버하면서도(인플레 헤지 기능) 투자수익률이 높게 나타날 수 있도록 해야 한다. 투자수익률이 조금 높다 해도 투자된 돈에 대한 미래가치가 별로이면 굳이 힘들게 투자할 필요성을 느끼지 못한다.

이런 것들을 고려해 볼 때 변액유니버설보험은 안심하고 가입할 수 있는 미래가치상품이라 할 수 있다. 펀드투자실적에 따라 보험금과 해약환급금 등 적립금액이 자동 변동되고, 적립금액이 복리로 부리되므로 물가상승에 따른 돈의 가치 하락에 대해 적절히 대처해나갈 수 있기 때문이다. 또한 사망보험금도 계속적으로 증가되므로 인플레이션으로 인한 사망보험금의 가치 하락을 막을 수 있다.

'보안기능'은 나만의 텃밭

●●● **목표지향점 : 보안성**(保安性)**을 추구**

자신이 갖고 있는 비밀 자산을 그 누군가가 소중하게 굴려주고, 안전하게 끝까지 지켜준다는 것은 매우 중요한 재테크 요소이다. 특히 금융소득종합과세제도의 시행에 따라 부유층들은 자신이 힘들게 벌어놓은 자산에 대해 더욱 노출을 꺼리고, 한 푼이라도 세금을 덜 내려고 궁리를 한다. 이러한 VIP 고객들에게 변액유니버설보험은 최적의 안전보장상품이 될 것이다. 금융소득종합과세를 통해 모든 금융소득에 대해 세금을 낼 수밖에 없는 지금, 자금의 노출이나 세금의 불이익 없이 떳떳하게 보다 많은 수입을 올릴 수 있는 장기금융상품은 눈을 씻고 찾아봐도 이 변액유니버설보험밖에는 없다. 그러면 어떻게 변액유니버설보험을 통해 합법적으로 절세를 할 수 있는지 알아보자.

변액유니버설보험은 적립금액이 아무리 많이 발생해도 금융소득종합과세 대상에서 제외되어 자산을 안전하게 보장할 수 있다. 즉, 아무리 높은 수익을 올려도 금융소득이 노출되지 않는다. 세원이 노출되지 않으므로 금융소득종합과세 대상에서 자동적으로 제외되어 국세청에 통보되지 않는다. 다른 금융상품이나 저축성 보험은 그 가입내역이 은행연합회 전산망에 통보되므로 금융기관은 물론이고 국세청의 TIS(Tax Integrated System)에도 연결된다.

금융상품은 통장에서 자금인출시 2,000만 원이 이상이 되면 자동적으로 TIS에 연결되어 국세청에 통보된다. 보험상품 또한 만기금액이나 보험금으로 2,000만 원 이상 인출되면 자동적으로 TIS에 연결되어 국세청에 통보된다. 그러나 변액유니버설보험은 적립금액을 적기에 인출해 유효 적절히 활용하는 것이므로 TIS에 연결되지 않는다. 즉, 한꺼번에 목돈을 왕창 찾지 않는 한 아무런 문제가 없다. 단, 보안기능이 좋은 변액유니버설보험이라도 두 가지 정도는 취약점이 있으므로 주의해서 판매해야 할 것이다.

첫째, 변액유니버설보험을 연금으로 전환할 경우에는 연금을 찾는 시점에 국세청의 TIS에 연결되어 세금추적조사를 받을 수 있다는 점이다. 따라서 변액유니버설보험을 판매할 때에는 고객에게 연금을 찾는 시점에서는 국세청의 TIS에 연결되어 세금추적조사를 받을 수 있다는 사실을 꼭 설명하는 것이 좋다. 부유층은 자신의 자산이 노출되어 세금의 재원이 되는 것을 극히 꺼리는 경향이 있기 때문이다. 이런 유형의 고객에게는 변액유니버설보험보다는 변액연금보험을 적극적으로 권유하는 편이 보안과 세테크를 위해서 훨씬 바람직하다.

둘째, 변액유니버설보험을 가입한 후 10년 이내에 해지하게 되었을 때 이자가 발생하게 되면 그 가입내역이 은행연합회 전산망에 자동적으로 연결되어 TIS에 통보된다는 것이다. 소득공제 혜택을 받는 보험상품은 자동적으로 TIS에 통보되는데 다음과 같은 경우가 해당한다. ① 저축성 보험에 가입하면서 세금우대를 신청하는 경우 ② 연간 240만 원(또는 연간 72만 원)까지 소득공제 혜택을 받을 수 있는 개인연금 보험 ③ 비과세 상품 중 10년(과거 가입상품은 7년 또는 5년) 이내에 해약시 이자소득세가 발생할 경우 등이다.

　이러한 보험계약들은 보험회사가 국세청에 지급조서를 발행하므로 이러한 사실을 고객에게 꼭 알려주어야 한다. 이외에 은행계좌에서 연금이나 저축성 보험료가 자동이체될 경우 그 보험가입내역도 국세청의 자금추적대상이 될 수 있으므로 축적된 자산에 대한 보안을 매우 중요시 여기는 VIP 고객의 경우에는 이점 또한 분명히 설명하면서 컨설팅해야 할 것이다. 즉, 고객이 중도해지를 못하게 하는 비장의 카드로 활용할 수 있어서 컨설팅시 매우 효과적일 것이다. 이러한 효과성은 변액유니버설보험의 참 매력이라 할 수 있다.

'안전망 기능'은 안심성 제공

●●● **목표지향점 : 안심성(安心性)을 추구**

투자수익률이 높다는 것을 믿을 수 없다든지, 투자기간이 너무 길어 안심할 수 없다면 누구든지 투자상품을 가입하기 꺼려할 것이다. 가입을 한 경우라면 괜히 불안하여 마음을 놓지 못할 것이다. 따라서 투자상품을 가입한 고객에게는 무엇보다도 안심을 시켜주는 것이 중요하다. 특히 투자기간이 긴 장기투자상품은 안심해도 된다는 확실한 믿음을 심어주어야 한다. 믿음을 심어주지 못하면 10년 이상 기나긴 세월 동안 매월 정액투자를 해나가기 정말 힘들 것이다.

변액유니버설보험은 장기상품이지만 기본적인 보장시스템이 확실하게 구비되어 있으므로 안심해도 되는 금융상품이다.

예를 들어 일반계정과 특별계정을 구분하여 고객의 소중한 자산을 운용하므로 안전성이 있다. 특히 특별계정의 경우 보험사 마음대로 관리·운용할 수 없도록 펀드수탁회사와 펀드운용회사, 일반관리사무회사를 따로 두어 고객이 더 믿고 맡길 수 있다. 또한 보험가입시에는 펀드별 편입비율 설정과 편입비율 자동재배분 기능설정을 통해서 투자리스크를 줄여나갈 수 있다. 보험료추가납입을 할 경우에는 평균분할 투자 기능설정을 통해서 얼마든지 투자리스크를 헤지해나갈 수 있다. 그리고 보험유지시에는 펀드변경을 통해 자금을 유효 적절히 대피시킬 수 있다. 이외에 보험계약대출이나 자금중도인출을 통해서도 리스크를 헤지해나갈 수 있으며, 장기투자를 할수록 인플레 헤지도 가능해진다. 이렇게 다양한 방법을 통해서 리스크를 헤지해나갈 수 있는 안심상품은 간접투자상품 중에는 변액유니버설보험밖에는 없다.

특히, 우리나라의 경우 보험계약자 보호차원에서 최저보장지급제도를 실시하고 있으므로 안심하고 투자를 할 수 있다. 최저보장지급제도는 투자수익률이 아무리 악화되더라도 최저 또는 기본으로 지급을 보장하는 것이다. 이러한 제도는 우리나라에서 판매되고 있는 변액보험상품은 모두 가지고 있다. 참고로 미국의 경우에는 가입자 책임원칙을 적용해서 변액보험을 판매하기 때문에 최저보장금이라는 것은 상상할 수도 없다. 변액보험 가입자들 또한 모든 것이 본인이 책임 하에 있다는 것을 당연하게 여긴다. 그러므로 우리는 보험계약자를 보호해주는 이러한 정책을 실시하는 정책당국에게 고마워해야 하는지도 모른다.

이와 같이 고객의 이익과 올바른 서비스를 위한 이중안전장치는 간접투자상품 중 변액유니버설보험밖에 없다.

'다다익선기능' 은 덤의 참맛

●●● 목표지향점 : 부가성(Addition)을 추구

달랑 밥과 국만 있는 메뉴보다는 자기 입맛에 맞는 반찬이 골고루 갖추어진 메뉴가 더 입맛을 돋우는 법이다. 그런 점에 비추어볼 때 변액유니버설보험은 입맛대로 골라 먹을 수 있도록 다양한 메뉴를 준비해 놓은 가정식백반 상품이라고 할 수 있다.

첫째, 변액유니버설보험은 가입한도나 가입대상, 가입방법 등 가입조건이 까다롭지 않아 매우 편리하다. 일반적으로 보험은 모두 가입한도가 제한되어 있다. 사행행위(射倖行爲)가 발생할 개연성이 다분히 있기 때문이다. 그런데 유독 변액유니버설보험에는 가입한도에 대한 제한이 거의 없다.

둘째, 펀드변경, 펀드별 편입비율 설정(Asset Allocation), 자산배분비율 자동재배분(Auto Rebalancing), 설정된 펀드로 자동 투입되는 보험료의 평균분할투자(Dallar Cost Averaging) 등 다양한 투자 옵션(Option)을 통해 정기적으로 장기투자할 수 있으므로 목돈 마련을 안정적으로 달성해나갈 수 있다.

셋째, 보험계약대출 기능은 물론, 은행상품처럼 자유납입 기능과 추가납입 기능, 중도인출 기능을 모두 갖춘 상품으로 언제든지 필요자금을 유동성 있게 활용할 수 있다.

넷째, 일시중지 기능이 있어 보험료 납입이 힘든 상황에 놓여 있을 때는 일시적으로 보험료 납입을 중지할 수도 있어 생활의 리듬을 잃지 않게 된다.

다섯째, 고객보험료 할인 혜택, 무료건강검진 실시 등 다양한 서비스 제도가 있다.

이처럼 변액유니버설보험은 다양한 부가기능이 있다. 이런 부가기능은 펀드에는 없는 것이다. 한 마디로 말해 은행과 투신, 증권, 보험의 합작 품인 변액유니버설보험은 수익성과 안정성, 유동성(환금성), 편리성을 지향하는 다목적(Universal) 금융상품이라고 할 수 있다. 은행상품의 특징인 안정성과 환금성, 유동성, 투자신탁상품의 특징인 수익성, 보험상품의 특징인 안정성과 비과세 혜택을 모두 포괄하는 전천후 종합금융상품인 것이다.

제3장

변액유니버설보험
단점 극복 클리닉

변액유니버설보험의 장점은 다양하다.
그러나 장점만 가지고는 성공적인 판매를 장담하지 못한다. 변액유니버설보험의
복잡다단한 이면(裏面)의 내용을 속속들이 알아야 올바른 컨설팅클리닉이 가능하다.
즉, 변액유니버설보험의 단점과 아킬레스건을 알고 이를 장점으로 승화시킬 줄 알아야
변액유니버설보험의 진정한 고수가 될 수 있다.

고객에게 단점을 숨기지 마라

●●● **변액유니버설보험상품을 판매 못하는 이유**

앞장에서 필자는 변액유니버설보험만의 장점을 16대 주기능으로 분류하여 자세히 설명하였다. 프롤로그에 가능한 변액유니버설보험의 장점은 피력하지 않겠다고 했지만 이를 정리한 이유는 모든 일에 있어 기초공사를 잘해야 견고해지듯 변액유니버설보험 또한 장점(또는 이점)이란 기초공사는 하고 가는 것이 순리라 판단했기 때문이다. 그러므로 필자가 컨설팅을 통해서 아우른 3대(大) TOP 기능과 7실(實) 웰빙 기능, 6득(得) 덤 기능은 반드시 알아야 할 것이다.

그러나 당신을 비롯하여 변액보험 판매관리사들 모두가 이러한 변액유니버설보험의 장점을 몰라서 판매를 못하는 것은 아닐 것이다. 그 어떤 상품의 내용보다도 변액유니버설보험의 장점만은 속속들이 알고 있을 것이다. 자격시험 공부를 하는 동안, 교육을 받는 동안, 조회 때마다, 고객을 만나기 전에 상품내용을 살펴볼 때마다 귀에 따갑도록 아니 못이 박히도록 들었을 것이기 때문이다. 그럼에도 왜 불완전판매가 날이 갈수록 많아지는 것일까? 고객들은 왜 불평을 많이 하는 것일까? 왜 변액유니버설보험상품 군(群)은 판매한 지 얼마 되지도 않았는데 벌써부터 클레임에 걸리고 민원이 많이 발생하고 있는 것일까?

그 이유는 오히려 그 장점을 너무 강조하기 때문이다. 단점에 대해 말하지 않기 때문이다. 장점이 있으면 단점도 있는 법, 변액유니버설보험 또한 화려한 장점 뒤에는 단점도 존재한다. 아무리 좋은 상품이라 할지라도 단점은 있게 마련이다.

고객을 마주할 때 단점에 대해 얘기하는 것이 쉽지 않더라도 해야만 한다. 그래야만 불완전판매에 의한 고객의 클레임을 방지할 수 있다.

●●● 단점을 숨기는 우를 범하지 마라

어느 업종을 불문하고 대부분의 세일즈맨들은 상품을 판매할 때 좋은 점만을 부각시킨다. 그래야 고객을 현혹시켜 상품을 판매할 수 있기 때문이다. 이는 세일즈에 있어서는 당연한 판매기술이요, 전략이라 할 수 있다. 그러나 변액유니버설보험만큼은 그러한 형식으로 판매해서는 안 된다. 정액형의 다른 보험상품도 그렇지만 실적배당형이면서 장기투자상품인 변액유니버설보험은 특히 더 그러하다.

간혹 이러이러한 단점이 있지 않냐고 고객이 묻기라도 하면 눈에 쌍심지를 켜고 아니라고 하면서 장점만 늘어놓는 보험설계사가 있다. 설령 이렇게 장점만을 늘어놓아 변액유니버설보험을 판매했다 치자. 과연 그게 좋은 일일까? 당장은 수당이 떨어지므로 좋을지도 모른다. 그러나 차후에 문제가 생기면 대처할 수 있는 운신의 폭이 좁아지게 된다. 문제가 해결되지 않을 경우 고객은 자신의 보험설계사를 신뢰하지 않을 것이며, 보험설계사는 이로 인해 장기간 슬럼프에 빠질 수도 있을 것이다. 경우에 따라서는 세일즈 인생에 자칫 치명타로 다가올 수도 있다. 따라서 변액유니버설보험에는 단점을 보완할 수 있는 더 좋은 장점이 있으므로 반드시 변액유니버설보험의 아킬레스건을 먼저 찾아 자기 것으로 소화하고, 고객의 거절에도 주눅들지 말고 능히 대처해나가야 한다. 이 때 시뮬레이션을 통해 고객과의 만남을 재현해보는 것은 많은 도움이 된다. 이는 아무리 영업을 잘해도 필수이다.

정리하면 변액유니버설보험을 판매할 때는 단점을 잘 알고 대처해나가야 한다는 것이다. 그래야만 올바른 컨설팅클리닉을 할 수 있고, 고객에게 보다 깊은 신뢰감을 주어 내 편으로 오래도록 만들어나갈 수 있게 된다.

단점을 장점으로 승화시켜라

●●● 단점을 내 것으로 만들기

이순신 장군(1545~1598)은 우리 모두가 알듯이 임진왜란에서 나라를 구해 '성웅'이라는 극존칭으로 불리는 전쟁영웅이다. 치밀한 전략가요, 전투사요, 살신성인의 정신을 지녔던 그는 왕족만이 사용하는 '충무공'이라는 작위를 부여받았다. 그가 전쟁영웅이 될 수 있었던 이유는 항상 최악의 상황을 염두에 두고 용의주도하게 전략을 세우고 전술을 펼쳤기 때문이다. 즉, 전쟁터에 임하기 전에는 반드시 최악의 상황을 염두에 두고 승리할 수 있는 경우의 수를 완전 집약하여 전략적인 전술을 펼쳐나갔던 것이다. 그의 그러한 용의주도한 지략은 세계 전쟁역사상 불멸의 대기록인 23전 23승 무패라는 완전필승무패의 업적을 일구어냈다. 특히 1597년 9월 명량해전에서 겨우 13척의 배로 무려 26배나 많은 333척의 배를 물리친 사실은 그가 어떻게 전투에 임했는지를 짐작할 수 있게 해준다.

이순신 장군은 전쟁터로 나가는 장병들에게 언제나 "必死卽生, 必

生即死(필사즉생 필생즉사)"라는 모토를 필승의 신념으로 주지시켰다고 한다. 그의 좌우명이기도 한 必死即生, 必生即死는 지금도 회자되고 있는 삶의 경구이다.

보험세일즈에서도 바로 이러한 必死即生, 必生即死의 전략이 필요하다. 이 전략을 보험영업 측면에서 풀어보면 보험상품의 단점까지 속속들이 알고 난 후 고객을 만나면 성공하지만, 장점만을 알고 고객을 만나면 일이 성사되기 힘들다라는 것으로 정리할 수 있다.

따라서 변액유니버설보험을 판매할 때는 반드시 단점을 정확히 짚은 다음 이를 해결할 수 있는 장점으로 연결시키는 세일즈테크닉이 필요하다. 그래야 단점이 고객의 눈에 뜨인다 해도 곧바로 이에 대한 솔루션을 제시하면서 장점으로 커버할 수 있다. 그러면 고객의 의심과 불안은 눈 녹듯이 사라지게 될 것이다.

●●● 의사와 보험컨설턴트는 모두 전문직이다

보험과 병원의 상관관계를 알고 있는가? 보험과 병원은 일정한 함수관계가 있다. 병원은 몸이 아프거나 사고가 났을 경우에 찾아가는 곳이긴 하지만 미연에 질병을 방지하는 차원에서 건강한 사람이 건강검진을 받기 위해 찾아가는 곳이기도 하다. 그러므로 평생 동안 건강하게 살 자신이 있는 사람이라면 굳이 병원에 갈 필요가 없다. 보험 또한 병원과 비슷하다. 앞으로 사고가 발생하거나 아플 가능성이 있고, 미래가 불안스럽게 다가올 때 가입하는 것이다. 만약 사고나 질병 없이 평생 동안 건강하고 행복하게 살 자신이 있다면, 미래의 삶에 대한 불안감이 일체 없다면 굳이 보험에 가입할 필요가 없다(손해보험의 배상책임보험은 예외). 특히 생명보험은 그러한 성질을 확연히 나타내준다.

바꾸어 말하면 병원과 보험 모두 지금은 건강하지만 앞으로 발생할 삶의 리스크를 미연에 방지하는 차원에서 존재하는 것이다. 그런 의미에서 볼 때 의사나 보험컨설턴트는 모두 언제 발생할지 모르는 리스크를 사전에 봉쇄시키는 작업을 하는 클리닉 전문가들이라고 할 수 있다. 이들은 건강한 사람에게서 어디가 불편한지를 찾아 클리닉을 해나가는 일을 한다. 변액유니버설보험의 고수가 되고자 하는 당신도 의사처럼 고객의 인생재테크 과정에서 발생할 가능성이 있는 걸림돌을 미리 제거해주는 클리닉전문가로 다시 태어나야 할 것이다.

●●● 건강클리닉 VS 재정클리닉

의사는 환자의 어느 부위가 건강한지를 찾는 게 아니다. 어느 부위가 약하고 안 좋은지를 찾아 건강해질 수 있도록 돕는 건강클리닉 전문가이다. 보험컨설턴트 또한 이와 같다. 고객 개개인이나 가정에 어떠한 재정적 문제점이 있는지를 발견하고 그에 맞는 해결방안을 합리적으로 제시하여 문제를 해결할 수 있도록 돕는 재정클리닉 전문가인 것이다. 그러므로 당신은 당신이 취급하는 모든 보험상품에 대해 속속들이 알고 난 후 고객의 재정문제에 접근하여 해결할 수 있도록 도와줘야 한다.

어떤 부위에 어떤 질병이 주로 나타나는지 의사들은 신체 속속들이 알고 있다. 수술할 때 녹이 슨 메스를 가지고 집도하는 의사는 없다. 이것이 전문가로서 환자를 진단하고 치료하는 의사의 도리이다. 당신 또한 의사와 같은 정신으로 변액유니버설보험 컨설팅을 해나가야 할 것이다.

　의사에게 자신의 몸을 안심하고 맡기듯 고객으로 하여금 당신에게 인생설계를 안심하고 맡길 수 있도록 최고의 변액유니버설보험 컨설턴트가 되도록 하자.

●●● 불안요소를 미연에 방지하라

보험은 만약의 사고에 대비하기 위해 마련하는 안전수단이다. 변액유니버설보험을 팔 때는 이러한 보험의 의미를 반드시 생각하면서 접근하고 컨설팅해야 한다. 그래야 만약 있을지도 모를 고객의 클레임에 대처할 수 있다. 다시 말해 변액유니버설보험의 장점만을 부각시켜 고객에게 판매하려 해서는 안 된다. 단점도 정확히 알려주되 단점의 대응방안도 함께 마련하여 판매하는 기술을 쌓아야 한다. 장점만 있는 상품이라면 어느 누가 못 팔겠는가?

　즉, 당신이 만나는 고객이 변액유니버설보험의 가입을 꺼려한다면 어떤 부분을 우려하는 것인지를 찾아 그 점을 안심시키면서 컨설팅해야 한다는 것이다. 이것이 보험컨설턴트로서의 기본 임무에 충실히 하는 진정한 보험십이다. 다시 한 번 강조하지만 건강클리닉이나 보험클리닉 즉, 재정클리닉(인생클리닉)은 모두 아픈 곳을 찾아 치유해주는 것이므로 당신 자신이 전문가가 되어야 한다. 제대로 모르는 상태에서는 어떠한 컨설팅도 성공할 수 없으며, 성공한다 하더라도 차후에 하자가 발생할 수 있음을 잊어서는 안 된다.

변액유니버설보험의 단점을 절대로 간과하지 마라.

변액유니버설보험의 단점을 절대로 숨기지 마라.

변액유니버설보험의 단점을 장점으로 승화시켜 나가라.

그리하여 10년 후 고객과 얼굴 붉힐 일을 만들지 마라.

고객이 당신에게 평생 카운슬링을 받도록 만들어라.

※알림

이 장에서 필자가 피력하는 변액유니버설보험 상품에 대한 단점을 적나라하게 제시하는 것에 대해 이 책을 읽는 독자들의 오해가 없길 진심으로 바란다. 필자가 단점을 언급하는 것은 독자들의 혜안과 전문의식, 그리고 일과 고객을 진정으로 사랑하는 의지와 정열을 높이 사고 믿기 때문이다. 또한 여기 게재하는 단점들은 보험사에서 판매되고 있는 모든 변액보험상품들에 대한 내용을 객관적인 기준에 따라 제시한 것이므로 어느 보험사의 특정 상품과는 다소 거리가 있을 수 있다는 것 또한 밝혀둔다. 일반적으로 보험컨설턴트들이 그리 탐착하게 여기지 않는 단점을 필자가 굳이 이 책에 게재한 것은 '변액유니버설보험 상품에 대한 장단점을 면밀히 검토하고 난 후 이를 자신과 고객의 컨셉에 맞추어 완전판매를 함으로써 평생 고소득을 올리는 진정한 재무컨설턴트가 되어 달라'는 필자의 간곡한 바람에서 나오는 충정심임을 명확히 밝혀둔다. 독자들이 필자가 지향하는 의도(고객의 인생재테크 완결을 위한 올바른 재무 컨설팅클리닉의 실현)와 충정심(보험컨설턴트들의 평생직업 및 고소득 전문화 시현)을 이해한다면 필자가 제시하는 사업비 등 단점들에 대해 민감하게 반응하지 않고 오히려 필자가 다음 장에서 그에 관한 솔루션을 제시하듯이 단점을 장점으로 승화시켜 완전판매로 나가는 좋은 기회로 여길 것이라 확신한다.

변액유니버설보험의 아킬레스건

●●● 변액유니버설보험의 아킬레스건을 아는가?

당신은 변액보험의 단점을 뭐라고 생각하는가?

- 10년 이내 해약하면 비과세 혜택을 한 푼도 못 받는 것?
- 중도에 해약하면 원금손실을 많이 볼 수 있다는 것?
- 사업비가 많이 들어가기 때문에 초기 수익률이 적립식펀드보다 떨어진다는 것?
- 펀드 수익률이 저조할 경우 당초 예상한 목적자금 마련에 심한 타격을 받을 수도 있다는 것?

이것은 누구나 알고 있는 상식적인 단점이다. 고객들도 매스컴을 통해 이러한 단점은 대충 알고 있다. 변액유니버설보험에는 이보다 더 큰 단점이 있다. 그 단점을 파헤치기 전에 우선 한 가지 짚어볼 것이 있다.

●●● 복리로 운용되고, 통장을 대물림해준다?

변액유니버설보험은 통장을 대물림해줄 수 있는 ① 상품인가 ② 아닌가? 그리고 복리로 ① 운용되는가 ② 아닌가?

이 문제에 대해 당신은 당연히 모두 ①번이 정답이라고 말할 것이다.

그래서 고객들에게 변액유니버설보험을 설명할 때 기간이 경과할수록 적립금액이 자꾸만 쌓여져 나중에 수령할 수 있는 돈이 점점 많아질 것이라고 장황설을 늘어놓을 것이다. 또한 복리로 운용되기 때문에 기간이 경과할수록 즉, 오래 유지하면 할수록 더 높은 수익을 안겨준다고 설명할 것이다. 그러면서 전문가들의 말을 빌려 가입해서 13년 정도 지나면 적립식펀드의 수익률을 상회하고도 남을 것이라고 말할 것이다.

이 말이 모두 사실일까?

물론 사실이다. 그러나 보다 깊숙이 들어가면 사실이 아니기도 하다. 다시 말하면 변액유니버설보험이 복리로 운용되고 통장을 대물림해줄 수 있는 상품인 것은 맞지만 이것을 100% 믿고, 어떤 고객에게든 이런 점을 100% 확신하여 본인이 책임이라도 지겠다는 식의 당당한 자세로 컨설팅한다면, 설령 계약을 체결했다 하더라도 몇 십 년이 지난 후에는 고객들과의 갈등으로 편할 날이 없게 될지도 모른다는 것이다.

'아니, 이게 무슨 황당한 말인가?', '너무 오버하는 거 아냐?' 라고 생각할지도 모르지만 이것은 사실이다. 왜 그런지 지금부터 차근차근 살펴보기로 하자.

수익률 게임만으로는 승산이 없다

변액유니버설보험을 고객에게 소개할 때 쉽게 간과하는 부분이 바로 사업비이다. 그러나 사업비 부분은 절대로 간과해선 안 된다. 특히 보장보다는 수익률이 우선시되는 저축형(적립형)과 연금형은 더욱 그렇다(앞으로 변액유니버설보험상품 중 저축형과 적립형은 용어를 통일해서 모두 저축형으로 호칭한다). 고객은 조금이라도 고수익을 올리기 위해 보험투자상품을 선택한 것이기 때문에 고수익을 낳는데 걸림돌이 되는 부분은 미리부터 과감히 짚고 넘어가야 한다.

변액유니버설보험상품에 만기가 없다는 것은 다른 의미로 해석하면 나중에 해약을 할 경우에는 약정된 보험가입금액(사망보험금)을 받지 못함을 의미한다. 그렇게 되면 중도에 적립금액을 모두 찾으려는 고객들의 경우 여러모로 손해가 난다. 20년이 지나든 30년이 지나든 적립금액을 모두 인출하게 되면 단지 해약환급금만을 받을 수 있기 때문이다. 따라서 변액유니버설보험을 단순히 투자상품으로만 생각하여 가입한 것이라면 수익률로만 재미보려는 생각은 접어야 할 것이다.

알기 쉽게 설명하기 위해 동일한 조건에서 은행에 투자한 수익률과 변액유니버설보험에 투자한 수익률을 비교해보자. 여기서 변액유니버설보험에 적용한 투자수익률은 10년 후의 이자소득세 면제나 추가보험료 납입 등 종속변수에서 파생되는 부과적인 메리트 부분은 모두 제외하고 단순히 기본투자금액(기본보험료)에 대해서만 계산한 것이므로 실제수익률과는 다를 수 있다.

먼저 은행상품, 매월 100만 원을 연이율 4.25%로 운용되는 은행의 금융상품에 10년 동안 불입한 후 그 돈을 그대로 20년 동안 예치해놓았다고 하자. 그럼 30년 후에 얼마가 될까? 아마 당신은 이러한 형태로 변액유니버설보험을 설명하고 있는지도 모른다.

우선 10년 동안 매월 100만 원씩 불입했을 경우 투자수익률이 얼마인지를 계산해보자. 이 기간 동안은 매월 정액투자를 하므로 월 단리, 연 단리로 계산된다. 계산하면 1억 4,571만 2,500원이 될 것이다. 즉, 원금 1억 2,000만 원에 이자가 2,571만 2,500원이 붙는 셈이다(이 부분에 관한 계산방법은 뒷장에 자세히 실어 놓았다). 이를 단순히 원금 대비 수익률로 환산하면 약 121.43%가 된다.

이제 10년 동안 불입하여 만든 1억 4,571만 2,500원을 20년 동안 다시 4.25%로 예치한다고 하자. 여기서 4.25%의 이율은 현재 변액유니버설보험상품의 표준이율 100%를 예시로 한 것이다. 이 때에는 일시납이므로 종가로 복리 계산되어 만기금액이 약 2억 6,956만 8,125원이 된다. 이것은 최초 원금(현가) 1억 2,000만 원 대비 수익률로 환산하면 약 226.46%가 된다.

이제 같은 조건으로 변액유니버설보험상품 저축형에 투자했을 경우의 수익률과 비교해보자. 이 경우 평균치로 환산하기 위해 피보험자를 30세 남자로 하고, 독자들이 쉽게 이해할 수 있도록 보험회사에서 제시하는 투자수익률 또한 연이율 4.25%를 기준으로 하자. 이렇게 계산하면 10년 후에는 원금 1억 2,000만 원에 대한 원리금 즉, 적립금액이 약 1억 2,660만 원 정도가 된다. 투자수익률로 따지면 105.4% 정도로 10년 동안 이자가 660만 원 붙은 셈이 된다. 은행상품에 가입했을 경우의 이자(2,571만 2,500원)보다 1,911만 2,500원이 더 적게 나오는 셈이다. 이제 이 원리금 1억 2,660만 원을 20년 동안 변액유니버설보험에 그대로 묶어 놓는다고 가정해보자. 그러면 변액유니버설보험으로 20년 동안 또 4.25%의 투자수익률로 운용한 종가 즉, 적립금액은 약 2억 3,900만 원이 되어 199.17%의 투자수익률을 얻게 된다. 이 또한 은행상품의 만기금액인 2억 6,956만 8,125원보다 3,056만 8,125원이나 적은 금액이다. 만약 변액유니버설보험으로 은행상품의 만기금액 정도의 수익률이 발생하도록 하려면 4년 동안 더 예치하여 약 24년 동안 묶어두어야만 총 투자수익률이 엇비슷해질 수 있게 되는 것이다.

　이처럼 종속변수를 모두 다 제외하고 순수하게 같은 조건을 놓고 비교했을 경우 은행상품과 변액유니버설보험의 투자수익률은 많이 벌어지게 될 수도 있다는 점을 우선 유념하기 바란다.

●●● 보험사별 사업비 규모 차이

위 예는 독자가 쉽게 이해하도록 하기 위해 변액유니버설보험의 다른 모든 조건을 배제한 채 투자수익률만을 놓고 비교한 것이다. 따라서 실제로 발생할 수 있는 투자수익률은 이와는 다를 수 있다. 아니 솔직히 말해 매우 다르게 나타난다. 따라서 변액유니버설보험에서 투자수익률을 부가적으로 올릴 수 있는 다양한 메리트는 고객이 반론을 제기할 때 예상을 꺾는 전략무기로 활용하는 것이 훨씬 효과적이다. 그리고 위에서 예를 든 변액유니버설보험상품이 제시한 보험료 대비 수익률은 표준사업비 규모가 다른 여타의 보험사들보다 상대적으로 작은 회사의 변액유니버설보험상품을 분석한 것인데, 일반적인 보험사 상품의 수익률은 이보다 더 작게 나타날 것이다. 이는 실제로 필자가 각 보험사의 상품을 비교 분석한 결과 얻은 결론이다. 즉, 매월 100만 원 불입시 똑같이 투자수익률 연 4.25%로 운용하는데도 불구하고 회사별로 큰 차이를 발생시키고 있었다.

몇몇 회사의 경우 10년간 매월 100만 원씩 정액투자를 하였을 경우 해약환급금표상의 투자수익률은 약 102%, 적립금액이 약 1억 2,240만 원으로 제시되어 앞에서 예로 든 1억 2,660만 원보다 약 42만 원 정도가 적게 나왔다. 20년 동안 그대로 적립금액을 예치해 놓았을 경우에도 총수익률 규모는 185~190% 정도가 되었다. 총수익률이 190%라고 하더라도 적립금액은 2억 2,800만 원이 된다. 이는 앞에서 예로 든 2억 3,900만 원보다 약 1,100만 원이나 적게 나온 것이다. 이 부분은 처음에는 그냥 간과했을지라도 나중에 언제든 문제가 될 여지가 있다. 고객들은 수익률을 매우 중요하게 생각하기 때문이다.

이 대목에서 당신은 왜 컨설팅테크닉이 필요한지 눈치 챘을 것이다. 그렇다면 남은 문제는 단 하나, 변액유니버설보험 저축형을 권할 경우 고객에게 어떤 방법으로 컨설팅해야 하는지 알아내는 것뿐이다. 그 길(솔루션)을 당신은 이 책에서 찾아 나가야만 한다.

변액유니버설보험에 대한
냉철한 분석이 먼저다

●●● 취급상품에 대한 냉철한 분석

혹시 당신이 취급하는 변액유니버설보험상품의 투자수익률과 동종업계의 다른 변액유니버설보험상품의 투자수익률을 냉철히 비교 · 분석해봤는가?

변액유니버설보험상품에 대한 진정한 고수가 되려면 먼저 자신이 판매해야 할 변액유니버설보험상품의 투자수익률에 대해 냉철히 분석하고 객관적인 판단을 내려야 한다. 예를 들어 만약 당신 회사의 변액유니버설보험 저축형 상품이 타사의 유사 상품과 비교하여 비슷한 투자수익을 올리고 있는 데도 불구하고 투자수익률이 더 적게 나온다면, 당신의 회사는 그 회사보다 펀드로 투입되는 시드머니를 상대적으로 적게 운영하고 있다는 것을 의미한다. 바꾸어 표현하면 당신의 회사는 지금 당신에게 지불되는 수수료와 회사 운영에 필요한 유지비를 타사에 비해 더 많이 지출하고 있다는 것이다.

이러한 사실을 만일 고객이 알고 있다면 어떠한 반응을 보일지 생각해보았는가?

••• 투자수익률 1% 차이가 클까, 아니면 사업비 차이가 클까?

대부분의 보험컨설턴트들이 변액유니버설보험을 고객에게 설명할 때 적립식펀드와 비교하면서 수익률 1%의 중요성을 강조하곤 한다. 은행 상품과 비교 설명을 할 때에도 투자수익률 1% 차이가 ○○년 후에는 얼마로 벌어진다라는 식으로 고객을 설득한다. 필자의 아내 또한 이렇게 프레젠테이션을 하는 경우를 종종 보곤 한다.

당신의 말대로 10년 후 변액유니버설보험상품이 다른 금융상품보다 더 높은 수익률을 올렸다고 하자. 그러나 그럼에도 불구하고 고객이 찾을 수 있는 적립금액(만기금액)은 오히려 다른 보험사의 보험투자상품보다 적을 수 있다. 만일 이런 상황이 실제적으로 전개되었을 때 고객은 어떤 느낌을 받을까? 사기를 당한 기분이 들지 않을까? 그러므로 변액유니버설보험을 판매할 때는 고객의 입장에 서서 냉철히 생각을 해봐야 할 것이다.

다른 상품과 달리 변액유니버설보험 저축형의 경우 많은 고객들이 보험이 아닌 투자상품으로 생각하고 가입한다. 따라서 당신은 고객이 투자수익률을 최대한 많이 낼 수 있는 방법을 찾을 수 있도록 조언해 주어야 하며, 타사의 보험컨설턴트보다 더 열심히 고객관리를 해주어야 한다. 그래야 나중에 고객으로부터 원망을 듣지 않을 것이다.

••• 고객은 어떤 기준을 갖고 보험을 선택할까?

비근한 예로 자동차보험 시장을 들어보자. 자동차보험 시장은 날이 갈수록 인터넷을 통해 가입하는 사람들이 늘고 있다. 그에 반비례하여 자동차보험 세일즈맨의 설 자리는 점점 좁아진다. 사람들이 인터넷으로 자동차보험을 가입하는 이유는 간단하다. 보험료가 저렴하기 때문이다. 이러한 현상은 이젠 고객들이 단순히 세일즈맨과의 인간관계보다는 자신의 이익을 우선시하여 자동차보험을 선택하고 있다는 것을 의미한다.

쉽게 설명하기 위해 당신을 자동차보험 세일즈맨이라고 가정해보자. 당신이 판매하는 자동차보험료와 인터넷에서 판매하는 자동차보험료는 약 15%정도 차이가 난다. 이 때 당신은 당신의 고객에게 '무조건 나한테 가입하라'고 말할 수 있겠는가? 아는 사이라고 해서 당신에게 보험을 가입하게 할 수는 없다. 또 당신에게 가입하지 않았다고 해서 고객을 원망할 수도 없다. 싸다는데 별 수 있겠는가!

그럼에도 불구하고 당신에게 보험을 가입하는 고객이 있다면, 이는 당신에게는 무언가 차별화되는 매력과 가치가 있거나 인터넷에서 보험을 가입하면 보험료가 싸다는 것을 고객이 몰랐기 때문일 것이다.

단순하게 자동차보험을 예로 들었지만 일반 보험상품도 마찬가지이다. 변액유니버설보험 또한 예외는 아니다. 지금은 은행, 증권 등 방카슈랑스 기관뿐만 아니라 홈쇼핑 채널에서도 변액유니버설보험을 취급하고 있다. 그리고 그런 곳을 통해 가입하고 있는 고객들은 점점 늘어가고 있다. 참고로 프랑스의 경우 변액보험시장의 60% 이상을 은행이 점유하고 있다.

고객이 보험설계사를 통하지 않고 다른 채널을 통해 가입하는 이유는 오직 하나다. 보험료가 상대적으로 싸기 때문이다. 지금 고객들은 깨어 있다. 이런 고객들을 상대로 어떻게 실타래를 풀어나가야 할지 그 방법을 찾아야 할 때이다.

펀드수익률은 따지면서
왜 사업비는 안 따지나?

두 사람이 100m 경주를 하려 한다. 이 때 한 사람은 정해진 위치에서 출발을 하고, 또 한사람은 9m정도 앞선 지점에서 출발을 하기로 했다. 이 두 사람의 달리기 실력이 엇비슷하다면 누가 이길까?

특별한 변수가 없는 한 9m정도 앞선 지점에서 출발한 사람이 우승할 것이라는 것은 기정사실일 것이다. 간혹 이러한 경기는 애초부터 잘못되었다며 경기 자체가 무효라는 사람도 있을 수 있다. 그런데 지금 변액유니버설보험상품이 바로 이런 형국이다.

'아니 그게 무슨 소리야?'

한번 냉철하게 따져보자. 당신이 진정 고객의 인생재테크를 위해 일하고 있는 보험설계사라면 반드시 따져보아야 한다.

지금부터 필자가 왜 이런 문제를 제기했는지 본론으로 들어가보자.

●●● 적립식펀드 수수료가 대개 얼마인지 아는가?

현재 적립식펀드 수수료는 1.5~3.5% 선에 모두 머물러 있다. 그러나 실제 3% 이상 수수료(신탁보수)를 떼는 펀드는 많지 않다. 2.5%만 되어도 투자자들이 비싸다고 아우성을 치기 때문이다.

그러면 보험회사의 경우 수수료 명목인 사업비는 얼마나 차지할까?

이 문제에 대해 스스로의 해답을 정확하게 갖고 있지 않으면 순수 재테크 상품으로써의 변액유니버설보험 저축형을 판매하는 데에 많은 애로사항을 가지게 될 것이다. 차후 고객의 클레임이라는 좋지 않은 걸림돌을 발생시킬 개연성이 다분히 잔재하기 때문이다. 고객은 변액 유니버설보험과 종신보험을 차원이 다르게 생각한다. 종신보험은 위험보장 차원에서 보험으로 생각하고 가입하지만, 변액유니버설보험은 투자상품으로 생각하고 단지 투자수익률을 보고 가입하는 것이다.

●●● 투자수익률의 암초는 사업비 규모의 과중 때문이다.

펀드운용사에서 판매하는 펀드상품의 수수료 차이는 아무리 많아야 2% 정도이다. 이에 반해 변액유니버설보험의 불입보험료에서 차지하는 보험사별 사업비 차이는 보험사에 따라 무려 약 10% 정도 차이가 난다. 왜 그럴까? 이 문제는 고객의 돈을 사업비로 지출하고 있는 보험회사들이 고객의 입장에 서서 고민해야 할 문제이다.

보험상품은 일반계정이든 특별계정이든 경험생명표를 근간으로 하여 대수의 법칙과 수지상등의 법칙에 따라 보험료 규모를 정하는데, 이 때 수익률 상승의 최대 걸림돌로 작용하는 것이 바로 사업비 규모이다. 특히 변액유니버설보험은 종신형태라 순수저축성 보험상품보다 당연히 사업비가 많이 들어간다. 그렇기는 하지만 외국의 경우와 비교해보더라도 우리나라 상품의 사업비 규모는 상대적으로 많다.

변액유니버설보험을 판매하는 판매관리사들이 고객을 만날 때 제일 많이 강조하는 부분은 수익률일 것이다. '이 펀드를 선택하면 몇 % 정도의 투자수익이 발생하고, 저 펀드를 선택하면 어떻고, 저 회사 상품은 현재 기간투자수익률이 얼마고, 또 다른 회사 상품은 연간수익률이 얼마다' 라고 하면서 '우리 회사 상품은 상대적으로 수익률이 x%로 이렇게 많다.' 고 고객을 설득한다. 그러나 이는 나무로 따지면 줄기만 생각하고 뿌리와 기둥은 도외시하는 형국이다. 사업비 부분을 간과한 투자수익률의 제시는 아무런 의미가 없기 때문이다. 그러므로 앞으로라도 사업비에 대해 정확히 알고, 고객에게도 진솔하게 알려주어야 할 것이다.

단기간엔
절대로 고수익을 낼 수 없다

●●● 단순한 수익률 경쟁은 무리수

변액유니버설보험(여기서는 보장형이 아닌 저축형을 의미한다)과 적립식펀드와
의 단순한 수익률 경쟁은 하지 마라. 하나의 예를 들어보자. 당신은 A
고객에게 변액유니버설보험 월납 100만 원짜리를 설계해서 계약했다.
그 후 그 계약은 10년 동안 지속적으로 연 6%의 투자수익률을 올렸다.
이 계약은 적립식펀드가 아닌 변액유니버설보험상품이므로 A고객은
자신이 낸 보험료 100만 원 중 약 80만 원만 특별계정에 편입되어 펀
드로 운영되게 된다. 나머지 20만 원 중에서 18만 원은 사업비로 충당
되며, 나머지 2만 원은 위험보험료로 빠져나간다. 여기서 위험보험료
는 40세 남자가 가입한 것을 기준으로 해서 10년 동안 평균적으로 적
용한 것이다. 실제적으로는 이보다 더 많이 들어가는 상품들이 있다.
펀드로 투입되는 보험료 80만 원은 가입 후 7년 동안만 해당된다. 7년
이 초과하는 시점부터는 매월 불입하는 보험료 100만 원 중 위험보험
료를 제외한 약 93~95만 원 정도가 펀드에 투자된다.

이런 상황일 때 고객에게 어떤 방법으로 변액유니버설보험이 적립식펀드보다 우위에 있다고 설명하겠는가?

적립식펀드는 고객이 매월 낸 돈 100만 원 중 거의 모두가 펀드로 투자된다. 여기서 거의라고 얘기한 것은 거래수수료를 떼고 투자하기 때문이다. 최대치로 계산해서 거래수수료가 월 3만 원이라고 한다면 매월 97만 원이 펀드로 투자되는 셈이다.

그럼 고객의 입장에서 생각해보자. 매월 똑같이 100만 원을 납입하는데 7년 동안이라고는 하지만 80만 원이 펀드로 투자되는 변액유니버설보험과 97만 원이 투자되는 적립식펀드 중 당신은 어느 것을 선택하겠는가?

다른 보험과 달리 변액유니버설보험은 수익률로 선택된다. 그러나 납입금 거의 전부가 투자되는 적립식펀드와 수익률을 단순 비교하면 변액유니버설보험은 백전백패할 수밖에 없다. 가령 위의 예와 같은 경우의 투자수익률을 단순 비교해보자.

변액유니버설보험의 경우 가입을 한 후 7년 동안은 줄곧 매월 80만 원씩 투자되는데 언제 원금 이상의 수익을 올릴 수 있겠는가? 수익률로 따지면 연 -20%를 안고 가는 셈이다. 적립식펀드는 거래수수료 3만 원이 빠지므로 -3%를 안고 가는 셈이라 똑같은 투자수익률이 발생한다고 할 경우 적립식펀드와의 실질적인 수익률 차이는 연 17% 정도 발생하게 된다. 즉, 적립식펀드에 가입한 사람이 변액유니버설보험을 가입한 사람보다 7년 동안은 연 17%의 투자수익률을 더 올리고 있는 것과 마찬가지이다.

●●● 다른 방법으로 비교를 해보아도 마찬가지다

변액유니버설보험의 경우 1년 뒤 해약환급금이 원금 이상이 되도록 하려면 몇 %의 수익률을 올려야 할까? 단순히 계산 상으로만 보면 25% 이상의 수익률이 나오면 가능하다. 25%의 수익률을 올리기 위해서는 고객이 펀드를 잘 선택하고 보험회사에서 위탁한 펀드운용사가 펀드 운용을 잘하는 등 운이 따라주어야 하겠지만 어쨌든 25%의 수익률을 올리면 원금 이상은 찾을 수 있다는 계산이 나온다. 그러나 현재의 보험상품 구조 하에서는 아무리 수익률을 많이 낸다 해도 1년 안에 원금을 찾을 수 있는 방법이 없다. 왜냐하면 사업비 때문이다. 현재 대부분의 보험회사들은 경영리스크를 상쇄하기 위해 사업비를 대부분 미리 환수한다. 그런 이유로 보험료 의무납입기간*을 10개월, 18개월 또는 2년 등 일정기간 못박아 두고 있는 것이다. 때문에 아무리 수익률이 높아도 의무납입기간을 채우지 않으면 이자는 커녕 원금도 못 찾게 된다.

반대로 적립식펀드의 경우를 보자. 앞에서 제시한 대로 매월 100만 원을 투자해 10년 동안 지속적으로 연 6%의 수익을 내는 구조로 자금을 굴리고 있을 때, 만약 1년 뒤에 해약한다면 얼마를 받을 수 있을까? 계산해보면 이자가 약 390,000원이 붙어 원리금이 12,390,000원(신탁보수 포함, 중도해지수수료는 없음)이 된다(이 경우 펀드에 따라 약간씩 다르므로 연단리로 계산하였음).

---

*보험료 의무납입기간 - 고객의 보험료에서 사업비를 초기 환수해 대다수 고객이 보험을 일시에 해약하더라도 모집 수수료, 내근사원 인건비, 점포 운영비로 지불된 부분 등에 있어서 보험회사가 손해를 보지 않도록 계산된 변곡점을 말한다. 의무납입기간은 사업비를 미리 환수함으로써 경영리스크를 최소화시키려는 의도에서 대다수의 보험회사가 전략적으로 실시하고 있다.

이와 같이 변액유니버설보험은 적립식펀드와 단순 비교했을 때 수익률에서 우위를 점하기는커녕 단기간 투자할 경우에는 원금손실의 위험도 매우 높다. 그러므로 고객과 컨설팅할 때 적립식펀드와 수익률을 비교한다거나 단기간에 높은 수익률을 올릴 수 있다는 식의 우는 범해서는 안 된다.

●●● 사업비는 신용의 빚

당신은 지금 필자가 쓴 글을 읽으면서 '아니, 그럼 어떻게 변액유니버설보험상품을 팔라는거야?' 라는 의문을 제기할 것이다. 또는 '이 사람 변액유니버설보험을 팔라고 하는 거야, 아님 팔지 말라고 하는 거야' 라는 독자도 있을 수 있겠다. 심지어는 '변액유니버설보험 저축형이 이렇게 손해가 많이 나는 것이라면 어떻게 고객에게 이런 상품을 권할 수 있겠느냐?' 라면서 지레 겁을 먹고 의기소침해 하는 독자도 있을지 모르겠다.

그러나 절대 안심해도 된다. 당신의 능력을 십분 발휘해서 최선을 다해 변액유니버설보험상품을 팔아도 된다.

단, 필자가 하고 싶은 말은 그 길을 너무 쉽게 가지는 말라는 것이다. 고객이 당신에게 선투자를 했다는 사실을 명심하고, 차후 고객에게 목적자금이 필요한 시기가 오면 제대로 보답해주어야 한다는 자세로 고객을 지속적으로 관리(재정클리닉을 통한 인생재테크 실현)해야 한다는 것을 강조하고 싶은 것이다. 이것이 필자가 이 책에서 제시하는 변액유니버설보험 컨설팅클리닉의 지론이다.

적립식펀드와 비교했을 때 수익률 부분에서 우위를 차지할 수 없다고 주눅들지 마라. 당신 스스로도 변액유니버설보험에서 사업비가 많이 차지하는 사실을 고객에 대한 유지관리를 잘해 주라는 의미로 받아들여야 한다. <u>사업비는 당신이 고객에게 진 신용의 빚이다. 즉, 고객은 당신과 회사를 믿고 자산운용을 잘 해 달라고 미리 선투자를 한 것이다.</u> 그러므로 당신은 고객이 목적자금을 마련할 시점에서 고수익을 실현하여 기쁨을 느낄 수 있도록 해야 할 책임과 의무가 있다. 고객의 만족과 기쁨은 곧 소개마케팅과 세대마케팅으로 당신에게 되돌아올 것이다. 당신이 단지 판매만 하고 '땡' 치는 모집인이 아닌 진실로 고객의 이익을 위해 끝까지 책임지고 관리해주는 진정한 변액보험 판매관리사가 되어야 할 이유가 바로 여기에 있다.

'진실은 그렇다 치자. 그렇지만 만일 사업비 부분에 있어 고객이 물어보면 어떻게 해야 하나? 고객유지관리 비용이라고, 앞으로 자산운용을 잘 해서 보답하겠다고…… 이렇게 대답하란 말인가?' 당신은 아직 이런 걱정에서 헤어나질 못했을 것이다.

이 질문에서 자유로와져야만 당신의 컨설팅클리닉이 돋보이게 된다. 그리고 이 책이 필요한 이유가, 이 책의 효용이 여기서 나타나게 되는 것이다. 이 부분에 대해서는 뒷장에서 설명할 것이다.

투자수익률을
적립식펀드와 단순비교하지 마라

만약 지금 당신이 고객에게 변액유니버설보험과 적립식펀드와의 투자 수익률을 단순히 비교하면서 설명하고 있다면 이는 나중에 오해의 소지를 불러일으킬 공산이 매우 크다. 변액유니버설보험은 판매한지 20년이 지난 미국에서도 클레임이 많이 발생하고 있는 상품이다. 지난 20년 동안 경제(주식상황) 호황에다, 투자수익률도 해마다 8% 이상을 냈는데도 클레임이 난다는 것은 많은 장점에도 불구하고 변액유니버설보험상품이 얼마나 계약을 유지해나가기 어려운 상품인지 여실히 보여주는 것이다.

변액유니버설보험은 제대로 타이밍을 못 맞추면 한 쪽으로 기울어지는 천칭과 같이 고객을 만족시키지 못하면 바로 불만족 쪽으로 기울어버리는 조심성이 깃든 상품이라고 할 수 있다. 즉, 만족과 불만족의 중간 지대가 없다.

고객이 변액유니버설보험 저축형에 가입하는 이유는 단 하나, 바로 목적자금을 보다 많이 빠른 시일 내에 마련하기 위해서이다. 이런 고객에게 복리로 운용된다는 점을 이용하여 적립식펀드와 비교하면서 재테크 쪽으로만 컨설팅해나가다 보면 많은 불합리한 점을 발견할 수 있다. 바로 보험회사 운영에 필요한 사업비 비중이다. 고객은 사업비를 수수료와 같이 생각한다. 그런 고객에게 변액유니버설보험을 추천하려면 당신 스스로가 왜 변액유니버설보험은 적립식펀드보다 수익률이 떨어지는지, 그럼에도 불구하고 왜 변액유니버설보험을 가입해야 하는지를 설명할 수 있어야 한다.

그럼, 먼저 변액유니버설보험이 왜 적립식펀드보다 수익률이 떨어지는지 알아보기로 하자. 여기서는 앞에서 단순히 설명한 것과는 달리 사업비 규모, 수수료 부분, 위험료 부분까지 총망라하여 좀더 세부적으로 분석할 것이다.

••• 사업비도 적립식펀드의 운용수수료와 같은 맥락

이번에는 40세 남자인 홍길동 씨가 변액유니버설보험에 들었다고 가정하고 사업비 규모를 분석해보겠다. 기본보험료는 50만 원이고, 사업비는 인터넷 또는 신문지상에 나와 고객들이 어린짐작으로 알고 있듯이 1회 보험료의 1,800%라고 하자.

먼저 사업비 부분, 여기서 사업비는 1회 보험료의 1,800%라고 했으므로 '50만 원 × 1,800% = 900만 원'이 된다. 이는 가입자가 불입한 월납 보험료 50만 원의 18개월분이다.

이번에는 수수료 부분, 계산하기 편하게 운용수수료는 월 보험료의 0.6%라고 하자(몇 개의 펀드를 제외하면 상대적으로 이보다는 더 많이 발생한다). 만일 홍길동 씨가 10년간 보험료를 불입했다면 총납입보험료는 50만 원 × 12개월 × 10년 = 6,000만 원이 될 것이다. 그러면 운용수수료는 '총납입보험료 6,000만 원 × 운용수수료율 0.6% = 36만 원'이 될 것이다.

마지막으로 위험보험료 부분, 위험보험료는 나이에 따라 많은 차이가 발생한다. 40세 남자의 경우 매년 위험보험료 규모가 커진다(이 부분은 다음 장에서 설명하기로 한다).

변액유니버설보험의 경우 총납입보험료에서 사업비와 운용수수료, 그리고 위험보험료가 빠진 나머지 부분이 펀드로 투입되는 것이기 때문에 실제로 펀드에 투입되는 돈은 총납입보험료 6,000만 원에서 사업비 900만 원과 운용수수료 36만 원, 위험보험료 x를 뺀 금액이 되어 5,000만 원도 채 안 되게 된다.

위험보험료를 제외하더라도 실제 공제하는 규모가 936만 원이 되는데, 이는 총납입보험료의 약 15.6%를 차지하는 금액이다. 즉, 단순하게 계산해도 수수료율이 자그마치 연간 15.6%나 되는 것이다. 이는 적립식펀드의 수수료 1.5~3.5%를 감안할 때 그 차이가 무려 5배 이상 나는 높은 수치이다.

고객 입장에서 보면 당신이 권유한 변액유니버설보험을 가입했다는 이유 하나만으로 가만히 앉아서 연 투자수익률 약 13%(15.6% - 1.5~3.5%) 정도를 손해보는 셈이 된다.

●●● 20년이 지나도 적립식펀드 수익률을 못 당한다?

이번에는 홍길동 씨가 20년 동안 보험료를 불입한다고 가정하고 적립식펀드와 수익률을 비교해보자. 물론 이 경우에도 적립식펀드와 변액유니버설보험의 투자수익률은 항상 같다는 전제 하에 설명하는 것이다. 그리고 단리와 복리의 개념도 제외하고 단순히 비교해보기로 한다.

변액유니버설보험에서 공제되는 금액을 살펴보면 사업비는 1회 보험료의 1,800%라고 했으므로 10년을 불입한 경우와 동일하게 900만 원이 된다. 위험보험료는 20년 동안 월 50만 원씩 납입한 총납입보험료 1억 2,000만 원 × 운용수수료율 0.6% = 72만 원이 된다. 따라서 공제되는 금액은 위험보험료를 제외하고라도 '사업비 900만 원 + 운용수수료 72만 원 = 972만 원'이 된다. 이는 총납입보험료의 8.1%(972만 원 ÷ 1억 2,000만 원)이 되는 것이다.

이와 같이 계산할 경우,

- 30년간 불입하면 총납입보험료 1억 8,000만 원 대비 사업비율은 5.6%(사업비 900만 원 + 운용수수료108만 원) ÷ 1억 8,000만 원)가 된다.

- 40년간 불입할 경우에는 4.35%(사업비 900만 원 + 운용수수료 144만 원) ÷ 총납입보험료 2억 4,000만 원),

- 50년간 불입할 경우에는 3.6%(사업비 900만 원 + 운용수수료 180만 원) ÷ 총납입보험료 3억 원),

- 60년간 불입할 경우에는 3.1%(사업비 900만 원 + 운용수수료 216만 원) ÷ 총납입보험료 3억 6,000만 원)가 된다.

이렇게 사업비를 수수료로 환산했을 경우 단순히 적립식펀드의 수수료 규모와 비슷해지려면 무려 60년 동안 보험료를 불입해야 한다는 결론이 나오게 된다.

이 계산을 보면 보험유지기간이 길수록 고객에게 되돌아가는 특별계정 부분은 점점 더 많아진다는 것을 알 수 있다. 그러나 변액유니버설보험과 적립식펀드의 투자수익률이 동일할 경우에는 변액유니버설보험이 적립식펀드보다 더 높은 실제수익률을 실현하기는 힘들다는 사실도 알려준다. 물론, 앞에서 미리 전제조건을 제시했듯이 복리부분과 이자소득세의 비과세 혜택은 제외하고 계산한 것이기는 하지만 말이다.

이러한 이유로 1.5~3.5% 정도의 적립식펀드 수수료와 변액유니버설보험의 사업비율은 단순 비교가 되지 않는 것이다. 두 상품의 투자수익률이 같다고 가정하면 아무리 길게 가져가도 변액유니버설보험은 적립식펀드의 투자수익을 쫓아갈 수 없다.

●●● 보험사의 사업비 책정기준

앞에서 우리는 변액유니버설보험의 사업비를 1회 보험료의 1,800%로 가정하고 사업비율을 계산했다. 하지만 이는 그냥 알기 쉽게 설명하기 위해 가정한 것뿐이다. 일반적으로 보험회사는 사업비를 단순히 1,800%로 정해두지 않는다. 사업비 규모는 보험사에 따라 매우 다르지만 일반적으로 가입시부터 7년 동안은 기본보험료의 16~25% 정도를 사용하고, 그 이후에는 5~8% 정도를 사용한다.

그럼, 이번에는 이러한 점을 적용하여 다시 사업비를 산출해보자.

앞의 홍길동 씨의 예에서 위험보험료와 사업비는 모두 포함해서 매월 납입보험료의 20%를 7년 동안 차감하고, 그 이후에는 적게 잡아 5% 정도를 차감한다고 가정하자. 총납입기간은 10년이다.

이럴 경우 홍길동 씨가 보험료를 납입하는 10년 중 7년은 매월 50만 원씩 납입한 보험료 4,200만 원 중 840만 원이 사업비로 사용되고, 그

후 3년 동안은 총납입보험료 1,800만 원 중 90만 원이 사업비로 쓰이게 된다. 따라서 총지출되는 사업비는 '840만 원 + 90만 원 = 930만 원'이 되는데, 이는 홍길동 씨가 10년 동안 불입한 총보험료(6,000만 원) 대비 사업비(930만 원)의 비율이 15.5%가 되는 것이다. 앞에서 사업비를 단순히 1회 보험료의 1,800%라고 가정하고 계산한 15.6%와 거의 비슷한 수치이다.

변액유니버설보험 판매관리사인 당신은 사업비에 관한 이러한 명확한 인식과 문제점을 확실히 알고 난 후 고객과의 컨설팅에 임해야 한다.

이젠 고객들도 자신이 지불한 보험료가 순수하게 모두 펀드에 투자된다고는 생각하지 않는다. 자신이 납입한 보험료에서 보험사의 사업비가 상대적으로 많이 지출된다는 것쯤은 어렴풋이나마 알고 있다. 이런 고객에게 변액유니버설보험을 재테크 수단으로 소개하면서 복리로 계산된다는 이점을 근거로 단순하게 적립식펀드의 수익률과 비교한다면 고객은 당신을 신뢰하지 않을 것이다. 그렇다고 당신이 알고 있는 대로 사업비 책정부분을 자세하게 설명한다면 고객은 사업비(수수료)는 불필요한 비용이라고 생각하고, 적립식펀드를 선택하게 될 것이다.

●●● 왜 컨설팅클리닉이 필요한가?

이러한 이유로 변액유니버설보험을 컨설팅하는 당신은 객관적으로 고객의 이익을 위해 올바로 컨설팅을 해주어야 한다. 즉, 같은 보험료와 같은 투자수익률인데도 당신 회사의 상품이 다른 회사의 상품보다 해약환급률이 낮을 경우 어떻게 화법을 전개하고 테크닉을 발휘할 것인지 연구에 두어야 한다는 얘기다.

'당신의 납입한 보험료는 펀드로 투자되어 운용되며 1%의 투자수익률을 올려도 복리로 운용되기 때문에 장기가 가입하면 큰 수익률을 올릴 수 있습니다' 이런 식으로 변액유니버설보험을 소개해서는 안 된다.

왜냐하면 누누히 강조하지만(이 부분은 매우 중요하므로) 변액유니버설보험을 가입하는 고객은 대부분 변액유니버설보험을 보험상품이라고 생각해서 가입한 게 아니라 투자상품이라 여겨 가입한 것이기 때문이다. 보험혜택은 덤으로 생각하는 경우가 많다. 이런 고객은 다른 회사와 똑같은 펀드수익률을 올리는데도 불구하고 앞에서 예시한 바와 같이 투자수익률이 차이가 날 경우 도저히 수긍하기 힘들어한다. 따라서 만일 사업비에 관한 부분을 대충 넘기고 계약을 체결했다면 나중에 고객이 알았을 경우에는 어떻게 대응할 것인지도 늘 염두에 두어야 한다.

변액유니버설보험과 같은 보험투자상품은 종신보험이나 건강보험, 상해보험과 같은 전통보험상품과는 다르다는 것을 늘 가슴에 새기면서 판매하도록 하자. 변액유니버설보험상품의 판매에 성공하는 비결은 계약을 체결한 이후에도 지속적으로 펀드수익률이 높아지도록 아낌없는 조언을 해주고 관심을 갖는 것이다. 그리고 고객이 보험료를 유예월에 내지 않도록 관리하고, 추가납입과 지속적인 기본보험료 납입을 통해 수익률을 극대화시킬 수 있도록 컨설팅클리닉을 해주는 것이다.

장기간 예치하면
무조건 고수익이 날까?

변액유니버설보험을 판매할 때 가장 강조하는 부분 중 하나는 바로 '복리로 부리된다'는 것일 것이다. 그래서인지 변액유니버설보험을 적립식펀드나 은행적금과 비교할 경우 약방의 감초같이 빼먹지 않고 하는 말이 바로 '복리운용'과 '72 Rule'이다.

장기상품의 경우 단리냐 또는 복리냐에 따라 수익률의 차이가 눈덩이처럼 커진다. 이는 누구나 알고 있는 사실이다. 그래서 많은 변액유니버설보험 판매관리사들이 '변액유니버설보험은 비록 초기사업비가 많이 들어 다른 간접투자상품과 비교할 때 수익률이 떨어지지만 복리로 운용되기 때문에 기간이 경과할수록 수익률이 산술급수적으로 늘어난다'고 입에 침이 마르도록 칭찬을 하면서 컨설팅한다.

그러면 정말 변액유니버설보험을 장기적으로 예치하면 고수익을 올릴 수 있을까?

아마 당신은 'Yes'라고 대답할 것이다.

그러나 필자는 'NO'라고 말하고 싶다.

만일 당신이 이렇게 단순하게 컨설팅을 해주었다가는 나중에 큰

코 다칠 수 있다. 즉, '복리로 운용되기 때문에 기간이 경과하면 할수록 수익률이 계속 늘어나서 나중에 받는 돈이 매우 크다' 라고 단정짓듯이 말하지 말라는 것이다. 나중에 클레임이 걸려 고생할 소지가 다분히 있다. 고객이 이를 녹음이라도 해놓는다면 빠져나갈 방법은 전혀 없게 되니까 말이다.

●●● 복리로 운용되지만 마냥 고수익을 낳지 못한다

변액유니버설보험이 복리로 운용되는 상품임은 틀림없는 사실이지만 여기에는 일정한 전제조건이 뒤따른다. 그것은 투자수익률이 어느 일정한 한도를 반드시 넘어서야만 복리 효과가 지속적으로 발생한다는 점이다. 즉, 투자수익률이 높아야 피보험자의 나이에 상관없이, 그리고 가입한 기간(경과기간)에 상관없이 복리효과가 나타난다는 사실이다.

따라서 변액유니버설보험은 복리로 운용되지만 기간에 상관없이 마냥 고수익을 낳지는 못한다는 사실, 반드시 알아두어야 할 것이다.

하나의 예를 들어 왜 변액유니버설보험이 복리로 운용되는데 고수익을 올리지 못하는지 설명해보겠다.

만 47세인 신중한 씨(남자)는 월 보험료 100만 원, 주계약가입금액 1억 원, 전기납인 변액유니버설보험상품(저축형)에 가입해서 10년 동안 불입한 후 계속 예치하고 있다(여기서 보험료 100만 원은 특약보험료를 제외한 주계약보험료이다. 특약은 펀드투자가 되지 않으므로 생략한다. 필자가 제시하는 변액유니버설보험의 모든 투자수익률은 특약을 제외한 순수한 주계약보험료에 대해서만 발생하는 것임을 밝혀둔다).

투자수익률은 연 4.25%가 지속적으로 발생하고 있고, 40년이 경과된 시점에서 모두 찾는다고 가정하자. 이럴 때 신중한 씨는 얼마나 투자수익을 얻을 수 있을지 계산해보자.

　10년 동안 매월 100만 원씩 불입한 총납입보험료는 1억 2,000만 원이 된다. 투자수익률은 연 4.25%가 지속적으로 발생한다고 하였으므로 40년이 경과되는 시점의 만기수익률(해약환급금 예시표상의 환급률)을 적용하면 약 150% 정도 되어 약 1억 8,000만 원 정도를 찾을 수 있게 된다.

　필자가 이러한 예를 제시한 것은 신중한 씨가 얼마의 수익을 얻을 수 있는지 계산해보기 위함이 아니다. 이 예에서 필자가 말하고 싶은 것은 40년이 경과한 뒤 찾는 적립금액 1억 8,000만 원이 신중한 씨가 받을 수 있는 가장 큰 금액이라는 사실이다. 물론 각 보험회사 상품마다 약간씩의 편차는 있을 것이다. 주계약보험료에서 차지하는 위험보험료와 사업비 규모가 많으면 많을수록 편차는 심할 수 있다(필자가 이 책에서 제시하는 적립금액이나 또는 투자수익률은 예정사업비 규모가 상대적으로 작은 몇몇 보험사 상품을 토대로 제시한 것이다. 따라서 이 예에서 제시한 적립금액은 당신이 취급하는 상품보다 클 수도 있고, 작을 수도 있다. 그러나 변액유니버설보험의 기본 골격은 어느 회사 상품이나 비슷하기 때문에 큰 테두리 안에서 보면 이해하는데 별 무리가 없으리라 생각한다).

　신중한 씨의 예에서 필자가 투자수익률을 연 4.25%로 잡은 것은 지금 보험회사에서 판매하고 있는 변액유니버설보험상품 군(群)을 전체적으로 살펴봤을 때 연 환산수익률이 이 정도를 내고 있으므로 그 평균치를 예시로 든 것이다. 투자수익률이 4.25%일 경우 연 환산수익률을 보면 가입한지 41~45년째 되는 해부터는 계속 적립금액이 떨어지게 된다. 회사마다 다르지만 매년 1~2%가 떨어져 46~55년째 되는 해부터는 적립금액이 매우 적거나 거의 없어진다. 즉, 투자수익률이 연 4.25%를 지속적으로 발생해도 적립금액은 오히려 점점 낮아지는 모순점이 발생되는 것이다.

●●● 사망보험금 최저보증지급은 언제나 보장해준다?

이런 모순은 연 투자수익률이 계속하여 0% 이하로 나타날 때는 그 정도가 더욱 심각하게 나타난다. 심할 경우 고객이 낸 원금(총납입보험료) 자체가 모두 소멸되어 해약을 했을 때 땡전 한 푼도 받지 못하게 될 수도 있다. 단지 사망시 지급해주는 사망보험금만 받을 수 있을 뿐이다.

그러나 또 한 가지 알아두어야 할 사실이 있다. 바로 연 투자수익률이 0% 이하가 될 경우 일정기간이 지나면 해약환급금이 서서히 없어지면서 자동적으로 사망보험금도 없어진다는 사실이다. 즉, 연 투자수익률이 계속해서 마이너스가 되면 어느 일정 시점에서는 사망보험금 최저보증지급도 기대할 수 없게 되는 것이다.

사망보험금 최저보증지급 제도는 특별계정의 운용실적과 관계없이 사망시점에 이미 납입한 주계약보험료 총액을 최저로 보증하여 지급해주는 제도이다. 그러므로 대부분의 고객들은 수익은 못 올려도 최소한 사망보험금은 받을 수 있을 것으로 생각하는 경우가 많다. 그런데 사망보험금조차 나오지 않는다고 하면 고객은 당연히 반론을 제기하여 클레임을 걸 것이다.

이는 고객이 최소한 해약환급금이 존재해야 사망보험금이 보장된다는 사실을 모르고 있기 때문이다. 따라서 변액유니버설보험을 판매하는 당신은 사망보험금 최저보증지급 또한 100% 확실한 것이 아니므로 이에 대한 대응도 염두에 두어야 할 것이다.

　'사망보험금 최저보증지급 제도는 특별계정의 운용실적과 관계없이 사망시점에 이미 납입한 주계약보험료 총액을 최저 보증하여 지급해주는 제도이다. 단, 일정시점에서부터 최소한 해약환급금이 존재할 경우에 한해서……'

●●● 복리는커녕 오히려 원금을 까먹네?

　'복리로 운용된다고 하더니 어느 일정 시점이 지나고 나면 오히려 수익률이 떨어진다구? 세상에 우째 이런 일이? 이자가 붙어도 시원찮은 마당에 이게 무슨 황당한 일이야.'

　변액유니버설보험에 가입한 이후에 이런 사실을 알았다면 고객은 얼마나 속은 느낌이 들겠는가? 고객 입장에서는 이 얼마나 억울한 일이겠는가? 더구나 이러한 사실을 판매관리사인 당신이 아무런 얘기를 해주지 않아서 일어난 일이라면 더더욱 그럴 것이다.

　손해 보기 전에 알기라도 하면 다행이다. 만일 이런 사실을 몰라 손해를 보게 되면 그 때는 어떻게 뒷감당할 것인가?

　이 경우 보험회사는 가입설계서에 명시해놓았으므로 아무런 책임이 없다고 할 것이다. 또한 해당보험약관상 당연히 책임이 없다. 그러나 상품을 판매한 당신은 아무리 완전판매를 했다고 할지라도 도의적인 책임에서 자유로울 수는 없다. 고객과의 인연 때문에 심적으로 매우 괴로운 나날을 보내게 될 지도 모르는 일이다.

뒤늦게 이런 사실을 알게 되면 고객은 딜레마에 빠지게 된다.

'이를 해약하나, 아니면 계속 예치를 해야 하나? 언제 찾아야 수익을 많이 낼 수 있다는 거야?'

고객은 해약을 하자니 보험가입금액이 아까워 선뜻 결정을 내리지 못한다. 즉, 해약을 하게 되면 사망시 지급받게 되는 보험가입금액과 적립금액을 모두 포기해야 하는데 그게 아까운 것이다. 이 경우 당신은 어떻게 컨설팅을 해주겠는가? 이런 문제로 고민을 하지 않도록 당신은 컨설팅클리닉을 잘 해야 한다. 그것이 변액보험 판매관리사인 당신의 기본 직무인 것이다.

물론 이러한 최악의 변수가 아예 발생하지 않도록 하는 최선의 방법은 보험회사에서 투자수익률을 최대한 많이 올리는 것이다. 그러면 이러한 복잡한 문제에 직면할 필요도 없다. 모든 일이 당신이 의도한대로 술술 풀려나갈 수 있을 것이다. 그러나 투자수익률을 당신이 100% 보증할 수는 없다. 때로는 만족할만한 투자수익률이 나오지 않을 경우도 있을 수 있다. 그러므로 언제나 최악의 경우를 항상 염두에 두고 고객과의 컨설팅에 임해야 할 것이다.

변액유니버설보험은
만기가 없는 상품일까?

●●● **변액유니버설보험은 백 년 넘게도 운용할 수 있다?**

일부이겠지만 변액보험상품을 대물림을 해주는 상품이라면서 피보험
자를 자녀로 하면 최소한 2대까지는 유지가 가능하다고 말하는 보험
설계사들이 있다. 피보험자를 어린 자녀로 할 경우 100년이 넘어서까
지도 계속 유지할 수 있고, 그 100년 동안 복리로 운용되면서 비과세
혜택까지 받을 수 있으니 얼마나 좋으냐고 고객을 유혹하는 경우도 있
을 것이다.

이 부분에 대해서는 너무 먼 앞날의 일이라서 그런지 보험회사들
도 별다른 대책을 세워놓고 있지 않는 것 같다.

그러면 이렇게 말하는 보험설계사들의 말을 믿어도 될까? 정말 변
액유니버설보험은 100년 이상 운용해도 되는 완벽한 상품인가? 정답
은 '아니다' 이다.

이런 방법으로 변액유니버설보험을 판매하는 사람 중의 하나가 당
신이라면 정말 곤란하다. 아니 곤란한 정도가 아니라 큰일이다. 나중
에 찾아올 고객의 항의가 들리지 않는가!

다음 이야기는 필자가 가상으로 만들어낸 얘기이지만 터무니없는 얘기는 아니다. 다음 이야기를 통해 다 같이 변액유니버설보험의 불완전판매가 어떤 결과를 가져올지 생각해보도록 하자.

A라는 남자고객이 있다. 그 고객 집안은 가족 모두 무병장수하기로 유명하다. 그래서 모두 평균수명 이상으로 장수하고 있다. A의 지금 나이는 45세이다. 현재 A는 자신의 명의로 매월 50만 원짜리 변액유니버설보험 저축형을 가입할까 고민 중이다.

이 때 A에게 변액유니버설보험을 권한 설계사가 "이 변액유니버설보험은 복리로 운용되는 투자상품이라서 기간이 경과할수록 수익률이 점점 눈덩이처럼 불어난답니다. 외국에서도 부의 대물림차원에서 많이들 가입하고 있어요"라는 멘트를 날린다. 평소 담당설계사를 철석같이 신뢰하는 A는 자식들에게 담당설계사의 말을 액면 그대로 전하면서 "내가 이 보험 가입하여 한 20년 동안 불입해 놓았다가 그냥 묶어 놓을 테니 너희들은 나중에 나 죽거들랑 사이좋게 나누어 가져라"라며 농담반 진담반으로 말하기도 하였다.

5년이 지난 후 A는 통장명의만 자식명의로 돌려놨다. 증여에 대한 부분을 커버하기 위해서다. 피보험자는 본인명의 그대로 두었다. 사망보험금을 자식에게 물려주고자 하는 마음 때문이었다.

이렇게 A는 20년 동안 꼬박꼬박 보험료를 불입한 다음 적립금액을 찾지 않고 자신이 사망할 때까지 묶어 놓았다. 가입 후부터 주가가 지속적으로 오르긴 올랐으나 기복이 심해 연평균 펀드 투자수익률은 연 4% 정도에 머물렀다.

A는 100세를 채우고도 9년을 더 살아 109세에 사망했다. 나노기술과 황우석 교수의 배아줄기세포 실용화 덕분에 무병장수의 길이 열렸기 때문이다. 자식들은 부모님이 무병장수를 하시다가 돌아가셔서 호상이라고 좋아했다. 주변 사람들도 모두 부러워들 했다. 장례절차를 모두 마무리 지은 다음 자식들은

모여서 A의 상속문제를 토론하다가 보험가입 부분을 먼저 정리하기로 하고 보험회사를 찾았다. A가 가입한 변액유니버설보험의 사망보험금을 타기 위해서이다. 45세부터 20년 동안 불입하고 난 다음 109세로 돌아가실 때까지 한 푼도 안 찾고 자식들에게 물려줬으니 얼마나 많은 액수일지 기대가 컸다. 그러나 수납창구에서 사망보험금 지급명세서를 받는 순간 그만 그 자리에서 쓰러질 뻔 했다. '왜 그러느냐?' 며 형제자매들이 우르르 달려왔다. 사망보험금 지급명세서를 살펴보던 자식들 모두 너무 놀랐다. 그리고 한 동안 입을 다물지 못했다. 사망보험금에 찍혀 있는 금액이 '0' 이었기 때문이다. 처음에는 컴퓨터가 전산착오를 일으켜 잘못 계산된 줄 알고 수납창구 아가씨에게 몇 번이고 다시 한 번 살펴보라고 다그쳤다. 그러나 아무리 다시 정산하고 또 해봐도 사망보험금은 "빵 원"이 나오는 것이었다.

'아니 세상에, 우리 아버님이 20년 동안 불입한 보험료 원금만 해도 자그마치 1억 2,000만 원이나 들어갔는데 어떻게 한 푼도 안 나올 수 있단 말인가! 연투자수익률이 4% 정도가 되었다는데 왜 이런 황당한 결과가 발생한거지? 복리로 운용된다고 믿었는데, 담당설계사도 그때 분명히 그렇게 말하면서 기간이 경과할수록 수익률이 더 높아진다고 하지 않았는가! 대물림용으로 안성맞춤이라고 입에 침이 마르도록 설명을 해서 한 푼도 중도인출을 안 하시고 불입했다고 아버님께서 그러시지 않았던! 세상에 어째 이런 날벼락 같은 경우가 다 있을까?' 이런 생각에 '보험회사 모두 도둑놈들……' 이라고 고래고래 소리를 쳐대지만 보험회사 직원 그 누구도 그에 대한 시원한 답변을 해주지 못하였다. 아니 설득력 있게 설명하려고 애를 썼지만 도무지 이해를 시킬 수가 없었다. 이들 상식에는 아무리 합리적으로 설명을 해주어도 도저히 이해가 안 되기 때문이다. 이들은 특히 사망보험금 최저보증금이 5,000만 원이라고 하지 않았느냐, 그 돈이라도 주어야 하는 것 아니냐면서 따졌다. 그리고 곧바로 해당회사와 금융감독원에 민원을 제기하였다.

왜 나이를 많이 먹을수록
수익률이 떨어질까?

'복리로 운용되는 상품인데 왜 나이를 먹을수록 수익률이 저하되지?'

아마 당신은 앞장의 사례를 보고 자못 궁금할 것이다. 아이러니컬하게도 변액유니버설보험은 가입한 후 어느 일정한 기간이 경과하게 되면 매년 지속적으로 고수익을 올리지 못하는 한 나이를 먹을수록 수익률이 떨어진다. 만일 이러한 사실을 고객이 미처 알지 못하고 통장을 자식에게 대물림했다면, 그리고 자식 또한 나중에 찾으면 더 많은 수익을 올릴 줄 알고 계속 보험을 유지하다가 부모님이 사망한 후 찾아 쓰려고 했다면, 이 때 보험사에서 나오는 사망보험금 총액을 보고 기가 막혀 말이 안 나올 것이다.

지금은 날이 갈수록 평균수명이 길어져 앞으로 30년 후에는 갑자기 변고를 당하지 않는 한 대부분의 사람들이 최소한 90세 이상(여성은 97세 이상)은 살아갈 것이라고 한다. 실제로 통계청이 지난 40년간 경제

협력개발기구(OECD) 회원 30개국의 평균수명 증가율을 분석한 결과 한국 남성과 여성 모두 평균수명이 가장 큰 폭으로 증가한 것으로 나타났다(2005. 8. 8). 2020년이 되면 한국의 평균수명은 81세로 일본(84.7세)에 이어 세계에서 두 번째로 오래 사는 최고 수준의 장수국가가 될 것이라고 한다. 지난 1960년 52.4세였던 것에 비하면 77.9세(여자 81.5세, 남자 74.8세)인 평균수명은 45년 사이에 무려 25.5세나 증가한 것이다. 자그마치 매년 0.56세씩 평균수명이 늘어난 것인데 이는 세계 역사상 유래를 찾을 수 없을 정도의 놀랄 만한 신장속도라고 한다. 따라서 앞에서 A씨가 109세까지 살았다는 것은 의학기술의 발달에 따라 얼마든지 가능한 개연성 있는 이야기인 것이다. 외국의 어느 전문의학연구기관에서는 지금과 같은 추세로 의학이 발달한다면 앞으로 30년 후에는 인간의 평균수명이 120세 이상도 가능할 것이라고 한다. 참고로 우리나라 사람들의 평균수명을 살펴보면 다음과 같다.

우리나라 평균수명 추이 전망　　　　　　　　　　　자료 : UN

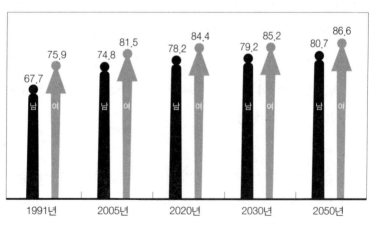

●●● 자연보험료방식으로 위험보험료를 산출

그럼 다시 원위치로 돌아가서 A가 사망을 한 후 왜 자식들은 한 푼의 사망보험금도 못 찾게 되는지 알아보도록 하자. 이런 말도 안되는 상황이 생기는 이유는 바로 변액유니버설보험의 위험보험료 산출방식 때문이다.

변액유니버설보험은 피보험자 연령이 제각각이기 때문에 일괄적으로 위험보험료 요율을 산정할 수 없다. 그래서 평균보험료(Average Premium, 평준보험료라고도 함)가 아닌 자연보험료(Nature Premium)를 토대로 위험보험료를 산출한다(자연보험료와 평균보험료의 차이는 판매관리사라면 기본적으로 알고 있을 것이므로 자세한 설명은 생략하겠다). 이러한 점은 변액유니버설보험을 가입한 초기에는 가입자들에게 보다 많은 투자수익을 안겨주는 기능을 한다.

그러나 사망보험금은 확정적인 해약환급률이 정해져야 그 규모가 나오며 보장 규모는 나이에 따라 다르게 산출되게 된다. 보험상품에서 말하는 일반사망보험금은 대부분 특정나이 즉 남자 104세, 여자 109세의 해약환급금을 말한다. 따라서 앞에서 예시한 남자 A는 109세에 사망을 했기 때문에 사망보험금 자체가 발생하지 않는 것이다. A의 경우는 필자가 독자들이 알기 쉽도록 예시한 것이고, 자칫 투자수익률이 연 3~4% 이하로 계속 머물게 되면 피보험자의 나이가 90세가 안되어도 적립금액이 줄어드는 경우가 발생할 수도 있다는 사실 또한 알아두어야 할 것이다.

●●● 위험보험료 규모는 얼마나 될까?

예를 들어 보험가입금액이 1억 원이라고 가정할 때 20세 남성의 경우에는 사망할 확률이 매우 낮기 때문에 매월 약 8,800원 정도만 내면 된다. 그러나 100세 남성의 경우에는 같은 1억 원의 금액을 가입하고자 하더라도 현재 시점의 나이가 평균수명보다 훨씬 오래 산 나이이므로 사망할 확률 자체가 극히 높아 매월 약 550만 원 정도를 내야 한다. 연간 납입하는 위험보험료 금액만 자그마치 6,600만 원이나 되는 것이다(보험사 상품마다 경험생명표상 산정방식이 다르므로 위의 위험보험료 금액은 차이가 발생할 수 있다).

결국 100세일 때는 20세일 경우보다 매월 625배의 보험료를 더 내야만 위험보험료 부분이 커버되는 셈이다. 참고로 변액유니버설보험상품 개발시 적용하는 제4회 무배당경험생명표를 보면 20세에 사망할 확률은 남자는 0.106%이고, 여자는 0.039%이다. 100세에 사망할 확률은 남자는 66.196%이고, 여자는 41.674%이다.

경험생명표상 나이를 먹을수록 사망률이 매우 높아지기 때문에 보험회사는 선의의 다수가입자를 위해 리스크를 염두에 두고 상품을 개발(위험보험료 조정)할 수밖에 없다.

이제 변액유니버설보험의 경우 어느 일정시점이 되면 왜 적립금액이 줄어들 수도 있는지 알 수 있을 것이다. 바로 나이에 따른 위험보험료의 규모 때문이다. 나이가 들면 위험보험료가 커지는데 위험보험료가 투자수익률로 얻는 수익보다 크게 되면 기존에 적립된 금액에서 충당하게 된다. 그렇게 되면 투자수익률이 발생해도 적립된 금액이 늘어나기는커녕 위험보험료를 충당하는데 쓰인만큼 적립금액이 줄어드는 것이다.

현재 보험상품개발시 위험보험료를 계산할 때 적용되고 있는 제4회 경험생명표는 1996~2000년 사이에 보험을 가입한 피보험자를 일정기간 동안 관찰하여 작성된 사망률 기록표로 2002년 12월부터 적용하고 있다. 제4회 경험생명표에서는 남자는 103세, 여자는 109세까지만 적용된다. 즉, 이 나이가 되면 평균여명 자체가 0.5세밖에 안 되어 생존할 확률은 0%, 사망할 확률은 100%가 되도록 계산된다. 이러한 점은 현재 변액유니버설보험을 가입한 사람들의 경우 불리하게 작용되게 된다. 왜냐하면 현재 변액유니버설보험에 가입한 사람들에게 적용되고 있는 경험생명표는 그들이 나이가 드는 20년 후에도 그대로 적용되게 되는데, 평균수명뿐만 아니라 평균여명도 증가하는 장수시대인 미래상황을 감안해보면 모순점이 생기기 때문이다. 즉, 지금의 보험가입자는 1996~2000년 사이에 가입한 피보험자를 대상으로 작성된 제4차 경험생명표로 적용되어 있는데, 과연 이들이 나이가 든 20년 후에도 제4회 경험생명표상의 평균여명의 적용이 적당한가에 의문이 제기된다. 만약 그들이 제4차 경험생명표보다 오래 살게 되면 그만큼 불이익이 따르게 된다.

지금까지 변액유니버설보험의 단점에 대해 속속들이 해부를 하듯이 살펴보았다. 앞에서 말했듯이 이젠 변액유니버설보험의 장점을 모르는 보험컨설턴트는 없을 것이다. 문제는 어떻게 단점을 커버하면서 장점을 승화시켜 나가느냐이다. 단지 자신에게 떨어질 수당만 생각하면서 변액상품들을 판매했다가는 변액보험을 판매한 이래 약 20년이 경과한 지금까지도 애물단지로 전락하고 만 일본의 경우처럼 영원히 고객에게 신뢰를 잃게 될 것이라는 사실을 명심하기 바란다.

제4장

변액유니버설보험
컨설팅 고수 되기

고객의 인생재테크를 책임지는 변액유니버설보험의 진정한 연금술사가 되라.
그러나 TOP이 되는 길은 쉽지 않다. 무작정 노력한다고 빨리 되는 것도 아니다.
컨설팅 키포인트를 바로 알아야 성공확률이 더 높아지고, TOP을 향해 가는 길에
걸림돌이 발생하지 않는다.

어떻게 해야 컨설팅 고수가 될까?

보험의 진정한 가치에 대해 객관적으로, 즉 보험세일즈맨의 입장이 아니라 고객의 입장에서 냉정히 생각해보자. 보험은 사고를 전제조건으로 하는 상품으로 사고 발생 가능성이 없다면 가입할 필요 자체가 없다. 변액유니버설보험 또한 보험의 일종이므로 보험 본래의 목적을 완전히 벗어나 순수한 저축 및 투자기능만을 행사할 수는 없다. 따라서 단순히 저축 및 투자기능만을 설명하여 계약을 체결하는 일부 보험설계사들은 절대로 해서는 안 되는 우를 범하고 있는 것이다.

변액유니버설보험은 순수한 재테크 상품이 아니라 인생재테크 상품이다. 그러므로 당신은 반드시 순수재테크 상품과 인생재테크 상품의 차이점을 깊이 새겨 두고 이를 고객에게 꼭 주지시켜야 한다.

여기서 하나의 화두를 던져보겠다.

'만일 내가 보험에 대한 문외한이고, 보험을 그리 달가워하지 않는 사람이라면 나에게 보험은 어떠한 의미로 다가올까? 나에게 어떤 만족감을 안겨줄 수 있을까?'

이런 역지사지에 입각한 화두를 시작으로 진지하게 고객의 입장에 서서 보험상품에 대한 허와 실을 짚어보아야 할 것이다. 냉철하게 고객 입장에서 생각해보면 보험에 대해 다음과 같은 생각을 품게 될지도 모른다.

- 대부분의 보험은 불행한 일이 일어났을 경우에만 가입효과가 나타나는 정말 특이한 상품이다.
- 다른 상품과는 달리 잘 가입했다는 즐거움이나 사용해본 후 좋다라는 만족감이 상대적으로 적다.
- 매달 꼬박꼬박 지불해야 하는 보험료에 대한 중압감에 시달리기도 하고, 때로는 지금까지 지불한 보험료가 아까워 어쩔 수 없이 보험을 유지하는 경우도 있다.
- 가입을 안 하자니 혹여라도 장래에 발생할지 모를 사고에 너무 무신경한 것 같고, 막상 가입을 하자니 실질적으로 당장 도움도 안 되는데 괜히 생돈 날리는 기분이 든다.
- 신문지상에 오르는 보험설계사들의 연봉을 보면 어마어마하던데 이 돈이 결국은 내가 낸 보험료가 아닌가! 결국 보험이란 것은 보험회사와 보험설계사들 배만 불려주는 것은 아닌지 모르겠다.

이렇게 고객의 입장에 서서 보험 전반에 관한 문제를 냉정히 짚어봐야 고객과 컨설팅시 발생할 수 있는 문제에 대해 차근차근 풀어나갈 수 있을 것이다. 우선 고객과의 컨설팅에 관련해서 두 가지 사례를 살펴보자.

사례 1

한 지역에서 A라는 치과 병원과 B라는 치과 병원이 있다. 같은 재질로 임플란트(Implant) 수술을 하는데 A치과에서는 한 개에 250만 원을 받고, B치과에서는 300만 원을 받는다. 똑같은 임플란트 재질을 사용하는데도 A치과가 B치과보다 50만 원이 싼 셈이다. 치아 세 개만 임플란트로 끼운다 해도 150만 원이나 차이가 나게 된다. 그런데 이상하게 A치과보다는 B치과가 손님들이 더 많다.

사례 2

A성형외과는 쌍꺼풀 수술시 눈 한쪽에 60만 원씩 받는다. B성형외과에서는 100만 원을 받는다. 또 C성형외과에서는 130만 원을 받는다. 양쪽 눈을 모두 쌍꺼풀 수술한다면 A성형외과에서는 120만 원, B성형외과에서는 200만 원, C성형외과에서는 260만 원이 드는 셈이다. 이럴 경우 A성형외과는 C성형외과보다 무려 140만 원이나 저렴하다. 50% 이상이나 저렴한 것이다. 그런데 이상하게도 A성형외과보다는 B성형외과가, B성형외과보다는 C성형외과에 손님들이 더 많다. 가격이 더 비싼데도 불구하고 손님들이 끊이질 않는다.

이 두 가지 사례를 보고 당신은 어떤 생각이 드는가?

'고객은 원래 비싼 걸 좋아한다고, 허영심에 들뜬 사람들이 많다고, 돈이 많으면 자랑하고 싶어하는 사람들이 꼭 있다고' 이렇게 생각하는 것은 아닌지 모르겠다.

만약 이렇게 생각했다면 천만에 말씀이다. 필자가 하고 싶은 말은 부유한 사람들이 돈 자랑하는 베블렌 효과(Veblen Effect)를 노리라는 것이 절대 아니다(베블렌 효과에 대해서는 5장에서 자세히 설명할 것이다). 바로 비싼 병원은 비싼 만큼의 값어치를 하기 때문에 사람들이 몰리는 것이라는 것을 말하고 싶은 것이다. 좀 비싼 병원에 가서 치료를 받으면 기분이 좋아진다. 후유증도 거의 없다. 고객 입장에서는 일단 안심하고 맡길 수 있는 것이다. 여기서 변액유니버설보험의 컨설팅 키포인트를 찾을 수 있다. 바로 '고객을 안심시키는 것' 이다. 즉, 고객을 안심시키는 것은 그 무엇과도 바꿀 수 없는 소중한 세일즈 인프라인 것이다.

실제로 필자는 B치과 의사가 고객과 대화하는 말을 직접 들었는데 이 대화에서 변액유니버설보험의 컨설팅 키포인트를 발견할 수 있었다. 내용인 즉 이렇다.

어느 한 중년부인이 치아를 치료하러 왔다. 양쪽 어금니 두 개가 완전히 망가져서 임플란트를 해야 할 상황이었다.
중년부인 왈, "요 옆에 있는 치과에서는 한 개에 200만 원까지 해준다고 하는데 좀 깎아주면 안 되나요?"라고 물었다.

치과의사가 대답하길, "손님(의사들은 환자님이라고 호칭함)! 상품재료비는 어느 치과를 가나 비슷비슷합니다. 그런데도 가격에 차이가 나는 것은 기술력과 서비스 때문입니다. 저의 병원의 기술과 서비스는 그만한 가치가 있습니다. 만약 싸게 하길 원하신다면 그 치과로 가셔도 됩니다. 굳이 가시는 분을 붙잡지는 않겠습니다. 그러나 손님께서 여기서 치료를 하신다면 가격에 맞는 치료와 서비스는 해드릴 수 있습니다. 저희는 어떤 손님은 싸게, 어떤 손님은 비싸게 받지는 않습니다. 동일한 가격과 서비스로 손님들을 모시고 치아클리닉을 해드립니다. 의사가 환자를 봐가면서 차별하면 안 되지 않습니까? 그렇죠?"
의사의 말을 들은 중년의 여인은 잠시 생각하더니 이렇게 대답했는데 그 대답이 필자에게는 걸작으로 다가왔다.

"예, 알았습니다. 그럼 제가 원장님의 가치를 사도록 하죠. 반드시 그 가치에 걸맞게 임플란트 수술한 후에는 죽는 날까지 다른 사람들에게 자랑할 만한 상태가 되도록 부탁드립니다. 그렇게는 해주실 수 있죠?"
그 말을 들은 의사는 조용히 미소를 지으면서 이렇게 대답을 했다.

"네! ○○님(이 때는 좀 더 친근감이 있게 보이기 위해 이름을 불러 주었다). 치아를 클리닉해드리는(치료하는) 동안은 ○○님께서 제 가치를 모두 사신 것입니다. 저는 그 순간만큼은 ○○님을 위해서 최선을 다할 것이니까요."

이 얼마나 전문가답게 멋있고 당당한가? 필자는 이 의사의 말을 쭉 듣고는 갑자기 망치로 머리를 맞은 것 같았다. 클리닉 전문가로서 진정한 프로의 정신과 그 길에 대해서 많은 것을 느끼고 깨달았기 때문이다.

이것이 바로 컨설팅클리닉인 것이다. 그리고 이런 컨설팅클리닉을 할 수 있어야 전문직업인으로서 진정한 컨설팅클리닉의 고수가 될 수 있는 것이다(이 책에서 컨설팅클리닉 고수는 판매(업적) 고수, 컨설팅 고수, 유지관리 고수, 고객창출 고수, 수익창출 고수, 소개확보 고수로 모든 분야에서 최고가 됨을 의미한다).

보험컨설팅클리닉 고수가 되기 위한 15가지 실천자세

1. 당당하게 컨설팅하라.
2. 떳떳하게 컨설팅하라.
3. 즐겁게 컨설팅하라.
4. 평생직업의식을 갖고 컨설팅하라.
5. 고객을 위해서 컨설팅을 하라.
6. 내 돈이라 생각하고 컨설팅하라.
7. 고객의 종합적인 인생재테크 설계를 해주어라.
8. 언제나 친밀감을 갖고 신뢰를 구축하라.
9. 반드시 장기 목적으로만 설계하라.
10. 늘 관심을 가지고 최대한 만족하도록 관리하라.
11. 자신의 가치가 발휘되도록 가치창출에 진력해나가라.
12. 진정한 프로로서의 참된 모습을 보여줄 수 있도록 자기계발을 하라.
13. 컨설팅을 하는 순간에는 고객의 분신이라 생각하면서 임하라.
14. 한 번 맺은 인연은 반드시 필연이 되게 CRM을 해나가라.
15. 자기 스스로도 인생재테크 컨설팅클리닉을 하라.

이 15가지의 자세를 갖고 컨설팅에 임해야만 변액유니버설보험 컨설팅클리닉이 제대로 실현될 수 있는 것이다.

고객의 인생재테크를 설계하라

●●● 보험 컨설팅클리닉의 척도는 사후관리

보험상품의 컨설팅클리닉 또한 앞에서 예로 든 치과의사처럼 그렇게 해야 한다. 보험료에서 사업비가 많이 들어가는 원인과 보험설계사들의 급여가 다른 세일즈 업종에 근무하는 사람들보다 상대적으로 높은 이유에 대해 당당하고 떳떳하게 말해야 하는 것이다. 그러나 그 당당함은 자타가 인정하는 공인된 가치여야 한다. 당신 자신의 가치를 십분 발휘한 후 이루어지는 자연적인 능력의 표출이 당당함으로 보여야 하는 것이다.

이것은 익으면 익을수록 고개를 숙이는 벼처럼 진정한 지식과 프로십으로 속이 꽉 찬 클리닉전문가가 되었을 때에만 가능하다. 보험상품을 판매할 때까지의 컨설팅클리닉만으로도 안 된다. 사후관리 또한 그 무엇보다 중요하게 여겨야 한다. 특히 변액유니버설보험의 경우는 더더욱 사후관리가 생명이다.

앞에서 예로 든 B치과의 경우를 보자. 이 병원은 병원을 방문한 모든 고객(환자)의 신상명세를 세밀히 파악한 후 치아의 사후관리는 물론 정기적으로 치아 건강관리와 관련된 각종 정보를 제공하고 있다. 뿐만 아니라 고객의 경조사까지 찾아 챙기는 등 끈끈한 유대관계를 이어가기 위한 노력을 지속적으로 하고 있다. 그래서인지 이 병원에서 치아를 치료받은 사람들은 확실한 단골손님이 되어 버리고, 믿을 만한 치과를 찾는 주위 사람들에게 소개시켜 주는 역할까지도 한다. 이제 B병원은 손님이 몰려 최소한 한 달 전에는 예약을 해야 할 정도가 되었다. 이 정도가 되면 뻐길 만도 한데 손님을 등한시하는 일은 절대로 없다. 언제나 한결같은 서비스로 고객(환자)을 모시기 위해 정성을 다한다. 만일 간호사가 바쁘다는 이유로 고객에게 소홀하기라도 하면 의사에게 호된 질책을 당한다. 그리고 엄한 교육을 다시 받는다고 한다. 이는 필자가 그 곳에서 근무하는 수석간호사에게 들은 얘기다.

●●● 고객의 인생재테크를 책임지는 컨설팅

일반적으로 정신노동을 하는 직업이 육체노동을 하는 직업보다 상대적으로 소득이 높다. 더구나 보험컨설턴트는 상품만을 파는 것이 아니라 자신의 가치도 팔아 고객의 행복을 지켜주고, 인생카운슬러 역할도 수행해나가야 하는 직업이다. 그야말로 팔방미인이요, 만능 엔터테이너가 되어야 하는 직업이 바로 이 직업인 것이다.

따라서 보험설계사를 단순히 보험설계만 하는 직업으로 봐서는 안된다. 보험컨설팅만 하는 직업도 아니다. 보험세일즈만 하는 직업은 더더욱 아니다. 보험에 대한 컨설팅클리닉을 담당하고 있는 이 시대 최고의 전문직업이다. 특히 변액유니버설보험 판매관리사는 더 그러하다.

의사가 문진과 약진, 검진 등을 거쳐 환자의 건강상태를 분석해내듯 변액유니버설보험 컨설팅클리닉 또한 고객 개인이나 가정에 맞춰 사전에 철저히 재무분석을 한 후 올바른 인생재테크 플랜이 설계되도록 해야 한다. 그래야 다른 회사의 보험컨설턴트로부터 당신의 고객을 지킬 수 있다. 당신이 고객에게 최선을 다하는 모습은 주위 사람들의 어떤 시샘이나 권유, 유혹에도 당신을 끝까지 신뢰하게 만드는 비법인 셈이다.

변액유니버설보험에서 컨설팅클리닉은 고객의 인생이 풍요로와지도록 인생재테크 설계를 하는 고품격의 재무플랜작업기술이다. 따라서 보험을 가입한 이후에도 지속적으로 고객이 선택한 펀드를 관리해주면서 어느 시점에서 다른 펀드로 갈아타야 하는지, 어느 시점에서 고객이 적립금액을 찾아야만 가장 큰 이익을 볼 수 있는지를 지속적으로 조언해주고 관리해주어야 한다. 즉, 변액유니버설보험에서의 컨설팅클리닉은 고객이 '보장'이라는 도화지에 '재테크'라는 물감으로 인생을 행복하게 만들어갈 수 있도록 도와주는 인생재테크 작업기술인 것이다. 행복한 인생을 직접 그려줄 수는 없지만 고객이 잘 그려나갈 수 있도록 도와주는 것이 당신의 임무이다.

따라서 보험계약 체결시와 같은 마음으로 목적자금 인출 또는 보험계약 소멸시까지 늘 한결같은 마음으로 고객을 대하고 관리해주어야 할 것이다.

●●● 투자를 빌린 변형된 종신보험

1984년, 미국에서 변액유니버설보험이 개발된 실질적인 이유는 세 가지이다.

첫 번째 이유는 보험소비자들이 장기간 보험료를 불입하는 데 따른 저항감을 해소하기 위해서이다. 아무리 생활상의 리스크를 보장받는다고는 하지만 몇 십 년 동안 보험료를 불입해야 한다는 사실은 고객으로 하여금 늘 부담감을 느끼게 하고, 이는 보험상품의 해약률을 높이는 원인이 되었다. 이를 커버하기 위해 장기보험상품과 유니버설보험의 기능을 결합하여 변액유니버설보험을 개발한 것이다.

두 번째 이유는 보험료 연체로 인한 효력 상실을 미연에 방지하고자 하는 이유에서이다. 일시적으로 경제적 어려움을 겪게 되면 누구라도 가장 먼저 보험료 납입을 중단하게 된다. 이렇게 보험이 해지되면 가장 손해를 보는 것은 고객이지만 보험회사의 입장에서도 좋은 일만은 아니다. 따라서 보험료 납입이 연체되었다고 보험의 효력을 상실시킬 것이 아니라 보험료 입출금을 자유롭게 하고, 납입중지기능이 있는 유니버설보험의 개념을 도입하여 개발한 상품이 변액유니버설보험이다.

마지막 세 번째 이유는 보험회사의 재정적 위험 부담을 회피하려는 목적에서이다. 확정금리형 보험상품의 경우 저금리 시대에는 역마진을 발생시킬 수 있는 위험이 있기 때문에 보험회사의 운영에 차질이 발생할 수도 있다. 이를 우려하여 변액보험의 개념을 도입하여 변액유니버설보험이 개발된 것이다.

이처럼 변액유니버설보험은 처음부터 투자를 고려하여 개발한 상품이 아니다. 위와 같은 세 가지 목적을 이루기 위해 개발하다 보니 펀드투자를 이용한 변형된 종신보험으로 탄생된 것이다. 만일 당신이 이러한 사실을 정확히 알고 있다면 변액유니버설보험을 고객에게 컨설팅클리닉 해나갈 때 좀더 신중을 기할 수 있을 것이다. 즉, 변액유니버설보험을 적립식펀드와 동일선상에 놓고 비교한다거나 분석하는 일은 없을 것이라는 것이다. 만일 이러한 사실을 알고도 변액유니버설보험과 간접투자상품들의 수익률을 비교하는 식으로 컨설팅에 임한다면 언젠가는 자가당착에 빠질 수 있음을 유념해야 한다.

절대로 순수한 재테크를 목적으로 변액유니버설보험을 권하지 마라. 장기목적자금을 적기에 마련할 수 있는 수단이라는 점만으로도 충분히 판매할 수 있다. 그리고 그것이 고객의 인생재테크를 책임지는 진실한 자세이다.

변액유니버설보험 컨설팅클리닉 코칭 키포인트

하나 _ 변액유니버설보험은 가입보다 사후관리가 더 중요하다는 것을 유념한다.
둘 _ 변액유니버설보험은 순수한 재테크 상품이 아닌 인생재테크 상품임을 명심한다.
셋 _ 변액유니버설보험은 완벽한 투자상품이 아닌 투자형식을 빌린 변형된 종신보험임을 염두에 두고 컨설팅한다.
넷 _ 고객에게 왜 재정클리닉을 해야 하고 인생재테크가 중요한지 인식시킨다.
다섯 _ 변액유니버설보험은 인생재테크를 완결하는데 있어서 가장 적합한 상품임을 알린다.
여섯 _ 라이프사이클에 따른 인생재테크 추진방법을 시뮬레이션 해준다.
일곱 _ 목적자금을 적기에 마련할 수 있는 기간, 즉 듀레이션이 최대한 짧게 되도록 앞으로도 쭉 컨설팅을 해갈 것임을 약속한다.

수익률보다
다양한 보장에 승부수를 띄워라

••• 변액유니버설보험 저축형 상품은 신중히 설명하라

똑같은 실적배당형의 상품인데도 불구하고 고객이 변액유니버설보험 상품의 보장형과 저축형을 생각하는 인식 차이는 매우 크다. 보장형을 가입하는 고객은 위험보장이 목적이고 수익률은 덤이라고 생각한다. 그러나 저축형의 경우는 가입 목적 자체가 수익률에 있다. 보장은 그냥 덤이라고 생각한다.

변액유니버설보험 보장형 상품은 저축형 상품에 비해 컨설팅하기도 수월하고, 고객의 클레임도 상대적으로 적은 편이다. '이 보험은 이러저러한 경우에 이러저러한 보장을 받을 수 있다. 게다가 수익률까지 얻을 수 있으니 일석이조'라는 식으로 설명하면 설령 수익률이 하락하더라도 불만이 그리 많이 제기되지 않는다. 왜냐하면 이 보험에 가입하는 고객의 경우 수익률은 덤이라고 생각하고 있기 때문이다. 그렇기 때문에 만일 수익률이 높아 수익을 얻은 경우에는 로또에 당첨된 것마냥 기뻐하게 될 것이다.

그러나 변액유니버설보험 저축형을 설명할 때에는 주의가 요구된다. 특히 장기적인 재테크 상품으로 설명해서는 절대로 안 된다. '재테크 역할도 기대할 수 있다'라고 가볍게 말한 것이라도 고객은 당신이 한 말을 잘못 받아들여 '이 상품은 100% 완벽한 재테크 상품'이라고 오해할 수 있다. 이렇게 오해의 소지를 만들어놓게 되면 향후 펀드의 투자수익률이 기대에 못미쳐 수익이 발생하지 못했을 때 그 원망과 불만이 고스란히 당신에게 전가될 수밖에 없다.

그러면 변액유니버설보험 저축형을 컨설팅할 때는 어떻게 설명해야 할까? 앞에서도 말했지만 이 상품은 인생 전반에 걸쳐 필요한 목적 자금을 적시에 마련할 수 있도록 돕는 인생재테크 상품이다. 따라서 고객에게도 이러한 점을 반드시 강조해야 한다. 라이프 맵을 만들어 고객의 생애 전반에 대한 인생재테크 방안을 제시할 경우에는 그 저변에 반드시 보험의 근본 개념인 '보장'을 설명해야 나중에 오해가 발생하지 않는다. 즉, 보험의 근본 개념인 '보장'을 설명해야 사업비의 과다 발생과 이로 인한 가입 초년도 해약환급금의 저조한 문제를 묻는 고객의 질문을 커버할 수 있다.

●●● 펀드가 아닌 어디까지나 보험

진정한 변액유니버설보험 컨설턴트는 인생카운슬러 역할을 언제나 변함없이 해야 한다. 당신이 고객을 돈으로 보고 접근하면, 고객 또한 당신을 이익을 추구하는 세일즈맨 정도로 상대하게 된다. 이렇게 되면 고객이 당신에게 갖는 신뢰감은 멀찌감치 던져졌다고 봐야 한다. 그리고 경계심이 많은 이 고객들은 자신의 수익률 제고에 걸림돌이 되는 요소는 무조건 당신 탓이라며 책임 지우려 할 가능성이 농후하다.

필자가 앞에서 자세하게 설명했듯이 변액유니버설보험을 순수하게 재테크만 생각한다면 아무리 따져봐도 비슷한 투자수익률을 내는 적립식펀드를 커버하기는 사실상 힘들다. 커버하더라도 15년 이상이 걸린다. 현재 정부당국은 앞으로 펀드도 어느 정도 비과세 혜택을 주고자 검토하고 있다. 만약 적립식펀드가 비과세 혜택이라는 날개마저 단다면 변액유니버설보험과의 수익률 비교는 거의 무의미하다고 봐야 할 것이다.

그러므로 다시 한 번 강조하지만 변액유니버설보험을 고객에게 설명할 때에는 고수익을 낳게 해주는 최고의 재테크 상품이라고 장황하게 설명하지 마라. 나중에 발생할 수 있는 클레임에 대비하기 위해서라도 '보장'이라는 보험의 근간을 바탕으로 컨설팅해야 한다. 즉, 변액유니버설보험의 보장 부분을 약방의 감초처럼 강조해야 한다. 그리고 보험투자상품은 순수한 적립식펀드가 아닌 '적립식펀드로 운영하는 보험상품'이라는 사실을 반드시 설명해야 한다. 정리하자면 변액유니버설보험, 특히 저축형의 경우는 펀드수익률이 아닌 보험 본래의 기능에 승부수를 던져야 하는 것이다.

변액유니버설보험 컨설팅클리닉 코칭 키포인트

하나__ 변액유니버설보험은 재테크 상품이 아닌 인생재테크 상품임을 주지시킨다.

둘__ 인생재테크는 삶의 안전보장(재정안정)과 부의 축적이 동시에 이루어져야
함을 알린다.

셋__ 보장과 재테크의 동시 실현은 변액유니버설보험만이 가능함을 알린다.

넷__ 절대로 적립식펀드 기능이 우선이라는 방식으로 말하지 않는다.

다섯__ 저축형의 경우 고수익의 실현이 우선이되 그 저변에 깔린 보장 부분을 역
설해야 중도해지에 따른 불이익도 고객이 감수하게 된다.

여섯__ 고객을 설득하는 데 있어 비록 뜸이 들지라도 반드시 고객에게 장단점을
정확하게 일러준다.

일곱__ 고객의 인생 3L을 토대로 재무시계를 직시해가면서 재무플랜작업을 펼쳐
나가도록 한다.

펀드를 고를 수 있는
최고상품임을 부각시켜라

●●● **가정식 식단 선택하기**

어느 음식점에 점심식사를 하러 갔다고 하자.

그 음식점의 메뉴는 좀 독특하다. 가격은 같은데 반찬 수에 따라 메뉴를 나눠놨다. A 메뉴는 반찬이 달랑 한 개뿐이다. 즉석에서 먹는 인스턴트식품이 연상된다. B 메뉴는 반찬 수가 3~5가지 정도된다. 군대식 식판을 연상시킨다. C 메뉴는 반찬이 몽땅 갖춰서 10가지 이상이나 된다. 산해진미가 따로 없다. 또 원할 경우 계속해서 다른 반찬을 제공받을 수도 있다.

A, B, C 메뉴 모두 반찬의 가짓수만 다를 뿐 반찬을 만드는 재료나 양념은 동일하다. 따라서 반찬의 맛이나 모양은 같다. 그렇다고 메뉴에 따라 주방장이 다른 것도 아니다. A, B, C.메뉴 모두 같은 주방장이 만들므로 주방장의 솜씨 또한 어느 메뉴를 만들 때나 같다고 볼 수 있다. 이럴 경우 당신은 어떤 메뉴를 주문하겠는가?

당연히 반찬 종류가 많은 C 메뉴를 선택할 것이다. 골라먹는 재미가 있으니까 말이다. 여기서 반찬이 3~5개밖에 없는 식판 스타일의 B 메뉴를 적립식펀드라 한다면, 다양한 반찬은 골라 먹을 수 있도록 차려 놓은 한국식 정식 백반 스타일인 C 메뉴는 변액유니버설보험이다. 이렇게 비교해놓고 보니 적립식펀드는 한 번 주문하면 하나의 반찬밖에 먹을 수 없는 주문식 일본음식 같다. 한 번 주문하면 다른 반찬을 먹을 수 없다. 싫던 좋던 주문한 것만 먹어야 한다. 만약 다른 반찬을 먹고 싶으면 또 돈을 내야 한다. 즉, 다른 펀드를 또 다시 가입해야 한다. 이중으로 돈이 들어가는 것이다. 돈뿐만 아니라 이 바쁜 세상에 시간과 노력 등 낭비되는 기회비용도 만만치 않게 들어간다.

••• 주인이 되고 싶은가? 아니면 머슴이 되고 싶은가?

그러나 변액유니버설보험은 이미 10가지 이상 차려놓은 반찬이므로 내 입맛대로 골라 먹을 수 있다. 이 반찬(펀드)을 먹다가 다른 반찬(펀드)을 먹고 싶으면 그저 그쪽으로 젓가락질을 하면 된다. 별도로 돈을 낼 필요도 없다. 이미 한 번의 주문으로 10가지나 되는 반찬이 나온 것이므로 그냥 맘 내키는 대로 골라먹으면 된다. 오늘 아침 고기반찬을 먹고 나와 상큼하게 먹고 싶다면 채소 반찬을 골라 먹으면 된다. 이는 주가의 하락 또는 상승 시기에 맞춰 유효적절하게 펀드를 골라 갈아타면서 운용할 수 있다는 것을 말한다. 나중에 새로운 반찬(추가 펀드 개설)이 또 나오면 그 반찬을 또 먹을 수도 있다. 변액유니버설보험은 이렇게 모든 것을 가입자 입맛대로 할 수 있도록 자유가 폭넓게 주어져 있다. 반찬도 골고루 섭취해야 건강해지듯 펀드도 선택의 폭이 넓어야 보다 실속 있는 투자가 될 수 있다. 그런 면에서 가입자 자신이 주인이 되어 펀드의 선택을 자유롭게 할 수 있는 변액유니버설보험은 인생재테크를 하는데 있어 최적의 상품임에 틀림없다.

반면 적립식펀드는 새로운 반찬이 나오지 않는 메뉴이다. 그냥 만기가 될 때까지 좋으나 싫으나 처음 자신이 선택한 펀드에 올인할 수밖에 없다. 운신의 폭이 일체 없어 심하게 표현하자면 창살 없는 감옥에 갇힌 신세나 다름없다. 즉, 적립식펀드는 일단 가입하고 나면 운용사에서 시키는 대로 모든 것을 맡기고 가만히 있을 수밖에 없는 것이다. 주인이 아닌 종과 같은 신세로 전락하는 것과 다름없다(단, 엄브렐러 펀드는 예외).

●●● 모든 권리를 가입자가 행사하는 특권

변액유니버설보험은 가입하는 즉시 고객이 주인이 된다. 펀드를 선택할 권리도, 투자금액을 더 늘릴 권리도, 잠시 투자를 중지할 권리도, 적립금을 아무 때나 인출할 권리도 모두 투자자에게 주어진다. 투자된 금액을 잠시 융통해 쓸 수 있는 권리도 주어진다. 투자기한에 대한 제약조건이 없어 언제까지나 운용할 수 있도록 되어 있다.

이렇게 고객의 입맛대로 설계가 가능한 간접투자상품은 변액유니버설보험뿐이다. 변액유니버설보험은 운용하는 펀드의 종류가 많아 자신의 투자스타일에 맞게 펀드를 선택할 수 있다. 즉, 보다 수익률이 높은 펀드로 매월 골라 갈아탈 수 있는데 이는 매우 큰 장점이다. 특히 10년 이상 운용해야 하는 장기상품에 있어 증시 흐름이나 금융트렌드

에 따라 펀드를 자유로이 선택할 수 있도록 만든 운용 옵션의 다양화
는 변액유니버설보험만이 갖고 있는 최고의 매력이라 할 수 있다.

●●● 원하는 펀드를 고를 수 있는 최고의 상품

변액유니버설보험의 모든 권리는 고객이 자유롭게 선택할 수 있다고
했다. 그러나 고객의 입장에서 보면 어떤 것을 선택할 수 있는지 알아
야 선택을 하든 말든 할 것이다. 그러므로 여기서 잠깐 변액유니버설보
험이 갖고 있는 다양한 운용 옵션을 정리하는 것은 도움이 될 것이다.

1. 선택하여 배분 가능한 펀드 수가 많다. 선택 가능한 펀드 수가 많
   다는 것은 위험을 그만큼 분산시킬 수 있다는 점에서 유리하다.
2. 펀드 변경 횟수도 자유롭게 할 수 있다.
3. 펀드별 편입비율설정도 자유롭게 할 수 있다.
4. 펀드별 자산배분비율 자동재배분 옵션이 있다.
5. 설정된 펀드로 자동 투입되는 보험료 평균분할투자 옵션이 있다.

간접투자상품 중에서 이렇게 제반 조건을 완벽하게 갖춘 변액유니
버설보험은 그야말로 최적의 인생재테크 상품이라 할 수 있다.

따라서 고객에게 컨설팅을 할 경우에는 이러한 변액유니버설보험
의 매력을 반드시 설명하고, 이렇게 변액유니버설보험에만 있는 장점
과 고유한 매력을 통해서 수익률을 극대화시켜 나갈 수 있는 방법을
모색해주어야 한다. 즉, 고객이 원하는 펀드를 언제든지 입맛대로 고
를 수 있는 최고의 상품임을 부각시키면서 어떤 펀드를 선택해야 고

수익을 실현할 수 있는지 SWOT 분석을 실시하여 그때그때 상황에 맞는 최적의 포트폴리오가 이루어지도록 컨설팅을 해주어야 한다.

변액유니버설보험 컨설팅클리닉 코칭 키포인트

하나 _ 적립식펀드와 변액유니버설보험의 가장 큰 차이점은 펀드 선택의 다양화임을 알린다.

둘 _ 펀드 선택권의 재량화는 간접투자상품 중 변액유니버설보험에만 있는 옵션임을 알린다.

셋 _ 투자를 한 이후에도 펀드를 적기에 갈아타야 고수익을 올릴 수 있음을 시뮬레이션을 통해 일러준다.

넷 _ 매월 펀드를 변경할 수 있음과 매일 펀드실적을 체크하면서 동향을 파악해 나가야 함도 알린다.

다섯 _ 어떤 펀드로 갈아타야 하는지 정기적으로 조언을 해준다.

여섯 _ 변액유니버설보험의 다양한 펀드운용옵션을 적립식펀드와 비교 설명해준다.

일곱 _ 펀드 변경은 물론 펀드를 더 많이 굴릴 수 있는 방법을 알려준다. 예를 들어 추가보험료 납입의 다양화(추가납입 가능한 범위 안에서 월납, 일시납, 분할납 등으로 계약자가 마음대로 추가납입을 할 수 있는 제도)와 같은 방법도 있음을 알려준다.

여덟 _ 주인과 머슴의 차이점을 알려주면서 진정한 주인으로서 당당히 권리를 행사해나갈 방법을 알려준다.

아홉 _ 수익률뿐만 아니라 스스로 펀드 운용의 묘미도 만끽할 수 있음을 알린다. 즉, 보다 자기주관에 입각해서 펀드를 운용할 수 있음을 일러준다.

당신은 수익률을
어떻게 설명하는가?

●●● **아직도 수익률을 이렇게 설명하고 있지 않은가?**

어느 날 이현명 보험설계사는 평소 잘 가던 미장원에 들러 머리손질을
하고 있었다. 이 때 한 50대 중반쯤 되어 보이는 귀티 나는 여성이 들
어왔다. 머리를 손질하고 있는 사이 이현명 설계사는 살며시 눈 인사
를 건넸다. 그리고 자연스럽게 칭찬의 말을 했다. "같은 여자지만 너무
아름다우세요."

칭찬을 해줬는데 차갑게 굴 사람이 어디 있겠는가! 사람은 칭찬이
란 말을 먹고 사는 감성의 동물이다. 둘 사이에는 금세 온기가 감돌아
머리를 손질하는 동안 이런 저런 얘기를 나누게 되었다. 그러던 중 그
여인이 이현명 설계사에게 지금 무슨 일을 하고 계시냐고 물었다. 이
때가 기회라 싶어 이현명 설계사는 "네, 지금 보험컨설턴트로 일하고
있습니다"라고 하면서 명함을 꺼내 'ㅇㅇ보험사에 다니는 컨설턴트
이현명' 이라고 자기소개를 했다.

명함을 잠시 보더니 그 여인은 대뜸 변액상품에 대해 얘기를 하기
시작했다. 요새 자기가 선박펀드에 가입했는데 이는 일시납상품이라

고, 지금 자기는 매월 고정적으로 상가임대료가 들어오는데 이를 이용하여 보다 효율적으로 재테크를 싶다고, 그래서 현재 적립식펀드를 가입하려고 알아보고 있는 중이라고 이런저런 얘기들을 하였다.

이 말을 들은 이현명 설계사는 내심으로 쾌재를 부르며 "사모님! 혹시 요새 매스컴에 많이 회자되고 있는 보험투자상품인 변액유니버설보험에 대해 들어보셨나요?(들어 본 것 같다는 의사를 확인하고 난 후) 저희 ○○회사에서 인기리에 판매 중인 변액유니버설보험이 있는데 이 상품이 적립식펀드와 비슷한 형식으로 펀드로 운용되는 정액투자형 금융상품입니다"라고 넌지시 적립식펀드와 변액유니버설보험상품에 대해 유사점을 설파하였다.

그 여인은 조용히 들으면서 궁금한 점을 몇 가지 더 물어보더니 월 250만 원선에서 재테크 플랜을 짜 가지고 와보라고 하였다. 그러나 가입을 확신하지는 말라는 말과 함께 자기는 보장은 필요 없다고, 재테크만을 염두에 두고 적립식펀드와 비교를 하려고 하는 것이니까 그러한 방향으로 설계를 해달라고 분명한 선을 그어주었다.

이현명 설계사는 그 여인이 마지막에 토를 단 것이 마음에 걸리기는 했지만 그래도 미장원에서 난생 처음 만난 사람이 그 자리에서 바로 설계서를 작성해오라고 했다는 사실에 가슴이 마구 벅차올랐다. 생각지도 않은 곳에서 너무도 쉽게 계약이 이루어질 것 같았기 때문에 재빨리 점포에 와서 지점장과 머리를 맞대고 가입설계서를 꼼꼼히 작성하였다.

다음 날 이현명 설계사는 다시 그 여인을 만났다. 그리고 자신이 짜온 재무플랜을 토대로 변액유니버설보험상품에 대해 설명을 하기 시작했다. 이 때 이현명 설계사는 그 고객이 대학교 때 수학을 전공했다는 사실을 미처 알지 못했다. 이현명 설계사는 변액유니버설보험상품은 복리로 운용된다는 점을 강조했다. 특히 은행상품과 비교하면서 수익률 1% 차이는 10년 후 매우 많은 차이를 발생시킨다고 역설했다. 그리고는 전문가답게 '72 Rule'을 토대로 풀어 나갔다. 연 투자수익률이 4%일 때는 00년 후에 얼마가 되고 6%, 8%, 10%일 때는 얼마가 된다는 식으로 그 자리에서 계산을 해가면서 자세히 설명을 했다. 그리고는 이 변액유니버설보험상품은 연평균 투자수익률이 현재 x% 정도 된다는 데이터도 보여주었다. 그리고 10년 뒤에도 변액유니버설보험상품은 효용가치가 있다는 것을 확신시키기 위해 미국의 사례도 곁들여 말해주었다.

그 여인은 조용히 듣고 있더니 정말 자세히 설명을 해주어서 고맙다고 했다. 이현명 설계사는 어깨가 으쓱해졌다. 그런데 그 여인이 한 가지 궁금한 게 있다고 운을 떼운다. 약간 긴장을 하면서 말씀하시라고 하니 그 여인 왈 "지금 나에게 일시납을 권하는 겁니까? 아니면 월납을 권유하는 겁니까?"라고 뜬구름 잡는 듯한 질문을 하는 것이었다.

이현명 설계사는 웃으면서 "아이구 사모님도 참, 당연히 월납을 권유하는 것이지요. 사모님께서 적립식펀드를 가입하시려고 했던 것을 제가 왜 모르겠습니까?"라고 말했다. 그러면서 전문가라는 인식을 확실히 심어주기 위해 한 술 더 떠서 "간접투자상품인 이 ○○ 변액유니버설보험은 일시납상품이 없습니다. 기본보험료는 모두 월납으로 계약이 이루어집니다"라고 말했다.

그러자 그 여인은 "그럼 왜 나에게 일시납형식으로 복리 운용되는 것처럼 상품을 설명하고 있느냐?"고 따지듯이 물었다. 그런 다음 혼잣 말로 '보험회사 다니는 사람들은 은행이나 증권회사의 프라이빗 뱅커 (PB)보다 신빙성이 없다. 전문성이 부족하다'고 일침을 가했다. 계속 해서 그 여인은 한 달에 250만 원씩 투자한다는 것은 어찌 보면 큰 금 액인데, 이를 한 15년 확실하게 믿고 맡길 수 있는 운용사와 전문컨설 턴트를 찾지 못해 못내 아쉽다고 했다.

어제 미장원에서 이현명 설계사에게 변액유니버설보험에 대한 설 명을 들은 그 여인은 장기투자의 경우에는 변액유니버설보험도 괜찮 을 것이라는 판단이 들어 나름대로 보험사별 변액유니버설보험상품을 비교해보았다고 한다. 그러나 자기는 일이 많아 신경쓸 틈이 없으므로 조금 나은 상품에 연연하기보다는 모든 것을 믿고 일임할 전문컨설턴 트 겸 인생카운슬러가 있다면 그 회사의 상품으로 가입하고 싶다는 것 이었다.

이현명 설계사는 왠지 멋쩍어졌다. 그리고 그 여인의 재테크 방향 이나 보험설계사에 대한 가치판단에 대해 깊은 인상을 받았다. 그러나 한 가지 자꾸만 걸리는 게 있었다.

'아니 난 설명을 잘했는데…… 무엇이 잘못된거지?' 특히 이현명 설계사는 그 여인이 마지막에 한 말의 의미를 알 수가 없어서 안타까 웠다. '빨리 이 문제를 매듭지어야만 이 고객을 놓치지 않을텐데…… 어떡하지? 지금까지는 이런 형식으로 수익률에 대해 설명해도 아무런 문제가 없었는데…….'

이현명 설계사는 어떤 설명을 잘못했을까?

당신은 이 설계사가 고객에게 무엇을 잘못 설명했는지 아는가?

당신은 지금 수익률 부분에 대해 어떻게 설명을 하고 있는가?

혹시 이현명 설계사처럼 복리로 운용된다고 하면서 '72 Rule' 만을 강조하고 있지는 않은가?

••• 일시납 설명하듯 변액유니버설보험을 설명하지 마라

당신은 변액유니버설보험의 수익률 부분을 어떻게 설명을 하고 있는가?

일시납을 기준으로 설명을 하는가? 월납을 기준으로 하고 있는가?

그냥 단순히 복리운용 효과의 근거를 제시하는 '72 Rule'로만 설명을 하고 있지는 않은가?

수익률 1%의 차이를 시드머니(현가)에 대한 단순한 미래가치의 환산으로만 설명하고 있지는 않은가?

변액유니버설보험상품은 매월 일정한 금액을 불입하는 정액투자식 월납상품이다. 그런 상품을 일시납상품과 동일하게 복리계산하여 설명한다는 것이 어디 맞는 말인가?

변액유니버설보험은 일시납상품이 아니다. 비록 추가납입보험료의 경우 1년치를 한꺼번에 불입을 할 수 있고, 추가납입보험료 한도 내에서 비월납형식으로도 쪼개 낼 수 있지만 어디까지나 월납상품이다. 이렇게 분할하여 납입할 수 있도록 한 것은 단지 고객의 편의 차원에서 마련한 장치이다. 따라서 추가납입을 하는 보험료는 일정 금액이 되지 못하면 평균분할투자(DCA)가 이루어지지 않게 된다.*

실제로 필자가 아는 많은 사람들(특히 금융계통에 근무하고 있는 사람들)은 보험설계사들이 수익률을 설명하는 것을 보면 전문가인지 의심스럽다고 한다.

현재 거의 대부분의 보험설계사들이 고객이 이해하기 쉽도록 하기 위해서라는 이유로 100만 원 또는 1,000만 원을 기준으로 수익률을 설명한다. 예를 들어 '지금 100만 원을 20년 간 연이율 몇 % 되는 상품에 투자했을 때 복리로 운용되므로 수익률은 얼마이다'라는 식이다. 그러면서 '변액보험은 물가상승률을 커버한다고, 또 수익률 1%의 차이는 매우 크다'고 말한다.

과연 이렇게 설명하는 게 정답일까?

만약 당신이 수익률과 관련하여 이렇게 설명하고 있다면 스스로 무지하다는 것을 입증하는 것과 마찬가지이다. 어디 변액유니버설보험이 일시납상품인가? 다시 말하지만 변액유니버설보험은 매월 일정한 돈을 펀드에 투자하는 정액식 장기투자상품이다. 그러므로 은행의 정기예금과 같은 공식에 입각해 수익률을 계산해야 올바른 설명이 된다(이 부분은 뒷장에서 자세히 설명하기로 하자).

---

*추가납입시 일시금에 대해 DCA를 적용하는 이유는 큰 목돈을 일시에 특별계정에 투입을 하였을 경우 갑작스런 기준가 변동에 따른 투자리스크가 발생할 수 있으므로 사전에 어느 정도 이를 차단시키기 위해서이다. 그리고 추가납입을 하는 보험료 규모가 일정 수준 이상이 안 되면 투자효과도 적고 보험사 자체의 업무처리 시스템상 관리가 매우 까다롭기 때문에 평균분할투자가 이루어지지는 않는다.

변액유니버셜보험 컨설팅클리닉 코칭 키포인트

하나 _ 변액유니버셜보험 설명시 일시납으로 설명을 하지 마라.

둘 _ 매월 일정액을 투자하는 정액투자방법은 일시납과는 근본적으로 수익률 계산방법이 다르다.

셋 _ 일시납으로 설명할 경우에는 목돈마련금액을 예시할 경우만 하라.

넷 _ 변액유니버셜보험의 장래수익률 산정은 은행의 정기예금과 비교하면서 설명하라.

다섯 _ 금융전반에 관한 지식을 쌓아 적기에 활용하라.

여섯 _ 고객에 대한 정보를 정확히 입수해서 반론에 따른 대처방안을 모색해놓는다.

일곱 _ 고객의 수준에 걸맞은 컨셉마케팅을 해야 한다.

여덟 _ 수익률을 토대로 한 컨설팅 방식에 대해 폭넓은 지식을 습득한다.

아홉 _ '72 Rule' 등 복리설명을 할 경우에는 일시납과 관련해서 이해하기 쉽도록 설명을 하는 것임을 미리 인식시킨다.

열 _ 이 경우 기본보험료와 추가보험료의 투자방식 또한 약간의 차이점이 있음도 알려준다.

금리체계를
정확히 알아야 고수가 될 수 있다

●●● 금리에 대한 기초 지식

저축성 보험상품을 판매할 경우 대부분의 고객은 "이 상품에 가입하면 향후 얼마나 이자가 붙는가?" 또는 "이 상품의 기간별 수익률은 얼마나 되는가?"라는 질문을 한다. 이럴 때 보험컨설턴트는 "납입한 총 보험료 대비 몇 %의 수익률이 발생합니다" 또는 "총액에 얼마의 이자가 붙어 나옵니다"라고 설명한다.

이와 같이 돈(자금)을 저축하거나 빌릴 경우에는 그 돈의 사용에 대한 대가가 지불되는데 이 때 지불하는 대가를 '금리(Interest)'라 한다. 즉, 일반적으로 이자라 부르는 것이 금리이다.

금리는 공금리와 사금리로 나누는데 금융기관에서 사용하는 금리를 공금리라 하고 사채업자나 일반인들 사이에 거래되는 금리를 사금리 또는 사채이자라 한다.

공금리는 법률이나 제도 등에 의해 결정되는 규제금리이고, 사금리는 취급자 간의 수요와 공급에 따라 결정되는 시장자유금리이다. 단, 사채업자들의 횡포를 막기 위해 현재 연 66% 이상을 못 넘도록 제도적으로 장치를 마련해두었다.

금리, 즉 이자는 반드시 이자를 얻기 위해 투자된 자본(금액)이 있어야만 발생하는데 이 때 투자된 자본(금액)을 '원금' 또는 '본전'이라고 한다. 원금을 어느 일정기간 동안 빌려주면 그 일정한 기간이 만료되는 시점에서 원금과 이자를 받게 된다. 이 원금과 이자의 합계를 '원리합계' 또는 '종가'라 한다. 즉, 원리합계(S) = 원금(P) + 이자(I)이다.

그럼, 이율(Rate of Interest)이란 무엇인가?

이자는 원금의 사용 대가로 받은 돈이다. 이러한 이자는 원금의 일정한 비율에 의해 그 값이 정해지는데 이 일정한 비율을 '이율'이라고 한다. 이율이 높을수록 이자가 많이 발생하고, 반대로 이율이 낮을수록 이자는 적게 발생한다. 이율은 기간(n)과도 밀접한 관계를 갖는다. 이자와 이율과의 관계를 식으로 나타내면 다음과 같다.

$$\text{이자(I) = 원금(P)} \times \text{이율(i)}$$

●●● **이자 지급방법**

이자 지급방법은 원금의 사용기간에 따라 이자후급법과 이자선급법으로 구분되는데 전자는 이자를 기간의 말에 지급하는 방법이고, 후자는 이자를 기간의 초에 지급하는 방법이다.

예를 들면 현재 1,000,000원을 연이율 9%로 1년간 빌릴 경우 1년간의 이자 9,000원을 원금과 함께 지급하는 방법이 이자후급법이고, 이자 9,000원을 먼저 지급하고(이 경우 순입수 금액은 1,000,000원 − 9,000원 =

991,000원이 된다) 1년 후에 원금 1,000,000원을 상환하는 방법이 이자선급법이다. 이자를 선급법으로 지급할 경우에는 후급법으로 지급할 경우보다 이율이 약간 낮아지지만 원리합계를 계산하면 그 값은 동일하게 된다.

●●● 단리와 복리 계산방법

자금의 사용기간이 아무리 길어도 그 원금이 증가하지 않는 것으로 계산된 이자를 '단리(Simple Interest)'라고 한다. 즉, 투자기간 중에 부리된 이자는 재투자되지 않는 것으로 계산된 이자법이다. 단리 하에서는 원금은 그대로 있고, 이자는 기간에 비례하게 되므로 매년 부리되는 이자는 일정하다. 따라서 최종의 원리합계에서 최초의 원금을 뺀 금액이 단리가 된다.

단리법의 계산공식은 다음과 같다.

원리합계(S) = 원금(P) × [1 + 이율(i) × 운용기간(n)]

⊙ **단리 계산 방법**
원금 100만 원을 연이율 10%의 단리로 3년간 은행에 예금한다면 3년 후 원리합계는 얼마인가?

원리합계 = 원금(100만 원) × [1 + 이율 0.1 × 운용기간(3)]
   = 100만 원 × [1 + 0.3]
   = 130만 원
단리법은 원금은 그대로 있고 이자만 매년 부리되므로,
1년 후의 원리합계는 원금 100만 원과 이자 10만 원의 합계인 1,100,000원
2년 후의 원리합계는 원금 100만 원과 이자 20만 원의 합계인 1,200,000원
3년 후의 원리합계는 원금 100만 원과 이자 30만 원의 합계인 1,300,000원이 되는 것이다.

'복리(Compound Interest)' 란 일정기간이 끝날 때마다 이자를 원금에 포함시키고 이 합계액(원리합계)을 다음 기간 초의 원금으로 하여 이자를 계산하는 방법을 말한다. 즉, 복리는 투자기간 중에 부리된 이자가 계속 재투자되어 꼬리에 꼬리를 물고 이자를 발생하게 하는 것이다.

쉽게 말하자면 단리는 원금에 대해서만 이자가 붙는 것이고, 복리는 원금뿐만 아니라 이자에 대해서도 이자가 붙는 것을 의미한다. 그리고 '복리로 부리된다' 는 말을 많이 사용하는 데 부리(附利)란 뜻은 원금에 부가하여 이자를 덧붙인다는 의미이다.

일반적으로 금융상품의 부리에 있어서 복리는 단리보다 금리가 다소 낮지만 장기로 갈수록 효과가 크다. 때문에 실제 수익률이 많게 된다. 이자를 만기에 받는 것보다 중간에 받아 그 이자를 다시 재투자하면 수익률을 보다 높일 수 있기 때문이다. 일반적으로 상거래 시 1년 이하로 단기간 자금을 운용할 경우에는 단리법이 사용되고, 1년 이상으로 장기간 자금을 운용할 경우에는 복리법이 사용된다.

복리법 계산공식은 다음과 같다.

$$\text{원리합계}(S) = \text{원금}(P) \times [1 + \text{이율}(i)]^{\text{운용기간}(n)}$$

⊙ 복리 계산 방법

원금 100만 원을 연이율 10%의 복리로 3년간 은행에 예금한다면 3년 후 원리합계는 얼마인가?

$$\begin{aligned}
\text{원리합계} &= \text{원금}(100\text{만 원}) \times [1 + \text{이율 }0.1)]^{\text{운용기간}(3)} \\
&= 100\text{만 원} \times [1.1]^3 \\
&= 100\text{만 원} \times (1.1 \times 1.1 \times 1.1) \\
&= 1,331,000
\end{aligned}$$

복리법은 원금에 투자기간 동안 부리되는 이자가 매년 원리합계에 포함되므로

1년 후의 원리합계는 원금 100만 원과 이자 10만 원의 합계인 1,100,000원

2년 후의 원리합계는 원금 110만 원과 이자 11만 원의 합계인 1,210,000원

3년 후의 원리합계는 원금 121만 원과 이자 12만 원의 합계인 1,331,000원이 되는 것이다.

⊙ 자금 1년 운용시의 단리와 복리 계산사례

100만 원을 1년간 4.9%의 이율(단리)로 만기에 이자지급을 받는 것과 4.7%의 이율을 적용하여 월이자 복리식으로 지급 받는 것 중 어느 것이 더 유리할까?

① 같은 이율이라면 만기이자지급식보다 월이자복리식이 유리할테지만 금리차이가 있다면 실제로 어떤 방법이 유리할지는 1년 후 이자 수령금액을 계산해봐야 한다.

100만 원을 1년간 4.9%의 이율로 만기에 이자를 지급받는다면 만기수령액은

$1,000,000 \times (1 + 0.049) = 1,049,000$원이 된다.

② 4.7%의 월복리이자로 수령 시 만기수령액의 계산식은 다음과 같다.

만기수령액 = 원금 × (1 + 해당기간의 이율)^(이자수령기간)

복리이율 4.7%는 연 기준의 수익률이므로 매달 계산되는 이자율은

$4.7\% \div 12 = 0.0039167$가 된다.

따라서 만기수령액을 계산해보면 $1,000,000 \times (1 + 0.0039167)^{12} = 1,048,026$원이 된다.

①과 ②를 비교해보면

① 1,049,000원 - ② 1,048,026원= 974원이 된다.

즉, 연 4.9%의 단리가 연 4.7%의 월복리이자보다 974원이 더 많다.

••• 현가와 종가는 어떻게 계산하나?

보험컨설턴트들이 변액유니버설보험을 판매할 때를 보면 '향후 몇 년 후에 얼마의 목적자금을 마련하려면 매달 얼마씩 불입을 해야 합니다' 라고 말한다. 이와 같이 장래 어떤 목적을 달성하기 위하여 현재 투자 해야 할 금액을 '현가(Present Price)'라 한다. 즉, 현가는 장래에 일정한 이율로 일정한 금액을 얻기 위해서 현재 필요한 금액을 말한다.

현가는 장래 수취금액과 같은 가치의 현재의 금액이므로 미래 돈 의 현재가치라고 표현하기도 하며, 할인액 또는 원금이라고 일컫기도 한다. 우리가 일반적으로 사용하는 할인율은 미래의 현금흐름과 현재 의 현금흐름을 일치시키는 비율을 말하며 이는 현가로 계산(할인계산)한 다. 즉, 현가는 원금이다. 모든 금융거래는 이러한 현가가치의 거래로 귀결되므로 정확한 현가 계산은 매우 중요하다. 현가는 복리개념을 적 용하며 그 공식은 다음과 같다.

$$\text{현가}(P) = \text{종가}(S) \times 1 \div (1 + i/m)^n$$

※ P = 현가 즉, 원금, S = 종가 또는 원리합계 또는 목적자금(장래 수취할 금액),
 i = 연이율(연간금리), m = 연간 복리횟수, n = 투자금의 운용기간 즉, 총 이자횟수

사람들은 금융기관에 돈을 예치할 경우 '원금에 얼마의 이자가 붙 어 총 얼마가 지급되는지'에 대해서 매우 궁금해한다. 이와 같이 현재 일정한 금액을 정해진 기간 동안 투자했을 때 얻을 수 있는 투자금액을 '종가(Closing Price)'라 한다. 다른 말로는 원리합계 또는 미래가치라고도 한다. 즉, 종가는 일정한 금액(원금 즉, 목돈)을 일정기간(1년 단위) 예금(투자) 했을 때 만기시 지급되는 금액이다. 종가도 복리개념을 적용하며 공식

은 다음과 같다.

$$\text{종가}(S) = \text{현가}(P) \div [1 \div (1 + i/m)^n]$$

　　현가와 종가의 관계에 있어서 현가를 정해진 이율로 일정한 기간
동안 부리하면 종가가 되고, 종가를 일정한 기간 동안 정해진 이율로
할인하면 현가가 된다. 즉, 종가를 역으로 계산하면 현가가 된다. 현가
및 종가 계산시 보험, 은행 등 대부분의 금융기관에서의 상품은 연복
리로 계산하나 연 2회 복리(재투자가 6개월 단위로 이루어짐)로 계산하는 신
탁기관의 신탁상품도 있다.

변액유니버설보험 컨설팅클리닉 `코칭 키포인트`

하나＿ 금리에 대한 개념을 확실히 이해한다.
둘＿ 시드머니의 현재가치와 미래가치에 대한 개념과 분석을 정확히 한다.
셋＿ 이자지급방법에 대해 정확히 알아둔다.
넷＿ 단리와 복리에 따른 금융상품별 운용방식을 알아둔다.
다섯＿ 단리와 복리의 계산방법이 익숙해지도록 연습한다.
여섯＿ 단리와 복리는 어느 때 주로 사용되고 있는지 알아둔다.
일곱＿ 고객이 있는 자리에서 상품과 관련된 기본적인 이율체계에 대해 설명할
　　　　때 계산기로 계산하지 말고 암산으로 일러줄 정도로 숙지해둔다.
여덟＿ 시드머니는 반드시 고객이 미래 돈의 가치에 대해 느낄 수 있도록 설명한
　　　　다. 즉, 현가와 종가를 충분히 설명하면서 목적자금을 미리부터 준비해야
　　　　만 함을 설득해야 한다.

금융상품의 만기금액은
이렇게 산정한다

●●● 정기예금의 만기금액(수익률) 산정방법

보험컨설턴트들이 고객에게 저축성보험을 권장할 때 자주 접하는 질문은 '이 상품에 가입하면 만기 시 이자가 얼마나 붙는가?', '이 상품에 가입하면 만기 시 수익률은 얼마나 되는가?', '향후 ○○년 후에는 얼마 정도의 적립금액이 되는가?' 일 것이다.

그러면 당신은 가입설계서를 보면서 '이러저러해서 이차저차합니다' 라고 대답을 해줄 것이다. 그러나 은행의 담당 PB는 '이 ○○상품은 연 몇 %의 이율로 매월 얼마를 몇 년 동안 납입하면 x년 후에 만기금액이 얼마가 나옵니다' 라고 할 것이다.

저축성보험과 은행예금은 둘 다 모두 정액식 저축방법이다. 단지 은행상품은 월단리 · 연단리로 계산하고, 변액유니버설보험은 월 단리 · 연 복리로 계산한다는 차이만 있을 뿐이다.

은행에 예금을 하였을 경우 만기시 지급받는 만기금액에 대한 계산방법쯤은 당신도 이 기회에 반드시 알아두는 것이 좋겠다. 그래야 앞에 사례에서 보았듯이 변액유니버설보험의 수익률을 일시납상품 설명하듯 하는 우를 범하지 않을 것이기 때문이다. 그리고 저축성보험상품의 만기금액 산출방법도 꼭 알아두도록 하자. 그래야만 복리로 운용되는 변액보험상품 군(群)에 대한 적립금액이 어떻게 계산되어 산출되는지 어림으로라도 짐작을 할 수 있어 보다 자신있게 컨설팅할 수 있기 때문이다.

고객이 금융상품 중 저축성상품(또는 투자상품)을 선택하는 가장 기본적인 기준은 저축(투자)에 대한 수익(저축이자)의 크기(만기금액)일 것이다. 수익의 크기인 만기금액은 해당상품의 수익률이 얼마인가에 따라 사뭇 다르게 결정된다. 따라서 만기시 수익률에 대한 정확한 이해는 고객과의 상담시 필수적인 요소라 할 수 있다.

'수익률(Earnings Ratio)'이란 투자의 성과를 측정하는 지표로서 일정한 투자기간 동안 발생한 수익을 투자원금으로 나누어 다시 투자기간으로 환산한 것을 말한다. 수익률은 만기수익률(총수익률)과 연간수익률(연이율), 월수익률(월이율) 3가지로 크게 나누어진다.

> **(만기, 연간, 월)수익률 = 투자수익(만기, 연간, 월)/투자원금 × 100**

⊙ **일시납입금의 만기금 산정방법**

우리가 일반적으로 말하는 만기금액은 종가(원리합계) 개념이므로 만기금액은 만기수익률에 비례하여 산정된다.

> **만기금액 = 원금 × 만기수익률**

⊙ **정기예금의 만기금 산정방법**

은행 등 금융기관에서 매월 불입되는 정기예금에 대한 만기금액(월단리 · 연단리법 사용)은 다음과 같이 산정한다.

> 만기금액 = 월불입액 × (계약월수 + 총운용적월수 × 연이율 × 1/12)

※ 총운용적월수 = 계약월수 × (계약월수 +1) / 2
　계약월수 = 매월 납입하는 횟수(예, 3년이면 36임)

그럼 한번 계산해보자.

연이율 4%인 5년 만기 금융상품에 매월 100만 원씩 불입할 경우 만기금액과 만기수익률(총수익률)은 얼마인가?

> 만기금액= 월불입액 × (계약월수 + 총운용적월수 × 연이율 × 1/12)
> 　　　　 = 100만 원 × [60 + 60(60+1)/2 × 0.04 × 1/12]
> 　　　　 = 100만 원 × [60 + (1,830 × 0.04 × 1/12)]
> 　　　　 = 100만 원 × [60 + (73.2/12)]
> 　　　　 = 100만 원 × (60 + 6.1)
> 　　　　 = 66,100,000원이 된다.
> ∴ 만기수익률은 66,100,000원 ÷ 60,000,000 = 110.17%가 된다.

●●● **저축성보험의 만기금 산정방법**

일반적으로 저축성보험(순수한 저축성 보험상품을 말한다)에 대한 만기금액은 월단리 · 연복리법을 사용하여 다음과 같이 산정한다. 계산공식이 매우 복잡하다.

> 만기금액 = 월 불입보험료 중 적립순보험료 × (12 + 6.5 × 연이율)
> 　　　　　　× [1 - (1+연이율)운용기간/-연이율

앞의 계산공식을 적용하여 저축성보험에 대한 만기금액을 계산하면 불입하는 월보험료 규모에 따라 만기시 수익률이 얼마나 되는지 정확히 알 수 있다. 단, 이 경우 똑같은 복리 계산이라 하더라도 보험회사의 저축성상품 구조에 따라서 계산방법이 약간씩 차이가 있을 수는 있다. 설령 계산방법이 같다 하더라도 저축성보험에 대한 월불입보험료 중 적립순보험료 즉, 책임준비금의 재원이 얼마가 되는가에 따라 수익률은 또 다르게 나타날 수 있다.

일반적으로 적립순보험료를 구하는 공식은 다음과 같다.

적립순보험료 = (영업보험료 × x%) - Y

여기서 x%는 영업보험료에서 신계약비와 수금비를 공제한 나머지 금액이 점유하고 있는 비율을 말하며, Y는 유지비로서 보험료 규모에 관계없이 저축성보험 1건당 소요되는 보험회사 운영에 필요한 돈을 말한다.

따라서 보험료 규모가 크면 클수록 적립순보험료가 많아져서 만기시 수령금액이 그만큼 더 많아지게 되는 것이다. 즉, 저축성보험은 보험료 규모가 크면 클수록 기간 수익률과 만기시 수익률이 모두 더 높게 나타나게 된다.

실적배당형인 변액유니버설보험은 정액보험인 저축성보험보다 계산방법이 더 복잡하다. 매월 펀드운용에 들어가는 적립금액도 다르고, 위험보험료 규모도 매년 다르고, 사업비 규모도 회사마다 매우 편차가 심하다. 또한 기본보험료 대비 추가납입보험료 규모에 따라서도 계산방법이 달라지니 단순히 하나의 계산공식으로는 설명하기 힘들다. 단, 저축성보험의 맥락에서 보면 어떻게 계산하는지는 추정할 수 있을 것이다. 그 흐름만 알고 넘어가는 것이 좋다. 변액유니버설보험에 대한 수익률은 가입설계서상의 주계약 해약환급금표에 세부적으로 나와 있으므로 이를 참고로 설명을 전개해나가면서 은행예금의 만기금액 계산방식과 비교 설명을 하는 편이 훨씬 도움이 될 것이다.

●●● 금융기관의 이자 운용방법

금융기관의 정기저축예금은 계약자가 일정한 기간을 정하여 매월 일정일에 일정금액을 적립하고 만기일에 계약한 목돈을 찾아가는 예금방법이다. 이때의 이자 운용방법은 월단리 · 연단리법, 월단리 · 연 2회 복리법 등을 활용한다. 은행 등 대부분의 금융기관에서는 저축성 상품 운용시 월단리 · 연단리법을 사용하고 있다. 그러나 신탁상품의 경우에는 월단리 · 연 2회 복리법 등을 사용하며, 보험회사의 경우에는 월단리 · 연복리법을 사용한다.

　월단리 · 연복리법(연 2회 복리법)을 사용하면 월단리 · 연단리법을 사용할 때보다 만기금액이 더 많이 발생한다. 그러나 보험상품은 계약자가 납입한 보험료 중 부가보험료 부분을 제외한 부분만 월단리 · 연복리로 부리되어 만기금액이 산출되는 것이기 때문에 실질적인 수익률은 다른 금융기관보다 적게 된다. 변액유니버설보험도 마찬가지이다. 이를 고객에게 컨설팅을 할 경우에는 꼭 알려주어야 한다.

변액유니버설보험 컨설팅클리닉 코칭 키포인트

하나 _ 정기예금의 만기금액 산정 공식을 숙지해둔다.

둘 _ 일반적인 만기금액 산정과 은행예금의 만기금액 산정과의 차이점을 알아둔다.

셋 _ 정기예금의 만기금액 산정방법을 반드시 알아두어 컨설팅시 활용한다.

넷 _ 저축성보험의 만기금액 산정이 어떻게 이루어지는지 알아둔다.

다섯 _ 금융기관의 이자운용방법을 알아둔다.

여섯 _ 복리와 단리계산에 따른 실질적인 수익률 차이도 알아둔다.

일곱 _ 고객에게 변액유니버설보험의 투자수익률을 설명할 경우에는 반드시 은행예금의 만기수익률 계산방법을 적용하여 비교 분석해준다.

장거리와 단거리 경주는
룰이 다름을 알려라

●●● 고객은 최하 10년 동안은 투자할 능력이 있다

장기투자를 하는 기본적인 이유는 무엇인가?

고객은 인생재테크 차원에서 최소한 10년 후를 내다보면서 목적자금마련을 위해 장기투자를 하는 것이다. 만일 고객이 그렇게 생각하고 있지 않다면 당신이 컨설팅을 전개해나가면서 생각을 바꾸게 해야 한다. 즉, 고객에게 장기투자는 재테크가 아닌 인생재테크를 하는 것임을 인식시켜야 한다. 여기서 짚고 넘어갈 점이 있다.

변액유니버설보험을 가입하여 최소한 10년 동안 매월 보험료를 불입한다는 것은 10년 동안은 돈을 찾지 않겠다는 것과 마찬가지이다. 이것은 최하 10년 이상 불입해야 하는 장기상품인 변액유니버설보험을 선택한 투자자라면 당연하다고 생각할 것이다. 왜냐하면 이들은 어느 정도 여유자금이 있기 때문에 장기투자를 선택하는 것이기 때문이다. 결국 이 의미는 사고가 발생하지 않는 한 10년 안에는 항상 매월 보험료를 지불할 능력이 있는 고객임을 말해주는 것이다.

최하 10년 동안 불입할 능력이 있는데 왜 해약이라는 말이 나오게 하는가? 고객으로부터 해약이라는 말 자체가 나오지 않도록 원천봉쇄를 해야 한다.

••• 중도해지하는 경우

고객이 10년 이상 불입할 능력이 있더라도 중간에 사고가 발생하였을 경우에는 중도해지 또는 해약을 할 수밖에 없다. 이 의미는 고객이 변액유니버설보험을 해지하는 경우는 자신의 주관적인 의사표시가 아닌 불가항력적으로 다가오는 보험사고가 발생하였을 때에 하는 것이라는 것을 말한다. 즉, 사고가 발생하여 보험료를 더 이상 불입할 필요가 없을 때만이 해지가 되는 것이다. 이러한 전제조건 하에서 중도해지에 따른 문제를 풀어나가도록 해야 한다.

적립식펀드에 매월 일정금액을 투자해서 3년 동안 운용한 결과 연투자수익률 10%의 수익을 실현했다고 하자.

변액유니버설보험도 똑같이 매월 일정금액을 투자해서 3년 동안 연투자수익률 10%의 수익을 실현했다고 하자.

그런데 부득하한 사유가 발생하여 더 이상 불입을 할 수 없게 되었다. 예를 들어 장해지급률이 80% 이상에 이르는 사고를 당해 해약을 하든지(적립식펀드), 자동해지가 되었다고(변액유니버설보험) 하자.

이 경우 적립식펀드와 변액유니버설보험의 환급금액은 얼마나 될까?

적립식펀드는 가입 이후 90일 미만 중도해지 시에만 이익금의 70%를 수수료로 내야 하는 불이익이 따른다(3개월 환매제한). 이 경우는 가입한지 3년이 지난 시점이므로 원금에다 3년 동안 연 10%에 해당되는 이자가 붙어 나올 것이다.

변액유니버설보험은 최소한 보험가입금액에다가 3년 동안 매월 불입한 보험료로 수익을 올린 적립금액이 얹어져서 사망보험금이 지급될 것이다.

이렇게 따져보면 적립식펀드와 변액유니버설보험의 환급금액은 비교 자체가 안 되는 게임이다(컨설팅 화법에 대한 자세한 설명은 《변액유니버설보험 고품격 컨설팅 화법 63》에 수록되어 있음).

●●● 듀레이션이 매우 긴 상품임을 알려라

투자상품을 선택할 경우 듀레이션(Duration)은 매우 중요하다. 은행상품의 듀레이션은 짧으면 3개월이며 길 경우는 3년~5년이다. 적립식펀드의 듀레이션은 1~3년 정도이다. 물론 5년짜리도 있다. 그러나 변액유니버설보험의 듀레이션은 최하 10년에서부터 약 60년 이상까지도 가는 최장기상품이다. 이를 고객이 반드시 인식하도록 만들어야 한다. 그래야만 단거리 경주와 장거리 경주에 임하는 고객의 기본 인식을 당신의 의도대로 굳힐 수 있다. 만약 단거리 경주를 원하는 고객이라면 듀레이션이 짧은 적립식펀드를 가입토록 하는 것이 옳다. 절대로 변액유니버설보험을 선택하게 해서는 안 된다.

듀레이션(Duration)이란 개념은 채권투자시 각 시점에 있어 현가로 환산된 총 현금흐름에 대한 비율을 가중치를 사용하여 채권의 현금흐름 시점에 곱하여 산출한 현가로 환산된 가중평균만기, 즉 채권의 평균상환기간을 의미한다. 그러나 지금은 금융상품의 잔존만기개념으로서 변동성유무를 나타낼 때 흔히 사용되고 있다.

금융상품의 듀레이션은 만기가 길수록 길다. 즉, 시드머니의 현재가치로 자신이 목적한 미래가치를 발생하게 하는 시점이 길다는 뜻이다. 따라서 만기수익률이 높을수록 듀레이션은 짧아지게 된다.

인생재테크 실현을 목적으로 가입하는 변액유니버설보험의 듀레이션은 당연히 길게 마련이다. 그러나 변액유니버설보험은 단리보다는 복리로 운용되고 또한 언제든지 펀드를 갈아타 수익을 더 올릴 수 있으므로 듀레이션을 짧게 가져갈 기회가 없는 것은 아니다. 기간수익률을 높여서 당초 예상한 듀레이션보다 더 짧게 듀레이션이 이루어지도록 하는 상품은 변액유니버설보험밖에 없다. 목적자금을 펀드의 적기운용과 복리운용으로 더 빨리 달성할 수 있기 때문이다. 그렇다고하더라도 절대로 듀레이션을 10년 이하로 짧게 만들 수는 없다. 따라서 장기재테크 관점에서 고객이 변액유니버설보험상품을 선택하도록만드는 것이 제일 큰 관건이다.

••• 10년 이내의 단기수익률은 중요하지 않다

듀레이션이 길다는 것을 강조하면서도 변액유니버설보험을 권유하여계약을 체결할 수 있는 방법은 장기목적자금마련에 있어서 단기수익률은 중요하지 않다는 것을 고객에게 성공적으로 인식시키는 것이다.그러면 어떻게 해야 그러한 점을 성공적으로 인식시킬 수 있는지 생각해보자.

육상경기에도 단거리 경주, 중거리 경주, 장거리 경주, 마라톤이있듯이 투자상품도 마찬가지이다. 이 중 변액유니버설보험은 육상경기 중 최장거리 경주인 마라톤과 같다. 중간에 지루하다고 포기하면 뜻을 이루지 못한다.

자기와의 싸움이 긴 상품이므로 혼자 달려가기 힘들 때에는 보험 컨설턴트가 올바로 갈 수 있도록 코칭해주어야 한다.

마라톤 경기에서 이기려면 초반 페이스를 빨리 달려야 할까? 아니면 마지막 페이스를 빨리 달려야 할까? 당연히 골인 지점을 앞에 두고 전력 질주해야 이길 수 있다. 이런 점에서 변액유니버설보험은 복리로 운용되는 상품이므로 장거리 경기에 안성맞춤이라고 할 수 있다. 기간이 길면 길수록 수익률은 그만큼 더 높게 나오게 된다.

인생이란 장거리 경주는 장기재테크 상품인 변액유니버설보험을 동반자로 삼아 함께 가야 한다. 이러한 의미를 잘 되새겨 고객이 중도 해약에 대한 불안감을 피력한다거나 해약환급금이 작은 것에 대한 불만을 토로할 경우 분명히 선을 그어서 일러주어야 한다.

"당신은 지금 단거리 경주를 할 것입니까? 아니면 장거리 경주에 나설 것입니까?"

"일시적인 재테크를 원하십니까? 아니면 평생 동안 인생재테크를 실현해 나갈 것입니까?"

이런 질문으로 대화를 이끌어나가도록 해야 한다.

마라톤 초반에 1등하는 것은 아무런 의미가 없듯이 변액유니버설보험을 가입할 경우 5년 이내의 해약환급금 규모에 그리 연연할 필요가 없음을 알려주어라. 중요한 것은 매월 현재시점에서 펀드수익률이 얼마가 되고 있는가를 주의 깊게 살펴보면서 추가납입 규모를 설정하고, 가장 적절한 시점에서 펀드를 갈아타는 것임을 일깨워주는 것이다. 또한 듀레이션이 최대한 짧아질 수 있도록 지속적인 컨설팅클리닉이 이루어져야 할 것이다.

변액유니버설보험 컨설팅클리닉 코칭 키포인트

하나 __ 장기재테크는 생애 전반을 토대로 인생재테크 안에서 이루어짐을 설명한다.

둘 __ 단거리 경기와 장거리 경기는 룰이 다름을 알린다. 처음부터 단기투자와 장기투자 시의 장단점에 대해 분명하게 알려준다.

셋 __ 중간에 해약하는 것에 대한 우려를 아예 갖지 않도록 불식시킨다. 고객의 프라이드를 드높여 해약 자체를 아예 못하게 만든다. 10년 안에 해지하는 경우는 극단적으로 보험사고가 발생하였을 때 뿐이라는 것을 알려주어 고객으로 하여금 10년 이후까지 불입가능하다는 자기최면을 갖게 만든다.

넷 __ 시작이 반이라는 의식을 확실히 심어준다. 10년이라는 기간이 결코 길지 않은 인생의 일부분이라는 사실을 과거를 회상시키면서 상기시킨다.

다섯 __ 인생전반에 대해 보다 큰 그림을 그려 나가면서 이것을 달성하기 위해서는 인생재테크 플랜을 설계해야 한다는 것을 주지시킨다.

여섯 __ 인생재테크 작업은 장거리 경주이고, 그냥 재테크 작업은 단거리 경주라는 사실을 고객의 뇌리에 깊숙하게 스며들도록 지속적으로 그리고 반복적으로 알려준다.

일곱 __ 장거리 경주인 인생재테크 작업을 완결짓는데 필요한 최적의 수단은 변액유니버설보험임을 역설한다.

여덟 __ 고객으로 하여금 인생재테크 과정에서 불거져 나올 있는 변수는 보험 본연의 기능으로 커버할 수 있음도 알려준다.

아홉 __ 변액유니버설보험은 듀레이션이 매우 긴 상품이지만 복리로 운용되고 펀드를 언제든지 더 높은 수익률을 내는 것으로 갈아탈 수 있으므로 그 기간이 짧아질 수 있다는 것을 입증시킴으로서 장기간 불입에 대한 불안감을 일소시켜 준다.

열 __ 10년 이내 중도해지할 경우 이자발생 시에는 보험가입내역이 국세청의 TIS(Tax Integrated system)에 통보되어 세원노출이 될 수 있음을 알리면서 지속적인 불입으로 적립금을 인출해 효율적으로 활용하도록 유도한다.

전문가답게
조정수익률로 계산해 설명하라

'적립식펀드 또는 변액유니버설보험은 가입한 후 얼마의 투자수익을 올려야 물가상승률을 커버한 수익을 올릴 수 있을까?'

'물가는 계속 오르는데 변액유니버설보험에 가입했다가 나중에 실질이자소득이 물가상승률에도 못 미치게 되면 어쩌나?'

'인플레가 걱정이다. 날이 갈수록 금리는 떨어지는데 물가는 오르고 있으니……'

'글쎄…… 지금 이 금액을 정액투자를 해서 20년 후 인플레를 감안할 때 과연 현재 수준 정도의 노후생활이 가능할까?'

금리가 떨어지다 보니 많은 사람들이 안전하면서도 조금이라도 수익이 높은 투자처를 찾아 헤맨다. 이때 기본적인 투자의 조건은 물가상승률 이상의 투자수익을 올릴 수 있는 곳이어야 한다는 것이다. 이는 시드머니의 미래가치를 높이는데 필요한 최소한의 조건이기 때문이다. 아무리 현재 돈의 가치가 높다 하더라도 미래가치가 떨어진다면 이는 재테크로서는 아무런 의미가 없는 것이다. 돈을 모으는 목적은 미래에 더 확실한 캐시밸류가 이루어지도록 하기 위한 것이기 때문이다.

이렇듯 투자에 있어 물가상승률은 중요한 의미를 갖는다. 그런데도 대부분의 보험컨설턴트가 변액유니버설보험의 투자수익률을 쉽게 설명하고 있다. 인플레 헤지 기능은 강조하면서 정작 이를 커버해나갈 수익률 규모에 대한 구체적인 제시는 하지 않고 있는 셈이다.

물가상승률을 반영하지 않은 투자수익의 계산은 고객이 나중에 목적자금을 활용할 시점에 있어서의 기대치를 만족시키지 못한다. 즉, 물가상승률만큼 돈의 가치가 하락되어 보험 가입할 당시 계획했던 대로 목적자금을 활용할 수 없게 되는 것이다. 물가상승 폭은 현재 은행의 정기예금과 비슷한 수준인 연 4% 대이다. 따라서 고객이 선택한 펀드운용실적이 연 4% 이상의 투자수익을 발생시켜야만 최소한 고객의 알토란같은 시드머니의 가치하락을 막을 수 있으며, 장래에 필요로 하는 목적자금을 적기에 확보할 수 있게 되는 것이다.

●●● 물가상승률에 따른 실제수익률 값

'그러면 얼마나 투자수익을 올려야만 실질수익률이 보장될 수 있을까?'

이 질문에 대답을 구하기 위해서는 '조정수익률' 이라는 개념을 이해해야 한다.

조정수익률(Adjusted Return)은 물가대비 실질수익률을 의미하는 값을 말한다. 즉, 투자수익률이 물가상승폭을 모두 커버한 연후의 실질적인 돈의 가치를 수익률로 환산한 값이다. 따라서 투자수익률은 조정수익률로 환산을 해야만 종자돈(시드머니)의 미래가치를 정확히 예측할 수 있게 되는 것이다.

조정수익률의 공식은 다음과 같다.

조정수익률(k) = [(1 + I) ÷ (1 + r) - 1] × 100

※ I - 투자수익률, r = 물가상승률

그러면 투자수익률이 5%이고, 물가상승률이 4%할 때의 조정수익률을 계산해보자.

이 경우 조정수익률은 [(1 +(0.05)) ÷ (1 + (0.04)) - 1] × 100이 되어 약 0.962가 나온다.

이와 같은 방법으로 투자수익률에 따른 조정수익률을 공식에 의거하여 계산해보면 다음과 같은 조정수익률 값을 구할 수 있다.

물가상승률 4%시 이에 따른 투자수익률 대비 조정수익률 값

투자수익률	1.0%	2.0%	3.0%	4.0%	5.0%	6.0%
조정수익률	-2.885%	-1.923%	-0.962%	0%	0.962%	1.923%
투자수익률	7%	8.0%	9.0%	10.0%	11.0%	12.0%
조정수익률	2.885%	3.846%	4.808%	5.769%	6.731%	7.692%
투자수익률	13.0%	14.0%	15.0%	16.0%	18.0%	20.0%
조정수익률	8.653%	9.615%	10.577%	11.538%	13.462%	15.385%

위의 표를 보면 물가상승률 이상에 덧붙여 연 5% 이상의 투자수익을 올리기 위해서는 최소한 펀드운용으로 인한 투자수익률이 연 10%

이상 되어야 한다는 것을 알 수 있다. 따라서 물가상승률이 연 4%이고 펀드투자수익률이 연 10%라고 가정한다면 실제수익률인 조정수익률은 연 5.769%가 되는 것이다. 투자수익률이 연 8%라고 가정한다면 실제수익률인 조정수익률은 연 3.846%가 되는 것이다.

저축형이든 보장형이든 변액유니버설보험을 가입하는 고객들의 주된 목적은 보장을 받기 위함이 아니라 10년 이상의 장기투자로 일정 시점에서부터 투자수익을 극대화하기 위해서이다. 그리고 이러한 장기투자상품에서 투자수익을 극대화하기 위한 관건은 물가상승률을 어느 정도 커버하여 수익을 올리느냐에 달렸다. 즉, 인플레 헤지 기능의 극대화가 투자수익 극대화의 중요한 요소이므로 반드시 조정수익률에 기초를 두고 컨설팅을 해주어야 한다. 또한 조정수익률로 환산한 실질수익률이 극대화될 수 있도록 펀드수익률의 변화 추이를 예의 주시하면서 적기에 갈아탈 수 있도록, 그리하여 어느 일정시점에서 적립금액을 찾을 때 가장 많은 수익을 낼 수 있는지 지속적으로 조언을 해주어야 한다.

앞으로 변액유니버설보험 컨설팅시에는 말로만 인플레 헤지 기능이 있다고 하지 말고 재무전문가답게 물가상승률분을 반영한 조정수익률을 기초로 하여 투자수익률을 설명하도록 하자.

변액유니버설보험 컨설팅클리닉 코칭 키포인트

하나_ 변액유니버설보험은 인플레 헤지 기능이 있는 상품임을 알린다.

둘_ 물가상승률과 조정수익률의 상관관계를 알아둔다.

셋_ 투자수익률과 조정수익률의 상관관계를 알아둔다.

넷_ 투자수익률과 물가상승률에 따른 조정수익률 값을 계산할 줄 알아야 한다.

다섯_ 단순히 투자수익률만 제시하지 말고 조정수익률로 환산해서 제시하는 전문가십을 발휘한다.

여섯_ 노후생활자금 마련을 위해 변액유니버설보험과 변액연금보험을 컨설팅할 경우에는 반드시 조정수익률 값으로 설명하여 노후대비자금 규모를 상향 조정해야 한다.

일곱_ 조정수익률로 환산해서 투자수익률을 제시하는 방법은 인생재테크 관점에서 필요한 목적자금마련에 대한 개념이 아직 설정되지 않는 사람들에게 합리적으로 조언할 때 활용하면 유용하다.

매월 100만 원은 쓸 수 있도록 설계하라

••• 노후는 반드시 자기 스스로 책임을……

지금의 노인들은 평생을 부모님을 봉양하고 자식 뒷바라지를 하느라 노후준비를 해놓은 사람들이 많지 않다. 실제로 한국보건사회연구원 조사에 따르면 65세 이상 노인의 23.8%만이 노후생활을 준비했다고 응답했다. 10명 중 8명이 노후에 대해 아무런 대비를 하지 못한 것이다 (조선일보, 2005. 8. 12).

부모와 자식 간에도 각박해져만 가는 세상인심에 노후준비를 하지 않고 노후를 맞은 이들은 나날이 궁핍한 삶 때문에 힘들어하고 있다. 자식과 따로 떨어져 살면서 궂은 일로 생계를 간신히 꾸려 나가는 노인들도 나날이 늘고 있다.

그래도 그나마 지금의 노인의 자식(30~50대)들은 어느 정도 부모를 봉양할 의지는 있어서 이들에겐 다행이다. 6.25 전쟁 이후에 태어난 50대 이하의 세대는 자식에게 노후를 기댈 생각은 아예 하지 말아야 한다. 30~50대를 일컬어 부모님에게 마지막으로 봉양하고 자식에게 제일 처음으로 버림받는 샌드위치 시대라 하지 않는가? 이런 현실 때문인지 노후준비에 신경 쓰는 사람들이 날이 갈수록 많아지고 있다. 참으로 다행스러운 일이다. 그러나 아직도 노후준비의 중요성을 인식하지 못하는 사람 또한 매우 많다. 심히 걱정스러운 일이다.

이런 이들에게 당신의 해야 할 일은 돈이 없는 노후, 아무런 준비도 하지 않고 맞이하는 병들고 힘없는 노후는 하루하루가 고통의 연속으로 다가올 수 있음을 상기시키면서 조금이라도 젊었을 때 미리 그 대비책을 마련하도록 일깨워주는 일일 것이다. 그리고 행복한 노후를 위해서는 어떻게 여유자금을 갈무리해야 하는지에 대해 가계자산을 포트폴리오에 입각해 최적으로 설계해주어야 할 사명감이 있다. 그것이 보험컨설턴트로서의 진정한 프로십인 것이다.

●●● 행복의 완성을 위한 인생재테크

통계청이 발표한 '세계 및 한국 인구 현황' 자료에 따르면 2015년에는 65세 인구 중 혼자 사는 노인 비율이 20%로 노인 5명 중 1명은 혼자 외롭게 살아가야 할 것이다라고 한다(국민일보, 2005. 7. 10).

이 세상에서 노후에 믿을 건 애지중지하던 자식도, 꼬박꼬박 세금을 낸 나라도, 청춘을 불사르며 일한 직장도 아니다. 오로지 나 자신만이 노후에 대한 모든 멍에를 짊어지고 가야 한다. 앞으로 30년 후에는 경제력이 있는 생산가능인구 1.4명당 노인 1명을 부양해야 한다는 통계가 이를 증명해주고 있다. 특히 평균수명이 남자보다 약 7세 이상이 많은 여자에게 노후준비는 필수를 넘어 생명선이라고 할 수 있다.

장수시대에는 노후가 그만큼 삶에서 차지하는 비중이 커질 수밖에 없다. 이러한 현실을 반영하듯 변액연금보험이나 변액유니버설보험에 가입하는 대다수의 사람들은 이러한 보험의 가입목적을 노후생활자금 확보에 두는 경우가 많다. 따라서 변액유니버설보험을 판매하려는 당신은 노후생활비로 얼마가 가장 적합한지 객관적인 자료를 제시할 필요성이 있다. 물론 다다익선이라고 많으면 많을수록 좋겠지만 월수입과 종자돈이 한정된 가운데에서 정액투자를 하는 것이므로 무한정 높게 잡을 수만도 없는 노릇이다. 개개인의 소득수준이나 라이프사이클, 라이프스타일, 라이프스테이지에 따라 노후에 필요한 자금규모는 천차만별이겠지만 그래도 보편적인 수준에서 산출해 제시할 필요성은 부인할 수 없다.

●●● 현가기준으로 매월 100만 원은 있어야……

장기투자상품인 변액유니버설보험을 가입하는 주목적은 장기목적자금 마련에 있다. 장기목적자금은 주택마련자금, 교육자금, 결혼자금 등 여러 가지가 있겠지만 그중에서 노후생활자금은 정말 중요하다. 특히 요새는 노후생활자금 확보를 장기목적자금 마련의 주된 아젠다로 삼기 때문에 고객이 앞으로 얼마의 노후생활자금이 있어야 편안한 노후를 살아갈 수 있을지에 대한 부분은 빼먹지 않고 컨설팅을 해야한다. 필자 또한 노후생활자금 마련을 위한 목적으로 변액연금보험과 변액유니버설보험을 가입하였다.

이제 변액유니버설보험 컨설팅시 왜 당신이 고객의 노후생활자금 마련 방법을 구하기 위해 머리를 굴려야 하는지 그 필요성을 알았을 것이다. 그럼, 현재 우리나라 사람들은 노후생활자금으로 얼마 정도를 필요로 하고 있는지 살펴보자. 최근의 기사 한 토막을 살펴보면 일반적으로 얼마 정도의 노후생활비가 필요한지 짐작할 수 있다.

'은퇴 뒤에 생활고 없이 편안한 여생을 보내려면 얼마나 필요할까'

노후준비를 시작하는 연령대가 낮아지면서 연금보험을 판매하고 있는 보험사에는 '얼마를 모아야 하느냐', '어떻게 모으는 게 좋겠느냐' 등 노후자금마련에 대한 문의가 늘고 있다.

삼성생명보험이 자체 조사한 결과 여유로운 노후생활을 위해 필요한 자금은 상류층 8억 9360만 원, 중산층 4억 7560만 원 정도가 필요한 것으로 나타났다. 이는 60세에 은퇴하고 부부가 80세까지 함께 살 때를 가정한 것이다. 우선 여유로운 생활을 즐길 수 있는 상류층은 연간 기본생활비 1,596만 원에 여유생활비용 2,872만 원이 든다. 따라서 연간 4,468만 원이 20년간 필요하다고 계산하면 물가상승률을 감안하지 않았을 때 순수하게 필요한 자금이 8억 9,360만 원이다. 물론 상속자금이나 불가피하게 써야 할 긴급소요자금은 다 뺀 것이다.

중산층은 기본 이상의 노후생활을 기대한다면 연간 기본생활비 1,596만 원에 여유생활비용 782만 원을 더한 2,378만 원 정도를 준비해야 한다. 20년치를 마련하려면 4억 7,560만 원이 필요하다는 계산이 나온다. 기본생활비는 통계청이 조사한 2005년 1분기 55세 이상 가구 월평균 소비지출 액 177만 원 중 여유생활비용과 중복되는 교통비 27만 원, 교육비 10만 원, 교양·오락비 7만 원 등을 제외한 133만 원이 기준이다. 여기에는 식료품비 48만 원, 주거비 25만 원, 피복·신발비 7만 원, 보건의료비 13만 원, 기타 잡비 40만 원 정도가 포함되어 있다.

(매일경제 2005. 6. 27)

위의 기사를 살펴보면 여유로운 노후생활을 위해서는 중산층의 경우 약 4억 7천만 원은 있어야 한다고 한다. 이는 60세에 은퇴한 부부가 80세까지 함께 살 때를 가정한 수치로 매년 부부 2인에게 2,350만 원 정도는 필요하다고 한다. 즉, 물가상승률을 고려하지 않은 현시점에서 노인 1명에게 매월 100만 원 정도는 있어야만 궁색하지 않은 노후를

보낼 수 있는 셈이다.

실제로 주위의 홀로 사는 노인들을 둘러보아도 1인당 월 100만 원 정도는 있어야 여유롭고 편안한 노후를 보내는 것처럼 보인다. 자녀학비나 결혼비용이 일체 들어가지 않고 오로지 부부만의 생활에 필요한 자금이 이 정도의 금액이면 매우 충족한 삶은 아니라도 안락한 삶이라고는 할 수 있을 것이다. 따라서 변액유니버설보험도 이 정도의 금액에 근거를 두고 컨설팅클리닉에 나서야 할 것이다. 고객이 노후를 아름답게 맞이하도록 카운슬러 역할을 충실히 하기 바란다.

●●● 미래가치를 실감나게 시뮬레이션을 해줘라

앞에 기사에서 제시한 노후의 부부 생활비 월 200만 원은 현재 시점에서 환산한 금액이므로 미래 어느 특정 시점에서는 이 정도의 금액으로 현재의 노후생활수준을 유지하는 것은 불가능하다. 왜냐하면 물가상승률만큼 돈의 가치가 떨어지기 때문이다. 따라서 현재가치가 아닌 미래가치에 기준을 두고 노후자금을 설계해야 한다. 즉, 현재 100만 원의 가치를 가진 돈 만큼을 미래의 노후자금으로 마련해두려면, 얼마의 자금을 마련해야 하는지 그에 대해 시뮬레이션을 해주어야 한다.

40세인 홍길동 씨는 60세 되는 해부터 연금식으로 현재 100만 원에 해당하는 자금을 매월 인출해 쓰고 싶다고 한다. 만일 당신이 홍길동 씨를 담당하고 있는 컨설턴트라면 어떻게 설계를 해주겠는가? 단, 물가상승률은 4%로 가정한다.

이 문제에 대한 답을 구하려면, 20년 후에 현재 100만 원 만큼의 가치를 갖는 금액은 얼마가 되는가를 계산해야 한다. 이 경우에는 종가로 계산된다. 계산공식은 다음과 같다.

> **종가(S) = 현가(P) ÷ 〔1 ÷ (1 + i/m)^n〕**

연간 복리횟수가 1회라 하고 계산해보면,
종가 = 100만 원 × 1 ÷ (1 + 0.04)^{20}
    = 100만 원 ÷(1 ÷ 2.191123)
    = 100만 원 ÷0.456386
    ≒ 2,191,127원

즉, 20년 후에 현재 100만 원의 가치를 가진 금액은 219만 원이라는 얘기다. 따라서 물가상승률을 감안할 때 매월 219만 원은 되어야 현재 100만 원을 갖고 생활하는 수준의 노후생활을 할 수 있다. 219만 원은 매월 받는 금액이므로 이를 일시납으로 단순 계산하면 20년간 산다고 가정할 경우 5억 2,560만 원이 필요하다. 만일 당신이 홍길동 씨를 담당하고 있는 보험컨설턴트라면 이 금액을 고객이 확보할 수 있도록 설계해야 한다. 즉, 변액유니버설보험이라면 홍길동 씨가 언제 적립금액을 찾아야 이 돈을 마련할 수 있는지를 늘 염두에 두면서 컨설팅에 임해야 한다.

변액유니버설보험 컨설팅클리닉 코칭 키포인트

하나_ 현재가치 기준으로 매월 100만 원 이상이 되도록 컨설팅하라.

둘_ 현재 시점에서 월 100만 원의 생활비는 최소한 마련할 수 있도록 설계하라.

셋_ 객관적인 자료를 제시하여 고객이 수긍하도록 유도하라.

넷_ 왜 당신이 제시하는 목적자금을 미리 준비해야 하는지 그 원인과 이유를 설명하라.

다섯_ 최소한 고객이 자신의 명예를 지키면서 노후를 맞이할 수 있도록 자존심을 일깨워라.

여섯_ 노후생활자금은 반드시 물가상승률을 감안해서 컨설팅해야 한다.

일곱_ 사람들은 객관적인 사실을 중요하게 여기므로 관련 자료를 늘 준비해두어 언제라도 고객에게 제시할 수 있어야 공감대를 이룰 수 있다.

여덟_ 노후는 행복한 인생을 위한 인생재테크의 마무리 단계이다. 이를 아름답게 만들어 나가도록 일깨워준다.

아홉_ 노후가 축복이 아닌 고통으로 다가올 수 있다는 사실을 시뮬레이션을 통해 알려주면서 그에 대한 대책을 하루빨리 세우도록 컨설팅한다.

정액저축투자방법을 이끌어내라

현재 노후를 위해 넉넉한 자금을 확보해놓은 사람은 우리나라에 5%도 채 안 된다고 한다. 나머지 95% 이상의 사람들은 지금부터라도 착실히 노후를 준비해나가야 하는 상황이다. 이것은 상위 5% 안에 들어가는 부유층 사람들만이 노후를 위해 사용할 종자돈이 있을 뿐, 나머지 사람들은 종자돈이 별로 없다는 의미가 된다.

종자돈이 많은 사람은 솔직히 땅, 아파트, 상가 등 부동산에 투자하는 것이 훨씬 이익이다. 우리나라는 인구에 비해 국토가 매우 작기 때문에 땅값이 올라갈 수밖에 없다. 통계청에서 2005년에 발표한 자료에 따르면 우리나라는 국토면적 대비 인구비율, 즉 인구밀도(Population Density)가 km^2 당 476명으로 전 세계 국가 중 방글라데시와 대만에 이어 3위로 높다고 한다.

지금은 비록 아파트, 주상복합빌딩 등 부동산 버블이 매우 심한 상태지만 아직까지 땅은 장기적 재테크 수단으로 손색이 없다는 것이 전문가들의 견해이다. 그러나 땅이 아무리 재테크 수단으로 매력이 있어도 목돈이 없는 사람에게는 그림의 떡이다. 분납형의 정액식 투자를 할 수밖에 없는 이유가 여기에 있다.

정액투자방법에는 여러 가지가 있으나 장기목적자금을 마련하는
데 있어 가장 좋은 상품은 변액유니버설보험이라고 할 수 있다. 왜냐
하면 복리로 운용되면서 비과세 혜택까지 주어지니 말이다.

그럼 앞에서 문제로 제시한 홍길동 씨의 경우를 예로 들어 홍길동
씨 부부가 노후에 사용할 자금을 마련하기 위해서는 정액투자로 얼마
의 적립금액이 쌓이도록 만들어야 하는지 알아보도록 하자.

홍길동 씨가 20년 뒤에 연금으로 받고자 하는 금액은 현재가치를
기준으로 월 100만 원이므로, 부부(2명)에게 필요한 노후생활자금은 매
월 200만 원이다. 연간 2,400만 원이 필요한 셈이다. 그러면 40대인
홍길동 씨 부부가 20년 후에도 현재 수준의 생활을 유지하기 위해서는
얼마만큼의 목적자금이 필요한지 계산해보자. 즉, 홍길동 씨가 은퇴했
을 때 필요한 연금의 미래가치를 계산해보자는 것이다.

이 경우에는 실질적인 물가상승률을 반영한 금액을 계산해야 할
것이다. 은퇴할 시점까지 전체기간 동안에 기본적인 물가상승률(r)을
연 4%로 가정할 경우 은퇴시점에서 필요한 일시금, 즉 은퇴한 첫 해에
필요한 금액을 산출하는 공식은 다음과 같다.

은퇴 일시금(FV) = FV = PV × $(1 + r)^n$

이 공식에 따라 은퇴 일시금을 계산해보면,

$FV = PV \times (1 + r)^n$

= 2400만 원 × (1 + 물가상승률(r))$^{은퇴 시까지 남은 연수}$

= 2,400만 원 × $(1 + 0.04)^{20}$

= 2,400만 원 × 2.191123

= 52,586,955원이 된다.

즉, 홍길동 씨가 은퇴하는 첫 해(60세)에 홍길동 씨 부부가 원하는 연금의 미래가치는 52,586,955원이라는 것이다. 이를 바꾸어 설명하면 현재의 2,400만 원이 20년 후에는 약 5,258만 원이 되어야만 지금과 같은 생활을 할 수 있다는 것이다. 만약 홍길동 씨가 은퇴한 이후 20년간 산다고 가정한다면 이 경우 필요한 노후자금은 단순히 계산해도 '20년 × 52,586,955원 = 1,051,739,100원'이 된다. 10억 5천만 원이 웃도는 금액이다.

그러나 이는 20년 후의 투자수익률을 전혀 고려하지 않고 0%의 단리로 계산한 단순 수치이다. 따라서 변액유니버설보험에 매월 일정 금액을 정액투자했을 경우에는 투자수익률을 조정수익률로 환산하여 미래가치를 산출해야 할 것이다.

여기서는 변액유니버설보험의 투자수익률을 연 8%라고 가정해보자. 이 때의 조정수익률은 연 3.846%이다(단, 여기서 필자가 계산하는 방법은 주계약보험료가 100% 펀드에 투자된다는 가정 하에 산출하는 것임을 밝혀 둔다. 따라서 실제해약환급금 상에 나와 있는 수치와는 많은 차이가 발생할 것이다).

공식은 다음과 같다.

$$PV\char`\^ = Pmt \times [(1-(1-d)^n) \div d$$

$PV\char`\^$는 물가상승률 및 조정수익률에 따른 은퇴 시점에서 필요한 은퇴일시금을 의미한다. Pmt는 연금 첫 해에 필요한 일시금에 대한 비례상수를 말하며, d는 조정수익률 값에 대한 상수로서 '$d = k \div (k \times 100)$'이 된다. n은 은퇴시까지의 남은 잔여기간을 의미한다. 즉, 은퇴 시점(60세)부터의 평균여명을 말한다.

이 공식에 따라 홍길동 씨 부부가 은퇴 시점부터 향후 필요한 노후자금을 산출해보면, 60세부터 평균 20년간 산다고 가정했으므로,

$$
\begin{aligned}
PV\char`\^ &= 52,586,955원 \times [1 - (1 - 0.03846 / 3.846)^{20}] \div (0.03846 / 3.846) \\
&= 52,586,955원 \times (1 - (1 - 0.01)^{20}) \div (0.01) \\
&= 52,586,955원 \times (1 - (0.99)^{20}) \div (0.01) \\
&= 52,586,955원 \times (1 - 0.8179) \div (0.01) \\
&= 52,586,955원 \times 0.1821 \div 0.01 \\
&= 52,586,955원 \times 18.21 \\
&\fallingdotseq 957,608,450원(소수점 5자리 이하는 생략(반올림)했음)이 된다.
\end{aligned}
$$

즉, 조정수익률로 계산한 은퇴시 필요한 일시금액은 약 957,608,450원이 된다. 이 말은 가입설계서 상에 나오는 해약환급금액이 이 정도는 되어야 현재가치로 매월 200만 원씩 쓰면서 노후를 보낼 수 있다는 의미이다.

지금까지 계산해본 홍길동 씨의 목적자금은 순수하게 변액유니버셜보험에 정액투자를 매월했을 경우의 산출금액이다. 즉, 현재 아무런 노후대비책이 없다는 가정 하에서 출발한 것이다. 따라서 당신의 고객을 위한 컨설팅시에는 다양한 경우의 수(현재 준비된 자금과 향후 자금마련 변수)를 고려해서 적합하게 노후플랜을 설계해줄 수 있어야 한다.

다시 홍길동 씨의 예로 돌아가서, 미래가치로 계산한 홍길동 씨의 필요 노후자금 957,608,450원을 다시 현재의 가치로 계산해보면

$$PV = 957,608,450원 \times [(1 \div (1 + i)]^{20}$$
$$= 957,608,450원 \times [(1 \div (1.04)]^{20}$$
$$= 957,608,450원 \times (0.96154)^{20}$$
$$= 957,608,450원 \times 0.4564$$
$$\fallingdotseq 437,052,497원이 된다.$$

이는 홍길동 씨가 현재 일시금으로 437,052,497원이 있다면 노후생활을 하는 데 지장이 없다는 얘기다. 그러나 이러한 노후생활에 필요한 목돈은 우리나라 사람 중 95% 정도는 없으므로, 매월 펀드에 정액투자하여 연금처럼 찾아 쓸 수 있도록 노후를 준비하는 것이 일반적이다.

그러면 노후생활자금 마련을 목적으로 변액유니버셜보험을 컨설팅할 때 어떤 방법으로 컨설팅을 전개해나가야 할까?

먼저 '20년 뒤에 매월 200만 원씩 쓸 수 있도록 준비하려면 957,608,450원이 필요하다' 라는 화두를 던지면서 컨설팅을 시도하는

것이 좋다. 이렇게 운을 띄우면 고객들은 약간 당황할지도 모른다. 노후를 위해서 이렇게 큰 자금을 마련해두어야 하는 줄은 미처 생각하지 못했을 테니까 말이다.

이럴 때는 이를 입증할 데이터를 보여주면서 고객이 동의하고 공감을 이끌어낼 수 있도록 노후생활자금 마련의 필요성을 환기시켜야 한다.

고객의 니즈를 끌어내는데 성공했다면 당신의 고객은 얼마의 자금을 지금 준비해놓고 있는지 재무정보를 캐치해야 한다. 그러면서 변액유니버설보험은 물가상승률을 커버하는 인플레 헤지 기능이 있으므로 20년 후 필요한 957,608,450원을 모두 만들 필요는 없으며, 고객의 상황에 따라 노후에 필요한 자금은 다르게 나타나므로 이를 감안하여 재무플래닝을 해주겠다고 제안하면 된다. 즉, 변액유니버설보험만으로 노후를 준비해야 하는 고객도 있을 수 있고, 국민연금과 퇴직금 또는 기업연금이 노후에 보탬이 되는 고객도 있을 것이며, 그밖에 공무원연금, 군인연금, 사립학교교원연금, 특수직역연금 등 노후를 맞는 상황이 고객 개개인마다 다를 것이므로 이를 모두 감안하여 고객 개개인에 맞게 시뮬레이션을 해나가는 것이다. 그러면 변액유니버설보험을 통해 고객 개개인에 맞는 노후자금 규모가 나오게 된다.

정리하자면, 고객 가정의 재무상태를 충분히 분석한 연후에 고객이 장기목적자금의 필요성을 확실히 인정하게 하고, 적시에 장기목적자금을 마련할 수 있도록 최적의 안으로서 변액유니버설보험을 제안하여 인생재테크 플랜을 설계해준 후 가입을 유도해야 성공할 수 있다.

변액유니버설보험 컨설팅클리닉 코칭 키포인트

하나 _ 우리나라 사람 중 95%는 노후를 대비해야 함을 알린다.

둘 _ 노후자금 마련을 위한 저축은 정액투자방법이 최적임을 알린다.

셋 _ 노후자금은 매월 연금형식으로 수령하는 통장이 되어야 함을 알린다.

넷 _ 지금보다 노후 시점에 총 얼마의 자금이 필요한지 눈으로 보여준다.

다섯 _ 현재 준비하고 있는 노후대비 자산의 현가를 분석해준다.

여섯 _ 모든 경우의 수를 고려하여 인생재테크 플랜을 짜고, 이를 이용하여 설득한다.

일곱 _ 시드머니의 미래가치에 대한 인식을 조정수익률로 계산하여 확실하게 심어준다.

여덟 _ 고객으로 하여금 동의를 하도록 유도하고 공감대를 이끌어낼 수 있도록 객관적인 자료와 데이터를 적시에 제공하면서 컨설팅한다.

보험료추가납입제도를
최대한 활용하라

●●● **적립식펀드의 대항마는 보험료추가납입제도이다**

변액유니버셜보험에서 추가납입이 가능한 점은 매우 큰 메리트이다. 다른 간접투자상품에는 없는 최고의 장점이라 할 수 있다. 보험료추가납입제도는 전통형 보험상품에서의 보험료추가납입과는 완전히 그 의미가 다르다.

전통형 보험보험은 보장을 주목적으로 하고 있기 때문에 당연히 수익률은 당연히 뒷전(?)으로 밀린다. 그러므로 고객이 해약환급금의 부족분을 질문할 경우 보장을 강조하면서 커버할 수 있는 명분이 있다. 그러나 보험투자상품 저축형은 어디까지나 보장이 아닌 재테크를 목적으로 가입하는 것이기 때문에 고객에게 펀드에 대한 기대수익률을 실질적으로 높여주어 최대한의 이익을 실현해줄 수 있도록 올바로 인생재테크 플래닝을 해주어야 한다.

따라서 신계약비 항목 중 단지 수금비만 보험료에서 공제하는 보험료추가납입제도를 고객에게 올바로 이해시켜 고객이 반드시 추가로 보험료를 불입해 보다 많은 기간수익률을 높일 수 있도록 컨설팅클리닉을 해나가야 할 것이다. 이는 당신의 책임이고 의무라 할 수 있다. 아직은 고객들이 이에 대해 실감을 못하고 공감대가 형성되어 있지 않아서 그렇지, 언젠가는 봇물 터지듯이 판매관리사인 당신에게 보험료 추가납입제도에 대한 질문과 조언을 해올 것이다. 이를 늘 염두에 두고 미리 대비해야 예기치 않은 질문에 당황하는 일이 없을 것이다.

●●● 추가납입을 해야만 듀레이션이 짧아진다

변액유니버설보험을 고객이 가입하는 목적은 장기목적자금을 적기에 마련하여 인생재테크를 완결시켜 주기 위해서이다. 따라서 가능한 한 듀레이션을 짧게 가져가면서 목적자금을 마련할 수 있도록 컨설팅을 해주는 것이 당신의 몫이다.

그럼 어떻게 해야 할까?

처음 가입시 펀드를 잘 골라 투자수익률을 높이는 방법도 있을 것이고, 가입 후 적기에 펀드를 잘 갈아타는 방법도 있을 것이다. 또 보험료를 제때제때 하자 없이 내는 방법, 고액계약을 체결하여 보험료 할인혜택을 받는 방법도 있을 것이다. 그러나 기대수익률을 즉시 높일 수 있는 최선의 방법은 보험료추가납입을 적극 활용하는 것이다.

추가납입을 해야만 기간수익률이 높아져 듀레이션이 짧아진다. 추가납입을 했다는 것 하나만으로 고객은 최소한 연 투자수익율을 약 10% 이상 더 올릴 수 있다. 1%의 수익률이 아쉬운 마당에 매년 지속적으로 10% 이상의 고수익을 올려준다면 어느 누가 추가납입을 하지 않겠는가?

보험료추가납입제도가 투자수익률의 최대 견인차 역할을 할 수 있는 이유는 추가납입분에 대해서는 약 97% 정도가(위험보험료 부분 제외) 곧바로 펀드로 투입되기 때문이다. 이는 기본보험료의 펀드 투입비율(약 80% 정도)과 무려 약 17% 정도(위험보험료를 포함할 경우에는 약 15% 정도)의 차이가 나는 것이다. 이러한 수익률 차이는 그 어떤 재테크 수단으로도 메울 수 없다. 아무리 펀드를 잘 운용한다하더라도 10년 이상 연평균 수익률에 있어서는 이를 상회하는 수익률은 올리지 못한다. 미국이나 유럽의 변액보험상품 투자수익률도 모두 10% 이하인데, 아직 경제적으로 덜 성숙된 우리나라의 경우 이를 상회하는 수익률을 올리기는 사실상 힘들다.

따라서 보험료를 추가납입을 해야만 고객의 인생재테크 실현시기를 보다 앞당겨주어 만족감을 극대화시킬 수 있으며, 그래야만 고객은 당신에게 고마움과 만족감을 표시하게 될 것이다. 이는 자연스럽게 다른 사람들을 소개해주는 것으로 보답하게 된다. 이것이 바로 당신이 평생직업을 일구어 나가는 하나의 로드맵이다. 변액유니버설보험은 추가납입을 해야 적립식펀드와 대항능력이 생긴다. 그리고 그래야만 보다 빨리 고객에게 '안심'이라는 선물을 제공해줄 수 있다는 사실을 늘 명심해야 한다.

보험료추가납입의 가장 큰 효과 10가지

1. **모든 목적자금을 변액유니버설보험 하나로 해결할 수 있다**
   인생재테크 과정에서 필요한 모든 필요자금을 변액유니버설보험 하나로 완결 지을 수 있다.

2. **듀레이션을 보다 짧게 가져갈 수 있다**
   복리로 운용되는 펀드의 묘미와 비과세 혜택은 당초 예상한 재테크플랜을 앞 당겨준다.

3. **여유자금이 있을 때는 언제든지 더 투자할 수 있다**
   상여금, 임대수입 등 부가소득이 발생할 경우 언제든지 추가로 투자할 수 있다.

4. **실질적인 투자수익률이 매우 높아진다**
   여유자금을 펀드에 투자하여 보다 높은 수익률을 올릴 수 있다.

5. **융통성 있게 투자규모를 조절할 수 있다**
   자금이 있을 때만 추가로 투자하므로 계획성 있는 가계운영이 가능하다.

6. **정액보험에 대한 의무감에서 해방된다**
   기본보험료에 덧붙여 여유분에 대한 투자를 하는 것이므로 기본보험료에 대 한 부담감이 상대적으로 덜하다.

7. **자금을 융통성 있게 활용할 수 있다**
   긴급자금 필요시 언제든지 더 많은 자금을 인출해 사용할 수 있다. 가계자금 에는 언제나 변수가 있기 마련인데 이를 모두 소화해주는 상품이다.

8. **투자에 대한 묘미를 만끽하게 해준다**
   추자로 납입하는 보험료 부분에 대한 펀드 운용 방향 등을 스스로 체크하면서 재테크를 즐길 수 있다.

9. **중도해약 등 보험료납입중단이라는 최악의 상황을 막을 수 있다**
   보험료를 추가납입을 하면 적립금액이 더 많이 쌓이고 고객은 이에 대해 더 애착을 갖게 마련이다. 따라서 자금이 아무리 부족하다 할지라도 손쉽게 해지 를 하지 않게 된다.

10. **결과가 만족할 때 그 기쁨을 소개로 이끌어준다**
    사람은 누구나 다른 사람을 통해 이익을 보면 부채감정이 생겨 보답을 하려고 한 다. 당신이 고객에게 쏟은 배려가 커서 고객의 투자수익이 높게 나타난다면 고객 은 당연히 그에 대한 보답으로 다른 사람들을 소개시켜주려고 노력할 것이다.

적립식펀드와의 차이는
료(料)자로 풀어라

왜 똑같은 금융상품인데 고객이 지불하는 돈(저축금액)에 대해 은행상품
은 불입금이라 하고 보험상품은 보험료라고 할까?

당신은 보험료에는 왜 '료(料)' 자가 붙는지 그 이유를 정확히 알고
있는가?

우선 그 이유를 정확히 알아야 한다. 그래야만 진정한 전문컨설턴
트로서 어떻게 고객을 대해야 하는지 알 수 있기 때문이다. 특히 앞으
로는 단순한 보험컨설팅이 아닌 인생재테크 차원에서 재무컨설팅을
해나가야 하므로 이 개념을 확실히 알고 그에 따라 스스로의 영업 로
드맵을 정해가야 할 것이다. 이는 당신이 보험전문가로서 반드시 갖추
어야 할 소명의식이며 고객을 만날 때나 만난 후 또는 계약을 체결하
기 전이나 체결한 후 언제든지 항상 가슴에 새겨두어야 할 화두이다.

일반적으로 보험은 완전한 저축이 아닌 일정 부분은 삶의 리스크
헤지를 위한 지출비용이다. 보험료는 장래 발생할지 모를 위험을 예방
하기 위하여 매월 조금씩 투자하는 위험보장 서비스료(안심료 : 安心料)

인 것이다. 보험산업은 은행과는 달리 보험계약자가 내는 보험료에 보험회사의 운영에 필요한 사업비가 일정 부분 포함되어 있다.

은행의 예금이나 적금 등은 고객이 직접 금융상품을 가입하기 위하여 은행창구로 가야 하지만, 보험상품은 그 특성상 생활설계사나 보험대리점, 보험중개인 등의 전문모집조직을 매개체로 하여 상담판매가 수반되어야 하는 상품이다. 비록 방카슈랑스, 홈슈랑스, 인슈랑스를 통해 고객이 직접 가입을 한다 해도 일반 제조상품과는 달리 보험이 소멸되는 그날까지 사후관리가 필요한 상품이다. 그렇기 때문에 보험상품을 판매하는 모집조직에 대한 모집 수수료와 보험사업을 운용하는데 필요한 보험회사 내근 조직의 인건비, 보험계약을 관리하는 데 필요한 유지관리비 등의 제반 경비 즉, 사업비가 필요하게 된다.

물론, 결과적으로 보면 은행이나 보험이나 사업비 집행방법은 비슷하다. 다만 보험은 언제 어느 때 발생할지 모를 위험(사고)으로 인한 손해를 보상해야 하므로 미리 적정한 경비를 가산하는 것이고, 은행은 안정적인 금리수준을 미리 책정하여 초과하는 자산운용에 대한 수익금액을 경비로 구분하여 나중에 집행하는 것이다.

••• 고객은 단순한 보험료가 아닌 안심료를 지불하는 것이다

그럼 왜 똑같이 돈을 내어 금융상품을 가입했는데 은행은 불입금(납입금)이라 하고 보험은 보험료라 할까?

은행상품을 가입하는 사람은 투자수익을 목적으로 가입한다. 그러나 보험을 가입하는 사람은 안심하고 생활을 하기 위한 위험보장을 목적으로 가입한다.

보험은 위험을 사전에 예방해주고 보장해주는 서비스의 대가인 안심료(安心料)를 받는 것이므로 보험료 끝에 '료(料)자'가 붙는 것이다. 료(料)자는 주로 보다 나은 가치를 누리도록 하기 위해 상대방에게 수고한 봉사에 대한 대가로 지불되는 대금에 붙여지는 것이다. 보험료와 마찬가지로 시청료(TV 수신료), 전기료, 수도료, 가스료, 이발료, 수수료, 임대료, 봉사료 등에도 료(料)자가 붙는 것은 지불하는 돈이 투자수익을 목적으로 운영되는 것이 아니라 서비스에 대한 대가로 지불하는 수고비용(가격)이기 때문이다.

이와 같이 보험은 투자나 저축과 달리 위험을 사전에 예방하고 사후에 방지해주는 제도이므로 보험서비스에 대한 대가로 보험료를 받는다. 보험가입자의 입장에서는 위험보장을 위한 '안심서비스'의 대가인 셈이다. 이처럼 보험료는 위험보장이라는 안심서비스를 제공받는 대가로 지불되는 까닭에 보험을 가입한 후 중도에 해약하게 되면 그 동안 위험에 대한 안심 서비스를 받았던 부분에 해당되는 돈(사업비)은 찾을 수 없다. 그렇기 때문에 납입기간에 따라서 해약환급금이 원금보다 작거나 때로는 아예 못 찾는 경우도 발생하게 되는 것이다.

보험료는 영어로 프리미엄(Premium)이라고 한다. 위험보장을 받는 대신 원금(책임준비금)에 서비스료로 웃돈(사업비)을 얹어주는 것이다.

●●● 사업비는 보험이 소멸될 때까지 관리해달라는 팁이다

변액유니버설보험을 설명할 때 고객이 사업비 부분에 대해 의문을 제기할 경우에는 반드시 '사업비는 보험이 소멸되는 날까지 관리해달라는 팁입니다'라고 설명을 해야 한다. 그리고 이 말 그대로 고객에게 지속적인 재무컨설팅을 해주고 계약이 체결된 이후 펀드수익률이 보다 많이 발생하도록 관리를 해주려고 하는 노력이 뒤따라야 한다. 그것이 사업비를 고객의 소중한 보험료에서 공제하는 주된 목적이고 이유이기 때문이다. 이를 절대로 망각해선 안 된다. 당신이 고객의 사후서비스를 등한시한다면 이는 보험료라는 의미가 퇴색되는 것이다.

사후서비스를 하지 않는다면 보험료를 받는 것이 아니라 불입금을 받는 것이며, 그러면 모집수당은 발생해서는 안 된다. 특히 장기투자상품인 변액유니버설보험을 판매할 때에는 이 점을 간과해선 안 된다. 변액유니버설보험이 적립식펀드와 가장 큰 차이점은 바로 사업비 공제 부분이다. 이는 장기투자상품인 변액유니버설보험을 선택한 고객들에게는 적립식펀드를 선택한 투자자와는 달리 차별화된 서비스를 지속적으로 해주어야 함을 의미한다. 즉, 변액유니버설보험은 고객이 적립된 돈을 모두 인출하는 날까지, 또는 보험혜택을 모두 누려 변액유니버설보험의 효력이 발생하지 않게 되는 그 날까지 책임지고 관리를 해주어야 한다는 사실을 늘 명심하면서 영업에 임해야 한다. 사업비는 보험이 소멸될 때까지 관리해달라는 고객의 마음이 묻어 난 소중한 사례금인 팁(TIPS)이라는 사실을 명심하자.

제5장

탑(TOP) 실적을 만드는
변액유니버설보험 **판매 비법**

일석이조보다는 일석삼조가 낫다.
변액변액유니버설보험 컨설팅클리닉 고수가 되어 진정한 전문직업인으로서
멋지게 성공하려면 고액계약을 체결할 수 있는 차별화된 비법을 익혀야 할 것이다.

●●● 고액계약체결은 전략과 전술이 수반되어야 한다

'어떻게 하면 변액유니버설보험 상품을 보다 많이 판매할 수 있을까?

어떻게 하면 고액계약으로 이어지게 할 수 있을까?

보험트렌드 상 반드시 변액유니버설보험으로 승부수를 띄워야만 하는데……

지금 내노라하는 프로설계사들은 모두 변액유니버설보험으로 업적을 올렸던데……

변액유니버설보험으로 승부해야 소득도 많아질텐데…'

감나무 밑에 백날 드러누워 봤자 홍시가 떨어질까! 싸늘한 낙엽 잎만 뒹굴 뿐이다.

만일 당신이 변액유니버설보험으로 승부수를 띄워 성공하려면 먼저 변액유니버설보험의 고액계약체결을 위한 Scoring 전략을 과학적으로 추진해나가야 한다. 또한 DB(Data Base)를 통한 철저한 고객관리(CRM)와 차별화된 마케팅을 다각적으로 전개해나가야 한다. 그리고 이를 영업의 아젠다로 삼아 줄기차게 추진해나가야 한다.

●●● 변액유니버설보험 고액계약체결을 10가지 차별화된 마케팅 전략

변액유니버설보험은 다음과 같은 10가지 방향으로 차별화된 마케팅 전략을 구사해나가야 보다 알찬 결실을 거둘 수 있다.

첫째, 확보한 DB를 토대로 선택과 집중을 통한 차별화된 마케팅 전개

둘째, 한 가족 전 세대의 로열티 형성을 위한 세대마케팅 실시

셋째, 리모델링을 통한 수선마케팅 실시

넷째, 로열티고객을 통한 소개마케팅 실시

다섯째, 유망고객층이 있는 곳을 미리 탐색해 덫을 놓는 캐치세일즈 실시

여섯째, 고객의 심리를 역이용한 고단수마케팅 전개

일곱째, PB 고객을 통한 고액계약과 추가계약의 지속적 창출

여덟째, 콜드콜과 개척을 통한 신규고객 창출

아홉째, 기존고객을 통한 새로운 고객 창출

열째, 비즈니스 연고의 패밀리 고객화 유도

세대마케팅으로
안정고객층을 확보하라

●●● 선택과 집중으로 고효율을 낳는 타겟마케팅

'PUSH' 형 세일즈가 아닌 'PULL' 형 세일즈를 해야 하는 지금의 보험시장은 매스마케팅(Mass Marketing)이 아닌 타겟마케팅의 시대이다. 특화된 고객을 타겟으로 해서 집중 발굴하고 공략해나가야 보다 많은 수익을 창출할 수 있기 때문이다. 그러므로 지금이라도 당장 당신이 관리하고 있는 잠재고객 중에서 누가 변액유니버설보험을 가입해야 좋을지 살펴보도록 하자.

변액유니버설보험은 총납입해야 하는 보험료 규모가 만만치 않다. 기간도 길다. 매일 펀드수익률이 어떻게 돌아가는지 체크도 해봐야 한다. 그리고 언제 펀드를 갈아타야 하는지 신경도 써야 한다. 그래서인지 간혹 가입을 하고 싶어도 망설이는 잠재고객 군들이 많다. 바로 이런 고객들을 집중적으로 발굴해나가야 한다. 그러면 보다 효율적으로 계약체결에 성공할 수 있다. 선택과 집중은 마케팅의 기본 전략과 전술이다.

●●● 보다 많은 수확을 거두는 세대마케팅

세대마케팅(Household Marketing)은 한 가족 모두를 내 고객으로 만들어 나가는 과정이기 때문에 고객을 단순히 고객으로만 대해서는 안 된다. 이웃 또는 가족과 같이 생각하면서 컨설팅을 해나가야 한다. 여기서 가족이란 부모와 자녀뿐만 아니라 조부모, 손주, 증손주 등 직계존비속 모두를 아우른 대가족 개념이다.

독일속담에 이 세상에서 가장 필요한 친구 3명은 의사, 변호사, 보험에이전트라고 한다. 보험에이젼트를 이 세상에서 가장 필요한 친구 중 하나로 선정한 이유는 보험상품을 잘 컨설팅해주기 때문은 아니다. 때로는 친구처럼, 때로는 가족처럼 고객의 일을 자신의 일처럼 여기며 컨설팅하기 때문일 것이다. 즉, 보험컨설팅 이전에 고객 가정이 재정적으로 안정된 속에서 보다 많은 이익을 획득할 수 있도록 효율적인 자산형성과 자산관리 차원에서 재테크, 세테크, 상속, 증여 등의 복잡한 문제를 컨설팅해주기 때문이다.

변액유니버설보험도 단지 상품만 설계해서 팔 생각이라면 일찌감치 직업을 바꾸는 게 좋다. 계약을 체결한 후에도 고객 가정의 재무상태를 정확히 진단하면서 지속적으로 관심과 애정을 가질 마음의 자세를 갖춰야 성공할 수 있다.

환자의 아픈 곳을 진찰했으면 완치될 때까지 돌보는 것이 의사의 임무인 것처럼 보험컨설턴트도 고객이 세상을 뜨기 전까지 평생토록 관리를 해줘야 한다는 의지와 자세를 가져야 한다. 그래야 그 고객으로부터 다른 고객을 소개받고, 또 소개받은 고객의 가족을 모두 내 고객으로 만들 수 있는 것이다. 이것이 하나를 캐면 줄줄이 엮여 나온다는 일명 '감자캐기전법', 세대마케팅이다.

세대마케팅은 그 어떤 영업방식보다도 영업활동의 동선이 짧다. 때문에 시테크의 효율이 극대화됨은 물론 한 세대 전부를 고객으로 만들어 충성고객화 해나갈 수 있다. 즉, 한 가정의 세대 전체를 자기 가족처럼 여기며 카운슬러 역할을 해나가 평생고객관리의 물꼬를 터 나가는 것이 세대마케팅의 핵심이다.

변액유니버설보험 컨설팅클리닉 `코칭 키포인트`

하나 _ 한 세대에 관한 다양한 마케팅 정보를 지속적으로 입수해나간다.
둘 _ 세대별 가치분석을 바탕으로 가치증대전략을 수립해나가야 한다.
셋 _ DB 마케팅 전략과 병행 추진한다.
넷 _ 정기적인 리모델링을 통해 인생재테크의 완성도를 보다 정교화시킬 수 있도록 노력한다.
다섯 _ 한 세대 구성원 모두가 만족을 느끼도록 컨설팅을 해준다.
여섯 _ 한 세대의 위험보장을 총괄 담당하는 보험컨설턴트가 되어준다.
일곱 _ 한 세대의 인생재테크를 실현해주는 재무설계사가 되어준다.
여덟 _ 한 세대의 인생을 행복하게 이끌어주는 인생카운슬러가 되어준다.

기존고객에게
맞춤식 리모델링을 실시하라

●●● 기존고객은 평생보험 파트너

변액유니버설보험판매에 있어서 가장 소중한 보물은 뭐니뭐니해도 고객명단이라고 할 수 있다. 그 중 개척을 통해 막 발굴한 뜨끈뜨끈한 고객보다는 오래 묶은 포도주 같이 가치가 우러나는 기존고객들의 명단이 더 중요한 인프라이다. 필자는 기존고객을 소홀히 하는 보험컨설턴트들을 보면 '저 사람은 조만간 보험영업을 그만두겠구나!' 라는 생각을 떨칠 수 없다.

신규고객을 발굴하는 것은 점점 더 어려워져 가고 있는 지금, 신규고객 발굴보다는 기존고객을 관리하는 것이 더 효율적이라고 할 수 있다. 실제로 신규고객을 발굴해서 체결하는 계약보다 기존고객을 잘 관리해서 추가로 체결한 계약이나 새로운 고객을 소개받는 것이 영업비용을 5배나 절감시켜준다고 한다. 그리고 또 하나, 기존고객 관리를 잘해야 하는 이유는 신규고객보다는 기존고객들이 추가로 보험을 계약할 확률이 더 높기 때문이다.

미국의 생명보험마케팅 연구협회인 LIMRA(Life Insurance Marketing

Research Association)에서 연구 분석한 자료에 따르면 10명의 고객 중 7명이 같은 보험에이전트에게 추가로 보험을 계약한다고 한다. 그 이유 중 하나는 담당에이전트의 보험서비스에 만족하기 때문이라고 한다. 실제로 10명 중 9명은 현재 자신을 담당하고 있는 보험에이전트에 대해 만족한다고 대답했다.

그런데 우리나라의 경우에는 같은 보험설계사에게 보험을 다시 가입하는 고객들이 50%를 넘지 않는다(여기서 다시 보험을 가입하지 않는다는 것은 생명보험 또는 손해보험상품을 가입한 후 같은 보험설계사에게 재계약이나 추가계약을 하지 않는다는 것을 일컫는다). 담당설계사에 대한 만족도 또한 50% 이하이다. 특히 방카슈랑스, 인슈랑스와 홈슈랑스 시대를 맞이해서 이러한 경향은 더욱 심해지고 있다.

미국과 이와 같은 차이가 나는 근본적인 이유는 전문능력의 부재 때문이다. 아직도 보험판매자들이 전문가로 자리매김을 하지 못해 고객의 인생 전반에 관한 재무플랜을 치밀하게 제시해주지 못하고 있는 실정이다. 또 한 가지 원인은 평생직업의식 없이 보험영업에 임하는 설계사들이 많기 때문이다. 즉, 부침이 심하여 고객서비스가 지속적으로 안 이루어지고 있기 때문이다.

●●● 기존고객의 평생고객화를 실현

기존고객의 평생고객화를 실현하려면 CRM을 통해 고객 가정의 전문 컨설턴트가 되어야 한다. 가정 경제의 자문역할을 하는 FC로서의 자부심을 가지고 성심성의를 다해 컨설팅함으로서 고객으로부터 신용과 믿음을 얻어야 한다. 그래야 소개확보와 추가계약을 얻을 수 있다.

지금 보험시장은 포화상태에 있어서 신규고객창출은 미성년자를 제외하고는 거의 불가능한 실정이다. 변액유니버설보험 시장도 조만간 이런 추세로 이어질 수 있으므로 평생고객화를 실현해나가야 한다. 그 길만이 고객을 계속적으로 확보할 수 있는 유일한 길이며, 리모델링을 통해 신규계약을 체결해나갈 수 있는 길이다. 보험은 리모델링을 지속적으로 해나가야 한다. 갱신계약이나 추가계약 말고는 리모델링을 통해서만이 신규계약을 창출할 수 있다.

지금은 경제트랜드가 세상을 움직이고 있는 시대이다. 모든 산업이 경제트렌드의 물결에 따라 요동을 치고 있다. 보험에 대한 고객들의 필요성 또한 변화의 물결에 따라 수시로 바뀌고 있다. 따라서 그 시대에 가장 알맞은 보험상품으로 갈아탈 수 있도록 컨설팅을 해주는 것은 고객을 위해 바람직한 인생재테크 방법이다. 이 경우 당신 자신의 이익을 위한 리모델링이 이루어져서는 절대로 안 된다.

●●● 나무만 보고 숲은 보지 않는 리모델링

리모델링을 통해 변액유니버설보험을 적극 권장할 경우에는 생명보험 분야에 대해서만 컨설팅하는 것으로는 부족하다. 생명보험 분야에서만 컨설팅하게 되면 나무는 보고 숲은 보지 못하는 우를 범할 수 있다. 즉, 고객의 진정한 재무분석과 보험을 통한 인생재테크를 실현해나갈 수 없게 된다.

지금은 손해보험과 생명보험 상품의 간격이 점점 줄어들고 있다. 손해보험상품에도 저축성보험상품인 장기상품이 있고, 유니버설 기능이 들어있는 통합보험상품도 있다. 뿐만 아니라 변액보험을 접목시킨 상품을 개발해나가려는 추세도 보인다. 물론 교차판매도 이루어진다.

그러므로 만약 당신의 고객이 두 분야의 상품을 모두 가입해놓고 있다면 이를 모두 철저히 분석해 리모델링을 하거나 재무플랜을 짜주어야만 한다. 즉, 손해보험상품의 가입여부까지 알아보고 재무플랜을 짜주는 통합적인 마케팅 전략이 필요하다는 것이다.

비록 생명보험만 취급하는 보험설계사라 할지라도 고객이 현재 가입해 있는 모든 보험증권을 분석한 후 리모델링을 실시해야 하는 것이다. 손해보험회사와 업무제휴를 맺어서라도 말이다. 그래야 고객이 나중에 당신이 아닌 다른 보험설계사를 만나 보험컨설팅을 받아도 흔들리지 않고 당신을 더욱 신뢰하게 될 것이다.

여기서 왜 당신이 단순히 보험설계사로만 머물러서는 안되는지, 왜 인생재테크 컨설턴트가 되어야 하는지 이유를 다시 한 번 깨달았을 것이다.

변액유니버설보험 컨설팅클리닉 코칭 키포인트

하나 _ 기존고객을 최고의 고객으로 생각하고 가입 후에도 지속적으로 신뢰 구축에 힘써 나간다.

둘 _ 보험 리모델링은 고객에게 보다 안전하게 생활하면서 이익을 많이 보게 해주려는 것임을 명심한다.

셋 _ 보험 리모델링을 보다 효과적으로 하여 고객의 만족감을 극대화시킬 수 있는 방법을 모색해나가야 한다. 즉 변액유니버설보험으로 하여금 고객이 만족해하도록 해야 한다.

넷 _ 고객이 가입하고 있는 기존보험상품을 철저히 분석한다.

다섯 _ 고객의 보험니즈를 분석하고 이에 따른 리모델링 전략을 강구한다.

여섯 _ 고객 생애 전방에 걸친 인생재테크를 실현해주기 위한 포석으로 깔고 보험 리모델링 차원에서 변액유니버설보험을 컨설팅해야 한다.

일곱 _ 보장과 재테크가 모두 실현될 수 있는 접점이 이루어지도록 한다.

여덟 _ 기존고객의 보험증권 분석을 통해 계약전환과 추가계약, 리모델링이 지속적으로 이루어지도록 사후관리에 매진한다.

소개마케팅을 접목시켜 시너지화하라

소개마케팅(Refering Marketing)＊은 변액유니버설보험을 고액계약으로 이끌어 고소득을 보장할 수 있는 있는 세일즈마케팅 기법이다. 소개 확보를 통해 이루어지는 계약은 연고나 개척을 통해 체결되는 계약보다 알찰뿐만 아니라 유지율이 매우 좋다.

미국 플로리다주의 한 연구기관에서 조사한 바에 따르면 소개받은 사람들 중 약 60~80%는 상품을 구매하였다고 한다. 그들은 잠재고객들보다 평균 25~30% 정도를 더 많이 구매하였으며, 다른 사람들에게 소개할 가능성 또한 잠재고객들보다 4배 이상이나 더 높았다. 계약 유지율 또한 일반계약보다 약 30% 이상 높은 것으로 나타났다. 이 조사결과에서도 알 수 있듯이 소개의 위력은 세일즈에 있어서 매우 큰 영향력을 끼친다는 것을 알 수 있다.

이 조사결과를 근거로 변액유니버설보험을 소개마케팅에 접목시

＊소개마케팅 - 영향력이 있는 협력자로부터 상품 구매력이 있는 양질의 가망고객을 소개받아 가족화하고 로열티를 형성하는 인간친화적인 세일즈기법으로, 계속해서 제3자로 파급시킬 수 있기 때문에 신규고객을 지속적으로 확보할 수 있다.

켜 보면 다음과 같은 결과가 나타날 수 있을 것이다.

A라는 보험설계사는 자신의 고객에게 다른 사람들을 소개해달라고 부탁하여 10명의 잠재고객들을 소개받았다. 위 조사결과를 직접 적용해 보면 소개받은 사람들 중 보험계약을 체결할 확률은 60~80%가 된다. 최대치로 추정하면 10명 중 8명으로부터 계약체결을 이끌어낼 수 있을 것이다.

이 8명은 월 50만 원 정도의 보험료 규모로 보험가입 여부를 고려하고 있었다고 하자. 그러나 위 조사결과를 적용해보면 A는 자신의 능력에 따라 이들에게 20~30% 높은 금액으로도 보험계약을 체결할 수 있다는 결론이 나온다. 즉, 월 50만 원 정도의 변액유니버설보험에 가입할 의향이 있는 고객을 소개로 만났을 경우 A는 이들이 생각하고 있는 보험료보다 30% 높은 월 65만 원으로 설계하여 변액유니버설보험을 판매할 수 있는 것이다. 이런 결과는 본인의 업적과 소득에 절대적인 영향을 끼치게 된다. 월납 15만 원의 차이가 본인 수당에 얼마나 많은 시너지효과를 가져오는지는 아마 당신이 더 잘 알 것이다.

●●● 소개마케팅을 하고 안 하고의 차이

위 예에서 A는 협력자로부터 소개받은 10명의 고객 중 8명에게서 보험계약을 이끌어낼 수 있었다. 그것도 월 50만 원 정도로 가입할 의향이 있는 고객에게 월 65만 원으로 설계해여 변액유니버설보험을 판매하였다. 그 8명의 고객들은 단지 소개를 통해 당신을 만났다는 이유 하나만으로 보험료를 30% 업그레이드한 것에 대해서도 거부감을 느끼지 않고 사인을 한 것이다.

만약 협력자에게 소개를 부탁하지 않았다면 A는 8명의 고객을 만나지 못했을 가능성이 크다. 설령 만났다 하더라도 보험료를 30%나 업그레이드하여 판매할 수는 없었을 것이다. 즉, A는 가까운 협력자에게 소개를 부탁하는 것만으로 신계약 8건과 520만 원(65만 원 × 8명)의 보험료를 자기 것으로 만들 수 있었다.

이렇게 소개마케팅은 새로운 고객을 창출하는 것은 물론, 보다 업그레이드된 고액계약을 체결해나갈 수 있도록 해주는데 이러한 연쇄반응은 꼬리에 꼬리를 물고 나타나게 된다. 이것이 바로 소개마케팅의 위력이다.

●●● 소개마케팅의 5가지 인프라

그러나 소개마케팅을 단순히 소개판매라고 생각해서는 안 된다. 철저한 고객관리를 통해 과학적이고 지속적인 가치를 스스로 창출할 수 없다면 소개마케팅은 절대로 성공할 수 없다는 사실 또한 알아두어야 한다.

소개마케팅에서 제일 중요한 요소는 '가치(價値, Value)의 올바른 창출과 전파'이다.

소개마케팅에서의 가치는 다음과 같이 5가지로 정리할 수 있다.

① 세일즈맨에 대한 가치

② 취급하는 상품에 대한 가치

③ 판매회사의 브랜드 이미지에 대한 가치

④ 마케팅을 믹스한 아이디어의 창출

⑤ 고객과의 지속적인 유대감 형성(관계형성)

이 5가지가 종합적으로 결합되어야 소개마케팅이 움틀 수 있는 터전이 마련되고, 지속적으로 추진해나갈 수 있게 된다. 이를 '소개마케팅의 5가지 인프라' 라 하는데 이는 소개마케팅의 생명선이다.

그러므로 이 5가지 가치 창출에 혼신의 힘을 기울여 고객과의 신뢰구축을 통한 '씨불' 을 만들어낼 수 있도록, 그리하여 보다 업그레이드된 계약을 이 이뤄낼 수 있도록 노력해야 할 것이다.

※ 소개마케팅에 대한 기본 이론과 법칙, 실천방법과 마케팅 전개 기술은 필자가 집필한 《1사람이 50명의 계약을 낳는 소개마케팅1권(마인드편), 2권(실천편)》에 그 솔루션이 자세히 수록되어 있다.

변액유니버설보험 컨설팅클리닉 코칭 키포인트

하나 _ 소개마케팅을 보험영업에 접목시켜 나갈 방법을 심층 연구한다.

둘 _ 반드시 소개판매가 아닌 소개마케팅을 해야 함을 스스로 깨달아야 한다.

셋 _ 소개마케팅의 5가지 인프라 구축에 온 힘을 기울여 나간다.

넷 _ 자신이 프로라는 확신이 선다면 과감히 고객에게 소개확보 요청을 한다.

다섯 _ 소개자와 피소개자와의 인간관계를 무기로 전략적인 마케팅을 펼쳐 나간다.

여섯 _ 누구에게 부탁을 하면 소개확보가 가능한지 비즈니스 연고를 분석해본다.

일곱 _ 자연 연고 중 아직 비즈니스 연고로 만들지 못한 고객에게 소개부탁을 적극 의뢰해나간다.

과학적으로
캐치세일즈를 해나가라

●●● 고객에 관한 정보를 빠뜨림 없이 입수하라

어떤 상품이든지 마찬가지겠지만 변액유니버설보험 또한 판매하기 전에 시장조사(Marketing Research)부터 해야 한다.

먼저 변액유니버설보험에 가입하기 적합한 고객은 누구인가를 분석해보자. 고객카드를 꺼내 놓고 기존고객들을 하나하나 분석해들어가면서 나름대로의 기준에 따라 A, B, C, D로 등급을 매긴 후 A급으로 분류한 고객부터 집중 공략해들어가도록 한다. 또한 소개를 받아 방문하러 간 잠재고객이라도 무조건 변액유니버설보험을 권하지 말고 그 가정의 재무상태를 먼저 확인한 다음 천천히 변액유니버설보험을 권유하도록 해야 한다.

변액유니버설보험은 장기투자상품이라는 특성상 머뭇거릴 수 있다. 급전이 필요할 경우 대체 수단으로 정말 괜찮은 상품인지에 대한 확신도 안 설 수 있다. 그리고 경제 사정이 여의치 않을 경우 정말 중도 납입을 중단해도 되는지 의구심이 생길 수 있다. 이러한 저변에 깔린 의구심과 걸림돌을 상쇄하려면 우선 고객의 재무상태를 올바로 파악한 후 공략에 들어가야 한다. 포수가 사냥감을 잡을 때는 그냥 대충 잡지 않는다. 막다른 골목길로 유인하여 꼼짝달싹 못하게 만든 다음 스스로 포기하도록 한다. 그래야 힘도 덜 들고 먹이감 또한 상처없이 온전하게 잡아 양육할 수 있기 때문이다.

●●● 철두철미한 사전조사가 컨설팅클리닉의 초석이다

고액계약을 일구어 낼 경우도 마찬가지이다.

어디에 짐승이 많이 나타나는지 어디에 덫을 설치하면 좋은지 판단을 한 연후에 사냥에 나서듯 캐치세일즈(Catch Sales)를 해야 한다.

캐치세일즈란 세일즈맨이 판매목적을 숨기고 설문조사 등을 빙자해 물건을 파는 행위로 주로 도서, 교재류, 그릇세트 등 중고가품의 판매에 이용되는 세일즈 기술이다. 이것은 충동구매를 유발한다고 하여 그리 반갑게 생각하지 않는 사람들도 있지만 마케팅 차원에서 보면 매우 유용한 세일즈 기법이라 할 수 있다. 즉, 사전에 철두철미하게 정보를 입수하는 캐치 세일즈의 기본 테크닉은 고객의 정보가 생명인 변액유니버설보험 판매에 적합하다.

그러나 변액유니버설보험에서의 캐치세일즈는 거리에서 정보를 수집하면서 노상판매를 하거나, 가가호호 설문조사를 하면서 기회를 포착, 물건을 파는 단세포적인 세일즈가 되어서는 안 된다. 현재의 고객을 토대로 새로운 고객을 창출해나가기 위해 보다 심층적으로 전개하는 심경(深耕) 세일즈여야 할 것이다. 족집게로 물건을 집듯이 점찍어 놓은 고객을 집중적으로 공략해들어가 결국에는 고객 스스로 당신이 제안하는 인생재테크 프로그램에 동의를 만들어라. 그것이 고난도의 캐치 세일즈 마케팅 전술이라 할 수 있다.

　뱀은 쥐나 개구리 등 먹잇감을 잡을 때 절대 함부로 대시하지 않는다. 신중에 신중을 기하면서 차근차근 접근한다. 그렇기 때문에 일단 점찍어 놓은 동물은 잘 놓치지 않는다. 끝까지 추적해서 잡는 지혜를 발휘한다.

　고객을 발굴하여 신규고객화시킬 경우에도 마찬가지이다. 발굴한 고객이 우량고객이란 판단이 들면 사전에 철저히 정보를 입수하여 내 고객이 될 수 있도록 블루오션 전략을 세워 타겟마케팅을 추진해나가야 할 것이다. 당신 주변에 그 고객을 잘 아는 사람이 있다면 그 사람을 통해 접근해도 좋다. 백지고객이라면 스스로 관련 정보를 물색해나가야 할 것이다.

　사전에 점찍어 놓은 고객의 재무적인 상태를 캐치해놓으면 차후 그 고객을 만났을 때 당신에게 마음을 기울이게 하기가 쉬울 뿐만 아니라 당신이 제안하는 가입설계서 상의 보험료 규모에 대해서도 논리적인 설득이 가능하다. 비록 처음에는 거절의사를 표시한다 하더라도 얼마든지 당신의 페이스대로 고객을 이끌어 계약체결까지 다다르게 할 수 있다.

　별 다른 전략 없이 그저 쉽게 접근해서 계약을 권유하면 설령 계약체결에는 성공했더라도 충성고객으로 이끌어내는 것은 실패하게 된다. 충성고객으로 만드는 것은 계약을 체결하는 것보다 더 중요하다.

　지금은 당신과 계약을 체결한 상황이라도 그 고객은 살아가면서 다른 보험세일즈맨들도 많이 만나게 된다. 그때 다른 보험세일즈맨들이 당신과는 다른 방향으로 세밀하게 컨설팅을 해준다면 그 고객은 정말 당신이 나를 위해 변액유니버설보험 상품을 권유했는지 의구심을 가질 수 있다. 그러한 마음이 조금이라도 생기게 되면 그 고객은 절대로 당신에게 다른 사람을 소개시켜주는 일 따위는 하지 않을 것이다. 또한 세대마케팅 차원에서 그 고객의 가족전체에 대해 계약을 체결하고 싶어도, 그 고객의 마음이 떠난 이상 어떤 보험도 신규로 계약하는 것은 포기해야 할지 모른다.

지금 보험시장은 포화 상태다. 날이 갈수록 시장의 파이를 차지하기 위한 경쟁이 치열하다. 그런 상황 속에서 한 명의 고객을 놓치는 것은 그 고객의 주위에 있는 수많은 잠재고객들을 잃게 되는 것이라는 사실을 늘 염두에 두어야 한다.

변액유니버설보험 컨설팅클리닉 코칭 키포인트

하나 _ 어느 고객이 변액유니버설보험에 신규로 가입하기 적당한지 고객카드를 보면서 분석해나간다.

둘 _ 기존고객에게 주변 사람들의 동정을 물어 새로운 신규고객 창출에 매진한다.

셋 _ 소개마케팅과 세대마케팅을 병행해나간다.

넷 _ 캐치세일즈는 개척활동과 비즈니스 연고활동을 병행해서 한다.

다섯 _ 고객과 상담시에는 사소한 말(예를 들어 다른 사람의 얘기, 자랑거리 등)도 놓치지 않고 기억해두었다가 고객이 보지 않는 자리에서 메모를 해둔다. 그리고 다음 고객을 만날 때 이를 대화소재로 삼아 기선을 제압하도록 한다.

여섯 _ 유망고객층이 주로 어디에 있는지 예의주시하면서 관련 DB 자료를 입수해나가는 전략적 탐색작업을 펼쳐 나간다.

일곱 _ 평소 비즈니스 고객층을 두텁게 만들어 이를 통해 다양한 신규고객 정보를 입수해나가도록 한다.

'Foot in the Door' 기법을 익혀 물 흐르듯 공략하라

●●● 대인관계에서 심리전은 승리를 낳는 원동력

권투경기를 보면 경기 시작 전에 서로 눈싸움을 벌이는 것을 볼 수 있다. 이 때 눈싸움에서 진 선수는 대부분 경기에서도 진다고 한다. 눈싸움에서 진 선수가 객관적인 전력으로 보아 이길 확률이 높다 하더라도 그렇다. 지레 겁을 집어먹어 100% 자신이 지니고 있는 능력을 발휘할 수 없게 되기 때문이다. 이것은 상대방의 기선을 먼저 제압하는 것이 승리에 얼마나 중요한 도화선이 되는지를 여실히 증명해준다.

상대의 기선을 제압하는 것이 얼마나 중요한지는 교통 접촉사고 시 처리과정에서도 볼 수 있다. 우리는 종종 자가용을 몰고 가다가 접촉사고가 발생했을 때 잘못한 사람이 오히려 적반하장으로 고래고래 고함을 지르면서 따지는 것을 볼 수 있다. 이런 사람 대다수는 자신이 잘못한 것을 알면서도 그러는 것이다. 상대방의 기선을 먼저 제압하여 자기의 잘못을 최소화하거나 아니면 아예 덤터기를 씌우기 위한 고단수 심리전술인 것이다.

●●● 고객의 마음을 읽으면 고액계약이 보인다

교통 접촉사고처럼 이러한 심리 전략을 그릇된 방향으로 활용하는 것은 안 되지만 보험세일즈에서는 반드시 필요한 전략이므로 유효적절히 활용하는 것이 좋다. 그래야 고객의 마음을 읽고 보다 적절히 대응하면서 계약을 체결할 수 있음은 물론, 이를 통해 더 큰 수확을 거두어들일 수 있을 것이다. 고객의 마음을 읽으면서 컨설팅을 한다는 것은 크게 3가지의 작업기술로 나눌 수 있다.

① 고객의 심리를 미리 파악하여 그에 따른 화법을 전개해나가는
　작업기술
② 고객의 얼굴이나 말, 제스쳐 등을 통해 고객의 심리를 파악하여
　이를 토대로 컨설팅을 전개해나가는 작업기술
③ 당신이 미리 짜놓은 각본에 고객의 마음이 들어 올 수 있도록
　유도해 나가는 고도의 심리전략

이 3가지 작업기술을 토대로 지금부터는 고객의 다양한 심리를 이용하여 변액유니버설보험을 고액계약으로 이끌어내는 테크닉을 소개하고자 한다.

●●● 스펀지처럼 'Foot in the Door' 기법을 활용하라

심리학에 'Foot in the Door' 라는 용어가 있다. 우리말로 직역하면 '문간에 발 들여 놓기 기법' 이라고 할 수 있는데 이는 상대방의 심리를 서서히 분석해서 시간이 갈수록 조금씩 상대방을 꼼짝하지 못하도록 만드는 심리전술이다. 즉, 상대방에게 원하는 것이 있을 때 그것을 바

로 요구하는 것이 아니라 그에 관련된 작은 요구를 먼저 하여 경계심을 누그러뜨리고, 그 다음에야 비로소 당신이 원하는 것을 요구하여 'Yes'를 이끌어내는 심리전술기법이다. 서서히 물을 빨아들이는 스펀지처럼 상대방으로 하여금 자신이 의도하는 행동을 스스럼 없이 받아들이도록 만드는 'Foot in the Door' 기법은 긴 시간을 두고 상대방에게 자신의 요구를 관철시키고자 할 때 주로 쓰인다.

'Foot in the Door' 기법을 변액유니버설보험 세일즈에 적용하면 우선 저렴하게 설계한 재무플랜을 토대로 변액유니버설보험의 가입 필요성을 설득한 다음 경계심이 없어졌다고 여겨지면 고액계약으로 유도하여 계약을 체결할 수 있도록 만드는 고도의 심리마케팅 전술이라 할 수 있다.

당신의 작은 제의에 'Yes'를 대답한 고객은 당신이 단계적으로 요구를 확대하더라도 자신도 모르는 사이에 'Yes'라고 말하게 된다. 이러한 'Foot in the Door' 기법은 잘 터득하면 당신은 언제든지 대화의 주도권을 쥐고 컨설팅에 임하게 될 것이다.

미국의 어느 기관에서 조사한 자료에 따르면 보험계약자의 90% 이상이 보험을 들 때 '가능한 한 작게' 가입하려는 의지를 보였다고 한다. 즉, 거의 대부분의 사람들은 '보험은 저렴한 보험료로 작게 들면 된다'라는 심리를 갖고 있는 것이다. 왜 저렴한 보험료를 선호하는지 그 이유를 살펴보면, 보험료에 대한 부담 때문이라고 대답한 사람이 가장 많았다. 두 번째로 많은 이유는 다른 보험에도 가입되어 있기 때문이다라는 것이고, 셋 번째 이유는 안 들어도 되는데 안면이나 소개 등 주변상황으로 어쩔 수 없이 가입하기 때문이라는 것이다. 이는 우리나라 보험소비자들의 심리와도 일맥상통한다. 따라서 보험을 가입하기 전에는 고객의 심리상태가 이렇다는 것을 인식하고 이러한 고객의 심리를 역으로 이용할 줄 알아야 한다. 여기서 이용한다는 것은 좀더 효과적으로 고객에게 어프로치(Approach)하고, 좀더 쉽게 클로징(Closing)할 수 있도록 테크닉을 발휘해나가라는 것을 의미한다. 양파껍질을 벗기듯 고객이 마음의 빗장을 서서히 열 수 있도록 특약을 한꺼번에 제시하지 말고 하나씩 덧붙여 당신이 승부수로 던지는 마지막 제안에 'Yes'를 외칠 수 있도록 고난도 기술을 발휘해야 한다.

●●● 고객을 점점 미궁(?) 속으로 빠지게 만들어라

'Foot in the Door' 기법은 특히 고액의 보험료를 불입하도록 유도할 경우 유용하다. 예를 들어 당신이 A고객 가정의 재무분석을 한 결과 최소한 월 500만 원 정도의 변액유니버설보험을 권유할 수 있을 것이라고 판단했다고 하자. 이 때 당신은 바로 월 500만 원정도로 설계된 보험설계서를 작성하여 프레젠테이션할 것이 아니라 보험료별로 최소한 3개 이상을 만든 다음 그 중 가장 가격대가 낮은 보험설계서를 권해야 한다. 그럼 고객은 속으로 '내 자산분석을 모두 하였으면서도 왜 이 정도 규모밖에 안 권하는가' 하고 의아해 할 것이다. 아니 의아함을 넘어 자존심이 상할 수도 있겠다. 이러한 고객의 심리를 사전에 파악하여 다음과 같은 멘트를 통해 고객의 이해를 구해 나간다.

"제가 ○○님의 재무분석을 종합적으로 한 결과 ○○님께서는 물론 더 큰 금액으로 가입하실 수 있지만 장기투자상품이라 나중에 혹시 부담이 가실지 몰라 일부러 적은 금액으로 재무플랜을 짜 보았습니다. 오해 없으시기 바랍니다.”

그런 다음 슬며시 중간 규모의 금액으로 설계된 보험설계서를 내밀면서 “00님께 당초 제가 권유하려던 것은 바로 이것입니다”라고 컨셉세일즈를 펼친다. 그럼 고객은 당신의 상대방에 대한 배려와 마음씀씀이에 감동하게 될 것이다. 그때 자연스럽게 마지막 보험설계서를 슬며시 꺼내면서 “물론 저는 저 정도를 권해드리는 것이지만⋯⋯(말끝을 흐린 다음 고객의 마음을 훑어보면서) ○○님의 능력으로는 이 정도의 금액은 충분히 불입할 능력이 있을 것 같다고 판단하여 제가 이 금액으로도 작성해보았습니다. 한번 살펴보시죠”하고 존경어린 표정을 담아 진중하게 컨설팅을 한다.

이 때 당신은 상대방에게 이 정도 보험료 규모는 충분히 감당해나갈 수 있다는 확신과 이를 불입해서 더 큰 재무플랜을 달성해야 한다는 당위성, 그리고 업그레이드된 인생재테크의 실현을 위한 뚜렷한 목표의식을 심어주는 종합적인 컨설팅클리닉을 전개해나가야 할 것이다.

이렇게 마지막 보험설계서까지 다 제시해놓으면 고객은 잠시 생각을 해본 후 결정을 내리게 될 것이다. 만일 당신이 띄운 마지막 카드가 아무리 생각을 해도 너무 부담스럽다고 판단되면 최소한 중간 규모의 보험설계서는 OK를 하게 된다. 이것이 고객의 심리를 활용하여 고액계약을 체결해나가는 'Foot in the Door' 기법의 전략적 활용 예이다.

'Foot in the Door' 기법은 개척을 통해 만난 고객, 소개를 통해 만난 고객 등 낯선 고객을 당신의 페이스로 끌어들이는 데 매우 효과적이다. 물론 기존고객들에게도 추가로 고액계약을 이끌어내고자 할 때 프로로서의 진면목을 다시 한 번 보여주면서 활용할 수 있는 기법이기도 하다.

고객을 점점 미궁 속으로 빠지게 만들어 나가라. 당신의 일거수일투족에 고객의 마음이 움직이도록 만들어라. 그리하여 당신이 제안하는 마지막 히든카드에 고객이 흔쾌히 수긍하면서 사인하도록 만들어야 한다. 즉, 고객이 당신의 컨설팅클리닉에 도취하여 그 안에 깊이 빠져들도록 만들어야 당신이 의도한 대로 계약을 체결할 수 있을 것이다.

변액유니버설보험 컨설팅클리닉 코칭 키포인트

하나_ 고객의 경계심을 누그러뜨리는 심리전을 펼친다.

둘_ 고객의 니즈를 파악하고, 사전에 정보를 입수한다는 차원에서 세밀히 질문을 한다.

셋_ 고객의 자존심을 약간씩 건드려 고객 스스로 더 높은 계약을 하도록 유도한다.

넷_ 고객의 장점을 최대한 칭찬해주면서 적기에 정곡을 찌르는 화법을 구사한다.

다섯_ 인생재테크 플랜을 토대로 최소한 3가지 이상의 보험설계서를 뽑은 다음 작은 계약고 순서로 권하면서 그때그때의 반응에 따라 자신이 의도한 히든카드(고액계약)를 꺼내 클로징에 들어간다.

여섯_ 고객을 점점 미궁 속으로 빠지게 만든다. 스펀지에 물이 스며들 듯이 고객의 마음을 서서히 그리고 확실하게 옭아맬 수 있는 테크닉을 발휘한다.

'Face in the Door' 기법을 전략적으로 구사하라

●●● 먼저 역으로 고객을 공략하는 심리전략

고객이 호주머니로부터 보다 많은 돈을 꺼내도록 하는 방법은 세일즈 테크닉만으로는 해결되지 않는다. 고객의 심리적인 요소도 고려를 해야 자기가 의도하는 방향으로 고객을 유인해나갈 수 있다. 앞에서 살펴본 'Foot in the Door' 기법은 이에 부합하는 심리전술이라 볼 수 있다. 그러나 이러한 심리전술이 'Foot in the Door' 기법만 있는 것은 아니다. 이와는 반대되는 'Face in the Door' 기법도 고객의 심리를 이용한 심리전술로 알려져 있다. 지금부터 우리는 'Foot in the Door' 기법과는 반대되는 'Face in the Door' 기법에 대해 살펴보고자 한다. 또한 변액유니버설보험을 컨설팅클리닉 해나갈 때 'Face in the Door' 기법이 어떻게 활용되는지도 함께 살펴볼 것이다.

변액유니버설보험은 최장기상품이다. 불입해야 하는 자금의 규모가 그 어떤 상품보다도 크다. 그러므로 고객의 입장에서 보면 망설임이 따르는 것은 당연하다. 그 망설이는 마음을 어떻게 하면 되돌려 구매욕구를 갖도록 만들 수 있을까?

'Face in the Door' 기법은 고객의 이런 마음을 정반대로 이용하여 공략하는 심리전술인 셈이다. 이 전술 앞에서 고객은 거절하려는 반발심리의 운신 폭을 좁혀 결국 당신의 제안에 'Yes' 할 수밖에 없게 된다.

필자의 어린 시절을 기억해보면 필자 또한 'Face in the Door' 기법을 알게 모르게 적용해 보았던 것 같다.

어린 시절 매우 개구쟁이였던 필자는 "엄마, 나 사탕 한 봉지 사 주세요!"라며 과자나 사탕을 사 달라고 자주 졸랐다. 그러면 엄마는 "안 돼, 사탕 많이 먹으면 이가 상해."라며 거절하셨다. 그러나 어린 나는 물러서지 않았다. 어린이들은 무엇을 하고 싶다는 생각을 하면 끝까지 물고 늘어지는 습성이 있다. 특히 나는 더 심했다. 꼭 졸라서 이루고야 말겠다는 집념이 강했다. 엄마가 사탕을 사주지 않으면 나는 한 발 물러서서 "그럼 5개만……"하고 조른다. 그러다 안 되면 "그럼 딱 두 개만 사 주세요."라며 계속해서 조른다. 이렇게 애처롭게(?) 졸라대면 엄마는 어쩔 수 없이 사탕 몇 개를 사 주신다. 난 신이 나서 사탕을 먹은 다음에는 꼭 양치질을 했다. 어린 마음에 이가 상하면 다음부터는 정말로 안 사 주실까봐 걱정돼서였다. 이런 나를 본 엄마는 혹시 대견해하면서 '다음에 사탕을 사 달라고 하면 그땐 그냥 아무 말 없이 사 줘야지' 하고 생각하지 않았을까 잠시 생각해본다.

●●● **협상기술은 고단수의 비즈니스 법칙**

고객을 만났을 경우에도 바로 이러한 방법을 적절히 응용해서 세일즈에 접목시켜야 한다. 단, 어기짱을 부리는 형식이 아닌 고객의 마음을 내 편으로 끌어들이도록 유도해야 할 것이다. 이를 심리학적인 용어로

'Face in the Door' 기법이라고 한다. 우리말로 옮기면 '머리부터 들여놓기 기법'이라고 할 수 있다. 이 기법은 '사람들은 물건을 깎는 맛에 산다'고 하는 세일즈 기본 법칙을 역이용하는 심리전술이며, 세계 어디에서나 기본적으로 통하는 고단수의 협상기술이다.

세계적인 협상귀재들은 협상테이블에서 처음에는 고의적으로 높은 수준의 조건을 제시하여 상대로 하여금 일단은 거절을 하도록 만든다고 한다. 그런 다음 새로운 안을 지속적으로 제시해나가면서 고객의 마음이 움직이도록 유도한다. 이것을 협상의 기술적 전술이라고 하는데 국가 또는 기업별로 이루어지는 무게감 있는 협상은 모두 이러한 방식으로 물꼬를 터 나가고 있다.

당신도 이를 변액유니버설보험의 세일즈에 적용시켜 보는 것이다. 원래 처음부터 제시한 조건대로 체결되는 협상은 없다. 이왕 고객에게 거부당할 거, 처음부터 높은 수준의 조건을 고의적으로 제시하여 컨설팅을 전개해나가는 것도 하나의 기술이라 할 수 있다. 이는 밑져야 본전이라는 세일즈맨의 심리적 계산이 밑바탕에 깔려 있는 것이다. 이러한 전략은 세일즈맨으로 하여금 고객에게 주눅 들지 않고 오히려 당당해지게끔 만들어준다.

●●● 자신이 의도한 고액계약을 낳게 해준다

'Face in the Door' 기법을 변액유니버설보험 세일즈에 적용하면 고객에게 우선 큰 계약고를 제시한 후 거절당하면 그보다 점점 더 작은 계약고로 낮춰 애초에 당신이 의도한 계약액에 고객이 사인할 수 있도록 만드는 것이다. 'Face in the Door' 기법은 고객의 거절에 대해 밑져야 본전이라는 생각으로 오히려 강하게 대시해 들어갈 수 있게 해준다. 이 기법의 전략적 전개에 있어서 중요한 것은 실제로는 고객이 당신의 페이스에 끌려가는 것이지만, 거꾸로 고객으로 하여금 자신이 의도한 바대로 세일즈맨이 따라온다고 착각을 하게 만드는 것이다. 이는 고객의 마음을 내 편으로 이끄는 데 있어 매우 중요한 요소이다.

예를 들어 어느 고객에게 변액유니버설보험을 권유했다고 하자. 단, 이 기법을 적용할 경우 당신은 그 고객에 대한 신상과 재무상황을 어느 정도 파악하고 있어야 한다. 그 고객의 경제 사정을 훤히 알고는 있지만 그래도 무리하다 싶을 정도의 보험료 수준을 제시한다. 그러면 그 고객은 황당하게 생각하면서 당연히 그 제안을 거절할 것이다. 이 때부터 본격적인 컨설팅에 들어가는 것이다. 당신은 곤란한 척 하면서 그보다 약간 낮은 보험료 수준을 제시한다. 그러면 고객은 처음보다 낮은 수준의 보험료가 제시됨에 따라 어느 정도 만족감과 승리감을 느끼게 된다. 그렇지만 곧바로 OK하지는 않을 것이다. 그래도 약간은 보험료가 부담된다고 여겨질 테니까…… 그럼 당신은 최후의 마지노선이라고 하면서 '이 금액 이하는 절대로 안 된다' 고 오히려 큰 소리(?)치며 당신이 애초에 생각했던 적정한 수준의 보험설계서를 제시한다. 여기에 다음과 같은 화법을 전개하면 오히려 고객이 감동할 것이다. "○○님! 만약 ○○님께서 이 보험료 규모 이하로 가입하시게 되면 ○○님의 인생재테크를 책임지고 완결시켜 드릴 수 없습니다."
즉, '나는 당신하고 보험계약을 체결하는 것이 목적이 아니라 오로지 당신의 인생재테크를 위해 컨설팅에 임하고 있는 것'이라는 인식을 확실하게 심어주는 것이다. 그러면 그 고객은 고객을 위하는 당신의 마음에 이끌려 마음의 문을 열고 당신이 제시한 조건에 긍정적인 반응을 나타낼 것이다.

이러한 방법은 미국이나 유럽, 일본 등 세일즈가 일상생활화되어 있는 선진국에서 TOP 세일즈맨들이 전략적으로 화법을 개발하여 활용하고 있는 고단수의 세일즈 비법이다. 고객에게 보험료를 깎는 맛을 제공해주는 것, 고객에게 맨 처음부터 거절이라는 통쾌함을 맛보게 하는 것, 고객으로 하여금 자신의 의도대로 일이 전개되어 간다는 착각을 유도하는 것, 그래서 상대방(세일즈맨)에 대한 경계심을 자연스럽게 누그러뜨리게 하여 다음번 상담에는 보다 부드럽게 다가갈 수 있게 하는 고도의 심리전략……

이를 통해 당신은 당초 의도했던 목표치를 달성할 수 있을 것이다. 바로 이것이 보다 알찬 계약을, 고액계약을 창출해내는 고품격 심리마케팅인 'Face in the Door' 기법인 것이다.

세일즈에서 고객심리를 지능적으로 적절히 활용하여 공략하는 방법은 매우 중요하다. 그런데 살펴보았듯이 고객의 심리를 이용해 공략하는 세일즈 방법은 의외로 다양하다. 평상시의 고객의 마음자세나 상담시의 고객의 심리상태, 그리고 당신의 세일즈테크닉 능력에 따라 어떠한 심리전략을 펼쳐 나갈 것인지 결정해야 한다.

변액유니버설보험 컨설팅클리닉 코칭 키포인트

하나 _ 일단 밑져야 본전이라는 사고를 갖고 고객에게 큰 계약고를 부른다.

둘 _ 고객을 최대한 추켜 세운다. 그리하여 고객의 자존심을 자극해나간다.

셋 _ 고객에게 이 정도는 불입할 수 있다는 확신을 심어준다. 고객으로 하여금 자기 역량에 대한 확신을 심어준다. 이를 기회로 고객 스스로 인생재테크 목표를 보다 업그레이드하도록 만든다.

넷 _ 고객의 재무분석을 철저히 한 후 접근해서 맨 나중에 꺼낸 당신의 히든카드에 고객이 꼼짝하지 못하고 사인을 하도록 만든다.

다섯_ 보험료를 깎아 주면서 상대방이 오히려 당신에게 미안한 감정이 들도록 만든다.

여섯_ 당신 때문에 어쩔 수 없이 가입했다는 느낌을 갖게 해서는 안 된다. 당신의 권유가 너무나 자신에게 부합되어 고맙다는 말이 나올 정도로 당신 위주로 대화를 리드해나간다.

일곱_ 당신이 쳐놓은 그물에 서서히 들어올 수 있도록 진실한 마음으로 고객을 대하여 신뢰를 구축해나간다.

고객심리의 적기를 포착하라

●●● **자기보다 나은 사람의 모습을 닮아가려는 취향**

현대사회를 일컬어 미디어(Media)의 시대, 마니아(Mania)의 시대라고 한다. 그리고 스타(Star)의 시대라고 한다. 소비자들은 미디어에 자주 오르내리는 제품에 대해서는 매우 호의적인 반응을 보인다. 어느 유명인이 무슨 제품을 사용한다거나 무슨 상품을 선전하기라도 하면 자기도 덩달아 그 상품을 구매하려는 경향은 날이 갈수록 심해지고 있다. '나보다 유명한 사람도 이 상품을 구매했는데 무슨 문제가 발생하랴!'는 동조의식이 싹트는 것이다. 그리고는 유명한 사람들의 생활상을 닮고 싶은 욕심이 생겨 자기도 모르는 사이에 구매를 해버리곤 한다.

그래서인지 TV나 신문, 인터넷, 공공장소 POP 등에 회자되는 상품은 그 상품의 질과 양을 떠나 일단은 인기리에 판매되는 경향을 보이고 있다.

이런 현상은 현대인들은 자신의 주관적 판단보다는 주위의 트렌드에 따라 의사결정을 많이 내리고 있음을 보여주는 것이다. 즉, 주관적인 판단 능력이 주변의 요소로 말미암아 점점 흐려지고 있음을 의미하는데 이를 세일즈에 접목시킨 것이 '동조행위 이끌어내기' 이다.

••• 동조행위를 이끌어내기

동조행위(Conformity Action)란 자신의 주관에 따라 의사결정을 하는 능동적인 행위가 아니라 남들이 하니까 따라하는 수동적인 행위를 말한다. 사람은 자신도 모르는 사이에 자기보다 나은 사람의 모습을 닮아가려는 취향이 있는데 이러한 잠재적 행위가 바로 동조행위인 것이다. 즉, 동조행위는 개인 스스로 옳게 되려는 욕구에 의해 타인의 가치나 신념체계를 수용하려고 하는 하나의 사회화 과정이라 할 수 있다.

'남이 장에 가니까 덩달아 간다' 는 우리네 속담이 동조행위를 잘 대변해주는 말이다. 세일즈에 있어 고객이 동조행위를 보이는 경우는 세일즈맨이 제시하는 자료나 말에 공감을 하거나, 자신이 부족한 정보를 세일즈맨을 통해서 새로 얻게 되었을 경우, 또는 대다수의 사람들이 옳다고 인정하는 것에 자신도 들어가고 싶을 경우에 주로 발생한다. 따라서 세일즈맨이 제공하는 정보는 확실해야 한다. 만약 조금이라도 부정확한 정보라는 것이 나중에라도 밝혀진다면 그 세일즈맨은 신뢰도에 치명상을 입게 된다. 그러므로 당신은 고객이 당신을 완전히 신뢰할 수 있도록, 그리하여 차후에도 당신이 제공하는 자료나 말은 확신을 갖고 믿을 수 있도록 진실한 모습을 보여 주어야 할 것이다.

••• 매스컴을 세일즈 무기로 적극 활용

사람들은 반론을 제기하다가도 객관적인 사실 앞에서는 맥없이 무너진다. 그냥 말꼬리를 내리는 경우가 많다. 그것은 누구나 그렇게 인정한다고 믿고 있기 때문에 자신도 그를 믿어야 한다는 심리적 요인이 작용하기 때문이다. 즉, 동조현상의 자연스러운 발로인 것이다. 특히 매스컴이나 유명인이 당신이 취급하는 변액유니버설보험과 관련하여 뉴스를 만들어냈다면 이는 고객과의 컨설팅시 매우 좋은 호재로 작용할 수 있을 것이다. 즉, 컨설팅 도중 고객이 반론을 제기하면서 거절하는 경우 재빨리 그와 관련된 매스컴 자료를 그대로 보여주는 것이다. 그럼으로써 고객의 마음속에서 싹트고 있는 거절심리를 뿌리 채 뽑아버려야한다. 예를 들어 이러한 신문 기사거리를 적극 활용하는 것이다.

변액유니버설보험이 경기 회복에 대한 전망과 주식 시장의 성장, 저금리 상황에 힘입어 가장 인기 있는 보험상품으로 자리잡고 있다. 최근 판매가 급증하고 있는 변액유니버설보험은 실적배당 상품을 약간의 보험으로 재포장한 것으로 연금을 마련하고 노령화 사회에 매우 적합한 상품이다. (중앙일보, 2005. 5. 17)

변액보험 '열풍' 이 불고 있다. 변액보험은 계약자가 낸 보험료로 생명보험사가 펀드를 구성해 운용, 수익금을 보험금으로 지급하는 간접투자상품의 일종이다. 지난 2003년 첫 등장한 이 상품은 변액종신·변액연금·변액유니버설·변액CI 보험 등 다양한 형태로 판매중이다. 금융감독원에 따르며 변액보험의 지난해 수입 보험료는 1조 9,155억 원으로 전년(8,399억 원)에 비해 1조 원 이상 늘었다. 점유율도 2002년 0.4%, 2003년 1.7%에서 지난해에는 3.7%로 높아졌다. 보험사들도 놀랄 정도의 폭발적인 인기다. (서울경제, 2005. 5. 18)

사실 변액유니버설보험은 알면 알수록 활용 방안이 많은 상품이다. 하지만 잘 모르면 이해하기 힘든 복잡한 보험일 뿐이다. 변액유니버설보험은 여느 보험 상품보다 상품 구조가 복잡하고 기능이 다양하기 때문에 무작정 가입했다가는 오히려 손해를 안을 수도 있다. (중앙일보, 2005. 5. 17)

최근 개인투자자들에게 인기가 높은 적립식펀드나 변액유니버설보험은 대부분 주식형 투자상품이다. 고객들이 매달 내는 돈으로 자산운용사들이 주식에 투자해 얻은 수익을 고객에게 나눠주는 것. 당연히 주가가 많이 오르면 수익이 많아지고, 주가가 떨어지면 손실을 볼 수도 있다. 은행 창구나 보험설계사를 통해 가입할 때는 한 번 더 주의를 기울일 필요가 있다. 주식형 펀드 상품은 원금을 거의 보장받는 은행이나 보험회사 고유의 상품과는 근본적으로 성격이 다르기 때문이다.

(동아일보, 2005. 6. 2)

생보업계에 변액보험의 돌풍이 이어지고 있다. 투자 열풍을 타고 변액보험의 인기는 갈수록 높아지고 있다. 변액보험의 총아로 꼽히는 변액유니버설보험에도 돈이 몰리고 있다. 보험에도 들고 펀드처럼 투자 효과도 얻을 수 있다는 장점 때문이다. 이런 추세는 계속 이어질 전망이다. 보험사들은 하반기 추천 상품으로 각각 변액유니버설보험 을 꼽았다. 입출금이 자유로운 데다 10년 이상 유지할 경우 비과세 혜택까지 얻을 수 있다는 장점으로 인해 이만한 상품도 없다는 것이 이들 회사의 설명이다. (한국경제 2005. 6. 20)

얼마 전까지만 해도 저축성보험 가입자가 급히 자금이 필요해서 보험료 적립금을 써야할 때는 부득이 계약을 해약해야만 가능했다. 그러나 지금은 그럴 필요가 없다. 은행상품과 같이 중도인출 기능이 있는 유니버설보험이 있기 때문이다. 또 종합주가지수가 사상 최고치를 경신해나가는 요즘, 간접투자상품을 꼭 증권이나 투신사에서만 찾을 필요도 없다. 변액보험으로 간접투자가 가능해졌기 때문이다. 유니버설보험에 변액보험이 결합된 신개념의 보험상품이 증시활황과 맞물려 날개 돋친 듯이 팔리고 있다. 변액유니버설보험은 종신이나 연금보험의 기능을 추가해 판매되고 있지만 순수 저축성보험으로도 인기를 끌고 있다. 다른 보장 기능을 축소한 변액유니버설보험은 사망보험금(변액유니버설종신)이나 최저지급보증금(변액유니버설연금) 지급을 위해 보험료에서 떼어내는 위험보험료나 수수료를 줄일 수 있기 때문에 펀드에 투자되는 금액이 크다. 따라서 같은 수익률이 나더라도 더 많은 수익을 챙길 수 있는 상품이다. 보험전문가들은 변액유니버설보험이 사무직 직장인 등 중산층 중에서 10년 이상 중장기투자를 통한 목돈마련을 계획하고 있는 고객에게 적합하다고 권한다. 또 기업인이나 자영업자는 보험료 추가납입이나 중도인출 기능을 활용할 수 있다는 장점으로, 또 세금관리나 노후·상속설계가 가능하다는 점에서 변액유니버설보험이 바람직하다는 설명이다. (서울경제신문 2005. 10. 19)

노후자금을 마련하기 위해 은행, 증권, 부동산 등 다양한 자산을 운용할 수 있겠지만 가장 안정적인 노후 재테크 상품으로는 노후대비 연금보험이 꼽힌다. 젊을 때 보험료를 꼬박꼬박 적립하다가 노후에 연금을 타게 되는 것. 최근에는 변액연금보험이 인기다. 변액연금보험은 계약자가 납입하는 보험료 중 일부를 주식이나 채권 등 유가증권에 펀드방식으로 투자해 해당 펀드의 운용 실적에 따라 투자수익을 계약자가 돌려받는 실적배당형 상품이다. 노후보장에 높은 수익이라는 두 마리 토끼를 잡을 수 있다. (매일경제신문 2005. 10. 25)

'돈 불리는 보험상품'에 매력을 느끼는 고객도 갈수록 늘고 있다. …(중략)… 증시활황세를 타고 연 환산수익률이 20%를 넘는 고수익률 변액보험상품이 속속 나오고 있다. 변액보험은 보험료를 어디에 투자하느냐에 따라 채권형·혼합형·성장형 등으로 나뉘는데, 주식 상승기엔 혼합형이나 성장형이 유리하다. 생보협회 관계자는 "변액보험은 요즘과 같은 저금리 시대에 매우 유용한 상품"이라며 "하지만 기본적으로 보험상품이므로 가입자가 필요로 하는 보장을 먼저 생각하고 10년 이상 장기투자를 감안해 가입하는 게 좋다"고 조언했다.

(세계일보 2005. 10. 21)

최근 주식시장이 강세를 보이면서 보험사 변액보험의 주가도 덩달아 널뛰기 하고 있다. 아예 주식시장에서 변액보험시장으로 옮겨 타는 고객이 급증하는 추세다. 변액보험은 운용 실적에 따라 고객이 받는 보험금이 달라지는 실적배당형 상품으로 위험보장에 투자기능까지 갖춘 '파워풀'한 상품으로 통한다. 최근 변액보험으로의 자금유입은 폭발적으로 늘고 있다. …(중략)… 이에 따라 보험사들은 변호사, 의사 등 고소득 전문직 계층을 대상으로 보험료를 많이 내는 변액보험을 집중적으로 판매하는 마케팅에 돌입했다. 변액보험 중 최근 가장 주목받고 있는 것은 '변액유니버설보험' 상품이다. 사망보상금 지급 등 보장기능을 그대로 유지하면서 은행예금처럼 입출금이 자유로워 적립금을 중도에 인출할 수 있는 게 특징이다. 또 여유자금이 있으면 추가납입도 가능하기 때문에 고객들이 특히 선호한다. (헤럴드생생뉴스 2005. 10. 29)

변액유니버설보험은 고객이 납부한 보험료의 일부는 보장금액으로 설계하고 나머지는 주식, 채권, MMF 등 펀드에 투자하여 그 운용 실적을 가입고객에게 배분하되 일정기간이 지나면 보험료납입과 적립금 중도인출이 가능한 보험상품이다. 즉, 종신보험의 기능과 투신상품의 투자 그리고 은행통장의 입출금 기능이 합쳐진 상품이라 많은 인기를 끌고 있다. 하지만 변액유니버설보험뿐만 아니라 모든 금융상품을 선택하기 전에 꼭 챙겨야 할 것이 있다. 이 상품이 고객의 가입 목적, 투자할 수 있는 기간, 소득 대비 투자금액 등의 측면에서 적정한가 여부이다. …(중략)… 이런 점 등을 고려하여 고객이 이미 선택한 변액유니버설보험이 당초 목표로 한 재무설계 목적에 부합되는지 검토해보고, 가입 당시 변액유니버설보험을 권유한 설계사와 상담하여 보기를 권한다. (한국일보 2005. 10. 30)

물론 위에 제시한 신문기사 이외에 TV에 방영된 내용이나 일반인들에게 공적으로 회자되고 있는 정보를 잘 다듬어서 고객에 시각적으로 보여주는 것도 매우 효과적인 방법이다. 즉, 고가품인 변액유니버설보험을 판매할 때는 프롬트(Prompt)*를 적절히 활용할 필요성이 있는 것이다.

고객의 마음을 읽고 이에 따라 세일즈를 전개해나가는 기술은 파이가 고정된 보험시장에서 고객을 하루빨리 내 편으로 되도록 만드는 최고의 기술이다. 이러한 기사를 활용할 때는 작위적으로 편집을 하지 말고 액면 그대로 복사해서 보여주는 것이 가장 효과적이다. 단, 고객이 주요 내용을 잘 캐치할 수 있도록 중요 부분은 밑줄을 그어놓고, 컨설팅시에는 펜으로 가리키면서 설명을 하는 것이 바람직하다.

---

*프롬트 - 특정한 반응이 발생할 확률을 높이기 위해 환경상에 있어서의 어떤 자극을 제공하는 것을 의미하는 심리학적인 용어. 주로 재활용 행동을 하게 하기 위해 전단(Flier), 팜플렛, 신문 광고 등 서면 형태의 정보나 면대면 접촉을 통한 구두 형태의 정보를 제공하는 형태를 취한다.

••• 군중심리를 세일즈에 접목시키기

군중심리(Crowd Mind)란 사회심리의 한 현상으로, 많은 사람이 모여 있을 때 보통 때의 심리를 초월하여 자기 이상의 행동을 유발하게 되는 심리상태를 말한다. 대중심리라고도 불리는 군중심리는 최근 가장 인기를 끌고 있는 적립식펀드 상품의 일종인 변액유니버설보험 판매시에 적용하면 매우 안성맞춤이다. 군중심리를 이용할 경우에는 사실에 근거하여 실사례를 거론하면서 설명하면 더 효과적이다.

군중심리는 인간이 만들어낸 막강한 무기중 하나이다. 보통상태에서 개인이 10이라는 일을 창출해낸다면 군중심리를 이용하면 100 이상의 일도 할 수 있게 된다. 변액유니버설보험 판매 시에도 동조행위를 유발한 다음 이를 군중심리에 접목시킨다면 손쉽게 고객의 니즈를 환기시켜 당신이 목적한 바대로 계약의 물고를 터 나갈 수 있을 것이다. 단, 명심할 것은 이러한 심리 전략을 활용할 때에는 관련 정보를 정확히 제시하면서 고객이 완전히 믿고 신뢰하도록 만들어야 한다는 전제조건이 성립되어야 한다.

마지막으로 명심할 점은 동조현상과 군중심리를 적극적으로 활용하여 변액유니버설보험 계약을 보다 쉽게 체결하려면 평소 고객이 어떠한 취향을 갖고 있는지, 그 취향을 반영하는 직업에서 가장 인기를 끌고 있는 주체(사람, 기업, 건물, 문화, 예술, 상품 등)는 무엇인가를 알아내어 이를 고객과의 컨설팅시에 적절히 화제로 삼는 작업기술이 필요하다.

변액유니버설보험 컨설팅클리닉 코칭 키포인트

하나_ 군중심리에는 누구나 약하다는 사실을 알고 컨설팅에 임한다.

둘_ 평소 변액유니버설보험과 관련된 정보자료를 최대한 많이 입수해놓는다.

셋_ 입수한 자료 중 오늘 만날 고객의 성향과 가장 부합되는 자료를 정선하여 대화 중 적절한 시점에서 보여주면서 공감대를 형성한다.

넷_ 프롬트를 적기에 활용할 줄 아는 테크닉을 발휘한다.

다섯_ 가입 사례를 설명할 경우 고객 주위에 있는 저명인사를 거론하면서 고객을 심리적으로 압박한다.

여섯_ 최근 어떠한 상품이 인기가 있고 어느 고객층이 좋아하는지 그와 관련된 자료를 보여 주어 고객 스스로 그 이상의 신분이 된다고 생각하도록 대화를 이끌어나간다.

일곱_ 평소 고객이 어떠한 취향을 갖고 있는지 유심히 살펴본다. 특히 어느 유명인을 좋아하는지를 알아놓는다. 이는 대화도중 자연스럽게 공감대를 형성시켜 나갈 수 있는 윤활유가 되어 준다.

밴드웨건 마케팅을 펼쳐라

●●● 보다 나은 것을 추구하려는 심리

"어제 텔레비전에 나온 그 탤런트가 입은 옷이 정말 예쁘더라. 나도 내일 그 옷 사러 갈 거야."

"요사이 ○○○ 여배우가 선전하는 ○○ 화장품이 참 좋다고 하던데 기능성이라 피부에도 매우 좋고 나도 이참에 나도 그 화장품 사용해 볼까?"

"여보, 옆집에도 아랫집에도 멀티비전을 샀다고 하던데 우리도 그거 삽시다."

"○○에서 나오는 건강식품이 그리 좋다고 하던데 그거 먹어 봤어요?"

"아니 아직도 ○○○ 제품 사서 활용해보지 않았어요? 왜 탤런트 ○○○가 나와서 선전하는 거 있잖아요?"

"요새 적립식펀드가 매우 인기라는데 우리도 재테크 차원에서 거기 투자 좀 할까?"

사람들과 얘기를 나누다보면 이처럼 시중에 떠돌거나 자신이 호기심을 가지고 본 사물들에 대한 대화내용들이 자연스럽게 묻어 나온다. 그러면 상대방은 솔깃해하는 표정을 띠게 된다. 이런 말을 자주 듣게 되면 듣는 입장에서는 호기심에 저절로 생겨 급기야는 '그 물건 나도 사고 싶다'는 충동감이 일렁거리게 된다. 사람은 누구나 보다 나은 것을 추구하는 심리가 있어서 자신이 갖고 있는 것보다 더 낫다고 생각하면 그것을 따라하려는 경향이 있기 마련이다.

●●● 친구 따라 강남 가는 고객심리

간혹 홈쇼핑 TV를 보다보면 자신도 모르는 사이에 물건을 구매하는 경우가 있다. 홈쇼핑마니아라 불릴 정도로 홈쇼핑은 사람의 구매심리를 끄는 묘한 작용을 한다. 여기서 구매심리를 끄는 요인은 쇼핑 호스트의 능수능란한 화술인데 자세히 들어보면 일정한 테크닉을 발견할 수 있다.

> "지금 몇 세트만 한정 판매하고 있습니다. 아, 벌써 얼마 남지 않았군요."
> "마감시간이 얼마 남지 않았습니다."
> "지금 이 시간에 사시는 고객에게만 이런 경품을 드리고 있습니다."

시청자들은 이러한 말에 현혹되어 자기도 모르게 전화를 들고 구매를 하게 된다. 특히 자신이 아는 것보다 의외로 싸게 판다거나 자신이 좋아하는 유명인이 사용한다고 하면 이상하게 구미가 더 당겨 구매를 하는 경우가 있다. 실제로 홈쇼핑관계자의 말에 따르면 유명 연예인이 나와 구매심리를 자극하면 매출액이 껑충 뛴다고 한다.

이러한 현상은 공중파 TV 또한 별반 다를 게 없다. 광고하는 모든 것은 소비자의 입맛을 돋우기 위한 상술이다. 즉, 소비자의 구매심리를 자극하여 보다 많은 사람들이, 보다 많이 구매를 할 수 있도록 현혹하는 마케팅 전략인 것이다.

●●● 밴드웨건 효과

아마 당신은 이런 광고를 접한 적이 있을 것이다.

집을 보러 왔다며 집 내부를 둘러보던 남녀가 보일러를 보더니 뜨악한 표정으로 "어머! 거꾸로가 아니네. 가스비 만만치 않을텐데……" 라고 말하는 거꾸로 타는 어느 회사 제품의 보일러 광고 말이다. 이는 마치 '아직도 거꾸로 타는 보일러를 쓰지 않고 있는 집이 있다니!' 라고 상대방의 정보 부재와 알뜰소비심리의 부재를 은근슬쩍 건드리는 광고이다.

이와 같이 대다수가 사용하고 있다는 걸 강조하는 것은 '당신만 시대에 뒤떨어진 사람이 되지 말라' 는 뜻이 내포되어 있는 동시에 그만큼 제품에 자신 있다는 뜻으로 구매심리를 자극하게 된다.

광고가 아니더라도 유명인들이 공공장소나 방송에서 특정상품을 사용하는 모습은 그 자체만으로도 일반인들의 소비를 부추기는 효과가 있다. 이러한 구매심리를 이용하여 최근의 드라마나 영화에는 연예인들이 자연스럽게 제품을 노출시키는 PPL(Products in Placement) 광고가 부쩍 많아졌다.

이와 같이 일반인들이 가장 친근하게 느끼는 유명 연예인이나 스포츠 스타 등 오피니언 리더를 적극적으로 활용하여 상품판매력을 강화하는 마케팅 전략을 밴드웨건 마케팅이라 한다. 그리고 여기서 더욱 바람직한 방향으로 결과를 도출하는 것을 밴드웨건 효과(Band Wagon Effect)라고 한다. 밴드웨건(Band Wagon)이란 행렬의 맨 앞에서 대열을 선도하고 분위기를 띄우는 악대차(樂隊車)를 의미하는 데 요즈음에는 폭넓게 영향력을 행사하는 우세한 세력, 사람의 눈길을 끄는 것, 유행의 선두 등의 뜻으로 사용되고 있다. 밴드웨건 효과는 미국의 하비 라이벤스타인(Harvey Leibenstein, 1922~1994)이 1950년에 발표한 네트워크 효과(Network Effect)의 일종으로 서부개척시대의 운송수단인 역마차에서 유래한 것이다. 밴드를 태운 웨건(마차)이 소란스럽게 요란한 음악을 연주하면서 마을을 지나가면 사람들은 무엇 때문에 떠들썩한지 궁금하여 모여들기 시작한다. 이렇게 몰려든 사람들을 바라본 사람들은 그곳에 무엇인가 있는 것이 틀림없다고 지레짐작을 하여 영문도 모른 채 무작정 뒤따라가 군중은 더욱 더 불어나게 된다. 즉, 밴드웨건 효과는 남이 하니까 나도 한다는 식의 의사결정을 의미한다.

참고로 증권에서 밴드웨건 효과란 위험자산과 위험지역에 대해 어떤 특정한 펀드가 일단 투자하기 시작하면 다른 펀드들도 일제히 동반투자하는 현상을 말한다.

●●● 밴드웨건 효과를 낳게 하는 동인

우리 속담에 '남이 장에 간다고 거름지고 나선다'는 말이 있다. 이 말은 자신의 주관적 사고 없이 남이 하는 대로 무조건 따라한다는 뜻이다. 아니 따라하는 정도가 아니라 한술 더 떠 더 심하게 행동하는 것을 의미한다. 특별히 시장에 가서 팔거나 사고자 하는 물건도 없으면서도 남들이 시장에 가니까 따라갔다가 필요한 물건도 아닌 데 남들이 사니까 그냥 따라 사는 행위다. 이와 같이 의사결정과정에 있어서 강자나 다수파가 택하는 바를 그대로 따라하는 인간의 심리적 현상 즉, 타인의 선택을 추종해 자신도 똑같은 결정을 내리는 동조현상이 바로 밴드웨건 현상이다. 동조행위와 군중심리에 의해 유행에 따라 상품을 구입하는 소비현상을 불러일으키는 것이다.

이러한 밴드웨건 효과를 이용한 마케팅 전략은 특정상품에 대한 어떤 사람의 수요가 다른 사람들의 수요에 의해 영향을 받는 동조행위 현상을 일컫는 고도의 심리적 마케팅 전략이라고 할 수 있다.

기업에서 상품의 광고나 홍보에 엄청난 돈을 쏟아 붓는 것은 바로 밴드웨건 효과를 활용하여 고객들에게 충동구매를 유도하기 위해서이다. 유행과 트렌드를 주도하는 오피니언 리더 계층을 이용하여 친구 따라 강남 가는 소비자의 성향을 포착하여 판매력을 강화해나가는 것이다. 우리가 물건을 살 때도 밴드웨건 현상이 작용하는 경우가 많은데 이러한 소비현상을 활용해 밴드웨건 효과에 의한 소비를 극대화시켜나가는 것이 밴드웨건 마케팅이다.

••• 밴드웨건 효과와 시너지 창출

밴드웨건 효과 또한 변액유니버설보험 판매에 전략적으로 활용해나갈 수 있다. 밴드웨건 현상을 나타내는 고객들의 구매심리를 잘 이용하면 얼마든지 가능하다. 즉, 고객이 스스로 결정짓기 곤란한 심리를 역이용하여 동조행위와 군중심리를 이끌어내 계약을 체결해나간다면 고액계약을 체결하면서 동시에 판매량도 늘려 나갈 수 있다. 예를 들어 변액유니버설보험을 판매할 때 이렇게 말하는 것이다.

"이 상품을 어느 유명한 ○○가 00만 원짜리를 가입했습니다."

"저희 회사 어느 지점에서는 월납 5,000만 원 짜리가 들어 왔습니다."

"어느 회사에서는 월납 1억 5천만 원짜리가 들어 왔습니다."

"○○ 님과 같은 부유층 분들은 최소한 1,000만 원 이상은 다 가입하고 계십니다."

"이 상품에 대한 효용을 아신 분들은 절대 마다하지 않고 가입들하고 계십니다."

"저기 ○○에 사시는 분도 이 상품을 가입했습니다(이 경우에는 권유하는 고객과 안면이 있으면서도 경쟁의식을 불러일으킬 수 있는 사람을 언급한다)."

그리고 이러한 멘트는 다음과 같은 어필과 함께 이루어져야 한다.

"○년 이상 이 일을 한 제가 고객 분들께 가장 자신 있게 권할 수 있는 최고의 원스톱 서비스 상품입니다."

"현재 보험사에서 가장 많이 팔리고 있는 상품이 바로 이 변액유니버설보험입니다."

"미국 등 선진국에서 간접투자상품 중 가장 인기리에 판매되고 있는 장기투자상품입니다."

밴드웨건 효과의 관건은 고객으로 하여금 동조현상을 일으키는 것이다. 고객이 당신의 말에 편승해서 변액유니버설보험에 가입했을 때 밴드웨건 효과는 소기의 성과를 거두어들일 수 있게 된다.

매스컴에 나오는 간접투자상품에 대한 호의적인 정보나 적립식펀드 또는 변액유니버설보험 상품과 관련된 자료를 잘 활용하면 변액유니버설보험을 더 많이 팔 수 있음은 물론 보다 고액계약을 체결할 수 있다. 특히 부유층 고객에게 밴드웨건 마케팅의 전략적 전개는 필수이다.

변액유니버설보험 컨설팅클리닉 코칭 키포인트

하나_ 친구 따라 강남 가는 고객심리를 역이용한다. 지금 최고로 인기리에 판매되고 있는 고품격 상품임을 강조한다.

둘_ 다른 사람들은 모두 구매를 했다고 PR하면서 고객에게 심리적 안정감을 심어준다.

셋_ 유명인들이 이 상품을 적극 가입하고 있음을 증거를 통해 입증시킨다.

넷_ 부유층 고객들이 가장 선호하는 재테크 상품임을 강조한다.

다섯_ 현재 만나는 고객과 비슷한 레벨의 사람들이 가장 많이 활용하고 있는 인생재테크 상품임을 강조한다.

여섯_ 매스컴에서 가장 많이 회자되고 있음을 자료를 제공하면서 보여준다.

일곱_ 왜 많은 사람들이 저금리 시대에 보험투자상품을 선호하고 있는지 그 필요성을 환기시킨다.

디마케팅을
전략적으로 추진해나가라

●●● 모든 사람들이 내 고객이 될 수는 없다

보험영업활동을 하다 보면 수많은 사람들을 만나게 된다. 그러나 만나는 모든 사람들을 모두 내 고객으로 만들 수는 없다. 고객과 당신의 입장이 서로 맞아 떨어져야 인연의 끈이 생기고, 고객과 세일즈맨이라는 새로운 역학관계가 생겨나는 것이다. 따라서 우선 당신 스스로가 고객의 입장에 맞춰 나가는 자세를 견지해나가는 것이 더 중요하다. 고객은 어디까지나 왕이니까……

당신이 만나는 수많은 사람들 중에서 누가 내 고객이 되어 줄 수 있는가를 늘 탐색하면서 고객을 발굴하자. 탐색작업을 어떻게 전개해 나가느냐에 따라 당신이 발굴한 고객의 질과 업적은 비례해서 나타나게 될 것이다.

여기 변액유니버설보험의 대량판매 또는 고액계약을 체결하기 위한 전략적 시도에 있어서 한 가지 풀어야 할 과제가 있다. 바로 현재 당신이 갖고 있는 비즈니스 연고 고객과 앞으로 고객이 되어 줄 자연연고 고객, 그리고 아직 이에 모두 해당되지 않은 백지시장의 낯선 고객들을 어떻게 하면 내 편으로 만들어 갈 수 있느냐에 대한 진지한 검토와 분석이 수반되어야 한다는 것이다. 즉, 이들을 변액유니버설보험으로 신규고객화할 때 단순히 이들만 신규고객화하는 것이 아니라 블루오션 전략을 펼쳐 그들이 알고 있는 지인들까지도 엮어 신규고객화하는 것이 중요한데 이 때 이 수많은 지인들을 무조건 끌어 안고만은 갈 수 없다는 현실을 인지해야 한다는 것이다. 모든 물건을 수레에 다 실을 수는 없다. 중요한 물건, 꼭 필요한 물건, 효용가치가 있는 물건들만을 엄선해서 실어야 한다. 당신이 감당할 수 있는 물건 중 가장 가치 있고 활용도가 높은 물건만 엄선해서 실어야 한다. 그래야 보다 실속 있는 만족을 느낄 수 있다. 즉, 고객에 대한 기본 인식에 대해 발상의 전환이 필요하다.

●●● 업적에 도움이 안되는 고객을 냉철히 가려내라

장기상품인 변액유니버설보험은 투자되는 자금의 규모가 만만치 않다. 가입을 한 이후에도 늘 신경을 써야 한다. 펀드투자수익률이 조금이라도 떨어질 때면 괜스레 고객에게 미안한 감이 들 것이며, 고객이 경제적으로 여유가 없어 유지하기 곤란한 상황에 봉착한다면 가슴이 아파올 것이다. 그렇게 되면 유지율도 엉망이 되고 성적환수를 당해 소득의 기복도 심하게 된다. 이러한 불안 요소를 일거에 잠재우면서 고소득을 지속적으로 창출해나갈 획기적인 방법이 없을까?

최장기상품인 변액유니버설보험은 고액으로 많이 파는 것도 중요하지만, 고객이 이를 잘 유지할 수 있도록 돕는 것도 중요하다. 그래야 환산성적이 지속적으로 발생하여 고수익을 올릴 수 있다.

그러나 그러기 위해서는 전략적으로 차별화된 마케팅을 수립하여 추진해나가야 한다. 즉, 디마케팅과 VIP 마케팅을 결합시켜 실천에 옮겨야 한다.

이 두 마케팅 전략이 무르익는다면 고객의 변심에 의한 중도해약이나 실효와 같은 불상사는 당하지 않게 될 것이다. 당신이 고객에게 불완전판매를 하지 않는 이상에는 말이다.

일반적으로 보험유지를 잘하고 있는 고객은 자금이 넉넉한 우량고객이다. 이것은 계약의 보전유지 파트에서 일을 하는 사람이라면 누구나 아는 사실이다. 당신 또한 당연히 그렇게 생각할 것이다.

●●● 디마케팅은 기본전략이다

디마케팅(De Marketing)은 기업들이 자사 상품에 대한 고객의 구매를 의도적으로 줄임으로써 적절한 수요를 창출하는 차별화된 마케팅 기법이다. 이를 보험세일즈에 적용해보면 변액유니버설보험 상품 판매를 위한 고객 발굴시 선택과 집중을 통해서 고객을 압축시켜 나가는 일종의 타겟마케팅 전략이라 할 수 있다.

즉, 변액유니버설보험을 가입할 여력이 별로 없는 고객에게 매달리기 보다는 가입할 능력이 있는 부유층 고객과 중산층 이상 고객, 그리고 협력자와 키맨을 집중적으로 공략하여 충성고객으로 만들어 나가는 것이 더 현명하다는 것이다. 그래야 업무의 효율성을 높이고 채산성을 높일 수 있다.

'같은 값이면 다홍치마가 낫다' 는 동가홍상(同價紅裳)이란 말처럼 이왕이면 보다 업적과 소득에 도움이 되는 로열티 고객을 찾아 나서야 한층 업그레이드된 영업활동을 지속적으로 전개해나갈 수 있다. 장기간 돈을 굴릴 여유가 있는 고객을 찾아 나서는 디마케팅 작업기술의 전개는 고품격 상품인 변액유니버설보험을 판매하는 데 있어서 반드시 추진해나가야 할 기본전략이다

●●● 도움 되는 20%의 고객을 집중 공략하라

디마케팅 전략은 냉철하게 판단하여 업적에 별로 도움이 안 되는 고객과의 거래를 끊고 우량고객에게 차별화된 서비스를 집중적으로 제공해 기회비용을 절감하고 수익을 극대화하는 '선택과 집중' 전술로 실천할 수 있다. 즉, 많은 계약 건수를 올리기 위한 양적인 고객확보보다는 고액을 가져오는 질적인 고객확보로 변액유니버설보험의 승부수를 띄우는 것이다.

디마케팅은 VIP 마케팅과 그 궤를 같이 한다. VIP 마케팅은 상위레벨 20% 안에 들어가는 소수의 부유층들을 상대로 전략적으로 세일즈를 펼치는 마케팅 방식이다. 즉, 고객을 소득분포에 따라 계층별로 나눌 경우(알기 쉽게 정부에서 분류하는 대로 크게 1분위에서부터 5분위까지로 나눠보자) 최상위 5분위 계층인 20%에 들어가는 로열티 고객을 상대로 마케팅을 전략적으로 추진해나가는 것이다. 이렇게 하면 최하위 1분위에서 중상위 4분위까지에 속한 80%의 일반고객들을 상대로 하는 것과 비슷한 업적을 올릴 수 있다. 이는 파레토 법칙(Pareto's Law)이 입증해주고 있다.

변액유니버설보험을 판매할 때도 우량고객에 대한 선택과 집중이 필요하다. 모든 사람을 고객으로 만들 수는 없다. 그럴 수도 없을뿐더러 힘만 들게 된다. 그러므로 보험시장의 파이가 고정되어 가는 지금과 같은 상황에서는 보다 공격적인 디마케팅을 전개하여 충성고객을 늘려야 한다. 고객의 정보를 수집하여 고객과의 관계를 지속적으로 친밀감 있게 형성해나감으로써 장기적으로 거래관계를 유지하려는 관계형 마케팅, 즉 CRM을 토대로 디마케팅을 전략적으로 추진해나가야만 변액유니버설보험이라는 열매가 튼튼하게 영글 수 있다는 사실을 명심하자. 단, 이 경우 고객에 대한 철저한 분석이 뒤따라야 한다는 것은 당연한 일이다. 그냥 마음 내키는 대로 눈에 보이는 것으로만 고객을 판단하여 분류했다가는 정작 우량고객을 놓치게 되는 우를 범할 수도 있기 때문이다.

따라서 사전에 늘 고객 정보를 입수하여 고객의 성향을 관찰해나가면서 그때그때 등급을 매기고, 또 다시 수정하고 업그레이드시키는 DB 작업을 일상화해나가야 한다. 그리고 디마케팅을 추진할 경우 나머지 다른 고객은 변액유니버설보험이 아닌 일반 보험상품의 고객이 되게끔 이중적인 노력을 기울여 나가야 한다. 그래야 한 명의 고객이라도 놓치지 않게 된다.

변액유니버설보험 컨설팅클리닉 코칭 키포인트

하나_ 고객 군을 비즈니스 연고와 자연 연고, 낯선 고객으로 세분화시킨다.

둘__ 기존고객의 경우 보험료 규모별 또는 환산성적별로 차등화하여 순위를 매긴다.

셋__ 계약 건수별 또는 최근 계약과 만기도래계약을 구분해서 정리한다.

넷__ 소개고객과 협력자를 별도로 분리한다.

다섯_ 자료를 토대로 앞으로 계약 가능한 고객, 소개 가장한 고객을 집중 분석한다.

여섯_ 과학적이고 합리적인 판단하에 변액유니버설보험을 판매할 수 있다는 판단이 서면 앞에서 제시한 컨설팅 전략을 토대로 공략에 나선다.

일곱_ 변액유니버설보험 판매에 도움이 되지 않는 고객은 다른 상품을 판매하는 징검다리가 되도록 관리한다.

여덟_ 로열티 고객을 발굴하여 디마케팅을 실시하고자 할 때는 반드시 사전에 DB 마케팅이 선행되어야 한다.

파레토 법칙에 입각한 VIP 마케팅을 펼쳐라

우리나라 가구의 계층간 소득격차가 1982이래 최고로 많이 벌어졌다고 한다. 통계청이 발표한 우리나라 도시근로자 가구의 월 평균소득은 310만 9,600원으로 나타났다(2005. 8. 3). 그런데 소득계층별로 살펴보면 놀라운 사실을 발견할 수 있다. 최상위 20%인 5분위 가구의 월 평균소득은 무려 589만 9,300원인데 반해, 최하위 20%인 1분위 가구는 평균 115만 600원이라는 사실이다. 잘 사는 상위 20%의 소득이 못 사는 하위 20%의 소득보다 무려 5.13배가 더 많은 것이다.

이렇게 소득 격차가 벌어지는 현상이 해를 거듭할수록 더 벌어지고 있다. 부자는 점점 부자가 되고 가난한 사람은 점점 가난하게 되는 빈익빈부익부 현상이 해가 갈수록 심화되어가고 있는 것이다. 이러한 현실에서 당신은 왜 VIP 마케팅을 펼쳐 나가야 하는지 그 답을 도출할 수 있어야 한다. 아래 도표를 보면 실감날 것이다.

도시근로자 계층별 월평균소득 추이   자료 : 통계청(한겨레신문, 2005. 8. 3)

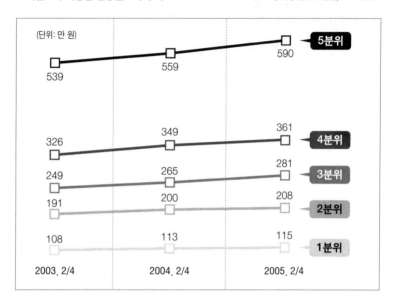

●●● VIP 마케팅은 기본영업활동이다

VIP 마케팅을 변액유니버셜보험 마케팅 전략에 응용해보자.

5분위에 들어가는 고객과 1분위에 들어가는 고객이 있다고 하자. 우리나라 가구당 저축률 33.3%를 기준(통계청 발표, 2005. 8. 10)으로 할 때 5분위에 들어가는 고객은 월수입 약 590만 원에서 매월 약 196만 원 정도는 저축을 할 수 있을 것이다. 그러나 1분위에 들어가는 고객은 월수입 약 115만 원에서 매월 약 38만 원 정도밖에 저축을 하지 못한다.

그런데 일반적으로 소득이 많으면 많을수록 저축률은 산술급수적으로 더 늘어날 수 있다. 즉, 매월 약 590만 원을 버는 5분위 고객은 최소한 가구소득의 40% 이상은 저축할 여력이 있다. 그렇게 잡으면 약 240만 원 정도까지는 저축이 가능하다. 그래도 나머지 돈 약 350만 원을 가지고 충분히 생활할 수 있다. 그러나 1분위 가정은 약 115만 원 중 30%도 저축하기 힘들다. 매월 기본적으로 지출되는 경비가가 만만치 않기 때문이다. 대개 월수입의 약 20%선인 23만 원 정도밖에 저축을 못한다. 그럼 1분위와 5분위의 저축액 차이는 5.13배가 아닌 그의 두 배인 10.4배(240만 원 ÷ 23만 원)로 더 벌어지게 된다.

특히, 통계청 발표에 따르면 전국 가구의 31.9%는 소득보다 지출이 많은 마이너스 가구로 나타났다. 또한 전국 가구의 약 15%에 해당하는 210만여 가구가 적자를 메울 예금이나 자산이 없어 빚으로 살아가고 있는 것으로 나타났다. 이에 해당되는 가구는 대부분이 1분위에서 3분위에 들어가는 가구들이었다고 한다. 이 통계자료를 근거로 추정해보면 이들 하위 소득가구는 저축할 여력이 별로 없다는 것을 알 수 있다. 설령 저축을 한다 하더라도 만기까지 가기 힘들다는 것은 쉽게 짐작할 수 있는 바이다.

변액유니버설보험 판매에 있어서 왜 부자마케팅, 디마케팅을 전개해나가야 하는지 분명한 이유가 여기에 있다.

●●● 부자는 유지가 잘되지만 서민층은 해약이 잘된다

변액유니버설보험을 부유층에게 판매한 경우에는 중도해약에 대한 걱정을 그다지 안 해도 된다. 부유층은 자산에 대한 여유가 어느 정도 있기 때문이다. 그러나 서민층에게 판매한 경우 당신은 늘 중도해약에 대해 신경을 써야할지도 모른다. 서민층은 늘 돈에 쪼들리는 생활을 하기 때문에 급전이 필요한 긴박한 상황이 발생하는 경우 해약이라는 최후수단을 쓸 수도 있기 때문이다.

실제로 경기침체가 장기화되면 서민층들은 은행예금이나 또는 보험 등 우선 현금화될 수 있는 금융상품을 제일 먼저 해지하는 것으로 나타났다. 보험개발원에서 23개 생명보험사의 해약 또는 효력 상실된 보험계약 건수를 조사한 바에 따르면 2004 회계연도에는 988만건으로 외환위기 이후 사상 최대를 기록했다고 한다(세계일보. 2005. 8. 18). 이는 외환위기 직후인 1998년의 959만 건보다도 29만 건이나 많은 것이다. 물론, 계약해지자 가운데 상당수가 소액보험료를 내는 서민층인 것임은 말할 나위 없다. 이와 같이 서민층은 여유자금이 없기 때문에 경기트렌드에 매우 민감하게 작용하게 된다. 경기 불황이 지속되면 곧바로 가계에 주름살이 생기기 때문에 보험을 장기간 유지하기가 곤란하게 된다. 그렇게 되면 해약 시 적게 나오는 적립금 문제로 당신은 고객과의 사이가 소원해질 수도 있음을 감수해야 할 것이다.

그러나 부유층은 경기변동에 거의 영향을 받지 않는다. 따라서 보험계약도 함부로 해약하지 않는다. 이들은 평상 시에 쓸 돈은 따로 비축해 놓은 후 보험을 가입하는데 이것이 부자들의 재테크에 임하는 기본 마인드이다.

또한 부유층은 자신들과 비슷한 문화생활을 하는 사람들과 교류하기 때문에 이들을 통해서 소개확보를 받아 낸다면 고액의 변액유니버설보험을 훨씬 더 쉽게 판매해나갈 수 있다.

현실이 이와 같으므로 나중에 중도해지와 같은 우려를 사전에 불식시키려면 맨 처음부터 파레토 법칙에 입각해서 부유층을 적극적으로 공략해나가야 한다.

●●● 부유층 고객은 10배 이상의 이익을 가져다 준다

VIP 마케팅(Very Important Person Marketing)은 말 그대로 소수의 부유층을 대상으로 펼치지는 마케팅으로 귀족 마케팅이라고도 한다. 해당 분야에서 영향력을 행사하는 사람들을 상대로 하기 때문에 자신이 취급하는 상품에 대해서도 많은 영향을 미치게 할 수 있다. 일반 제품의 경우 부자고객을 상대로 영업을 하면 평범한 사람들을 상대로 하는 것보다 무려 20배 이상의 매출을 올린다고 한다. 보험영업에 있어서는(일회성이 아닌 장기상품인 관계로) 일반적으로 최소한 약 10배 이상의 매출 효과를 가져온다. 그렇기 때문에 부유층을 대상으로 한 VIP 마케팅이 절실하게 필요한 것이다.

우리나라에서 부자는 일반적으로 여유자금을 은행에 1억 원 이상 예치해둔 사람을 말하는데 약 100만 명 정도에 달한다고 한다. 그리고 10억 원 이상을 예금해둔 사람들은 약 5만 명 정도가 된다고 한다. 은행에 생활비 말고 여윳돈 1억 원 이상을 항상 예치할 정도가 되려면 적어도 한 달 수입이 평균 1,500만 원 이상은 되어야 가능하다. 한 달에 1,000만 원 정도 벌어서는 럭셔리(Luxury)한 생활을 해나가는 품위 유지비로 거의 다 들어가게 되므로 갈무리해둘 여유자금이 그리 많지 않다. 이런 고객들을 발굴해서 내 가족처럼 만들어야 한다.

VIP 마케팅 전략으로 변액유니버설보험을 판매함에 있어 주요 대상 고객층은 월수입 약 600만 원 이상의 가정이다. 이 정도 소득은 되어야만 최하 100만 원짜리 변액유니버설보험 계약을 뽑아낼 수 있다. 그렇다고 해서 VIP 마케팅을 만만히 봐서는 안 된다. 최고가의 가치(Highest Value)를 지닌 제품과 서비스를 판매하기 때문에 지극한 정성이 들어가야 한다. 일반고객을 대상으로 할 때의 시간과 노력보다 최소 5배 이상 정열을 쏟아야 한다. 따라서 VIP 마케팅을 추진할 때는 보다 멀리 내다보면서 끈기를 가지고 지속적으로 추진해나가야 할 것이다.

●●● VIP 고객을 잡는 데는 신뢰가 생명이다

어느 조사결과에 따르면 VIP 고객들은 금융상품이나 해당회사 선택시 수익률보다는 담당직원의 서비스와 지점환경 등에 영향을 받는 것으로 나타났다. 투자상담을 잘해주는 담당직원이나, 고객에게 지속적으로 관심을 갖고 서비스하는 금융사가 다양한 금융상품 또는 수익률로 승부하는 금융사보다 고객 유인도가 더 높다는 것이다. 이는 부자들은 돈을 중요시 여기지만 그보다는 사람과 사람사이의 신뢰를 더 중요하게 여기고, 자신을 존경해주기를 바란다는 것을 의미한다. 이것은 VIP 고객을 확보하고 유지하는 데에 관계마케팅이 중요하다는 암시한다.

필자가 관찰한 바로는 이들은 스스로 정한 잣대에 따라 세일즈맨과 상품이 만족할 때에 소개를 해주는 것으로 나타났다. 따라서 부유층 고객들에게는 특정상품을 판매하기 위한 마케팅을 전개해나가기보다는 먼저 그들과의 인간관계를 잘 유지한 연후에 마케팅 전략을 구사하는 것이 중요하다. 지금 거의 모든 금융사가 저금리 시대에 마땅히 돈 굴릴 곳을 찾지 못한 VIP 고객들을 대상으로 한 마케팅 전략에 총력을 기울이고 있다. 재산을 종합적으로 관리해주는 PB(Private Banking) 상품 및 프리미엄 서비스에 적극 나서고 있음은 물론, VIP 클럽도 운영하고 있다. 보험회사에서도 회사수익에서 크게 기여하는 우

수고객을 유치하기 위해 각종 동호회를 지원하거나 무료종합검진 서비스, 대출금리우대 등 차별화된 서비스를 제공하고 있다. 금융사들의 이러한 VIP 마케팅 전략을 본받아 당신도 부유층 고객을 발굴하고 발굴한 고객과 신뢰의 싹을 틔워 신규고객으로 만들고, 또 다른 고객의 소개자가 될 수 있도록 실천해나가야 할 것이다.

●●● VIP 마케팅을 소개마케팅과 접목시키기

VIP 마케팅은 부유층 사람들의 속성상 대부분 입소문(Word-Of-Mouth)을 통해서 이루어지는 것이 관례이다. 이는 방문판매영업을 하는 보험컨설턴트에게는 매우 안성맞춤의 마케팅 방식이라 할 수 있다. VIP 마케팅 전략을 추진해나가면 입소문을 통한 소개로 연결시킬 수 있기 때문이다. 다시 말해 입소문마케팅과 접목된 VIP 마케팅은 바로 소개를 통해 또 다른 부자고객과의 통로를 만들어 준다. 입소문을 통해 부자고객을 발굴해내야 하는 이유는 부유층 고객들은 일반 고객들과 보다 다른 사람들의 말을 잘 믿지 않는 경향이 있기 때문이다. 이들은 매우 고집이 세고 자기주장이 강하다. 그리고 남에게 자신의 자산형성과정과 소유자산규모를 노출시키려 하지 않는 보안심리가 매우 강하다. 그러나 일단 자신이 신뢰하는 누군가가 소개시켜 준 세일즈맨이라면 그의 말은 90%이상 믿는 이중적인 성격을 내포하고 있다.

따라서 당신은 먼저 자신이 정말 신뢰할 수 있는 괜찮은 사람이라는 것을 보여주어 다른 보험컨설턴트보다 유능한 전문가이며 고객관리를 철저하게 잘해준다는 입소문이 나게 해야 한다. 그런 다음 협력고객을 통해 부유층 고객을 만날 기회가 되면 정략적으로 집중 공략해나가는 전략과 전술이 필요하다. 즉, 소개마케팅을 접목시켜서 VIP 고객의 마음을 사로잡아 소개확보의 물꼬를 자연스럽게 터 나간다면 고액계약은 넝쿨째 들어올 것이다. 부자고객이 스스로 알아서 세일즈맨 역할을 하게 만드는 사람만이 최고의 VIP 마케팅의 전문가가 될 수 있다.

●●● 고액계약체결로 돈을 벌려면……

VIP 마케팅은 불경기를 타지 않는다. 돈이 많은 고객은 쉽게 돈이 고갈되지 않기 때문이다. 경기가 아무리 나빠도 백화점의 명품들이 잘 팔리는 이유가 여기에 있다. 따라서 보험계약의 유지도 매우 양호하다. 가입하기 전까지는 매우 까다롭지만 일단 가입을 하고 나면 시시콜콜 따지지 않는다. 그냥 담당설계사에게 일임을 하는 경우가 많다. 그러다가 담당설계사의 사후 보험서비스가 맘에 들면 자연히 소개의 물꼬를 터 준다. 부유층 고객이 소개의 물꼬를 터 주기 시작한다면, 그래서 키맨(key man)으로 서서히 자리매김을 한다면 당신의 보험인생은 활짝 핀 거나 다름없다. 부유층을 상대로 하여 이득을 보는 것이 얼마나 즐거운지는 앞으로 세월이 흐를수록 더 명확해질 것이다. 힘들어도 부자를 상대로 하자. 주위에 부자가 없다해도 부자를 만나기 위한 노력을 게을리 하지 말자. 지금 현재 당신 명단에 부자고객이 없어도 부자를 만들고야 말겠다는 확고한 신념을 불사르면서 부유층을 찾아 나서자.

　힘이 들어도 부유층을 잡아라. 그 길은 고객과의 신뢰를 바탕으로 한 소개마케팅을 통해 이루어질 수 있다. 이제부터는 보다 업그레이드된 자신의 모습을 창출하기 위해서라도 부유층 고객을 집중 공략해 내 편으로 만드는 마케팅 전략을 추진해나가야 할 것이다.

변액유니버설보험 컨설팅클리닉 **코칭 키포인트**

하나_ 언제나 파레토 법칙을 염두에 두면서 고객 로열티 형성에 매진한다. 자신에게 어느 고객층이 소득을 더 많이 안겨주는지를 냉철하게 분석해 이를 효율적인 영업이 되도록 전략적으로 활용해나가야 한다.

둘_ 기존고객 중 고액계약자는 5분위에 입각해 구분해놓는다. 무조건적인 분류가 아닌 DB를 통한 다각적인 분석이 뒤따라야 시행착오를 범하지 않는다. 대충 눈에 보이는 수치에 입각해서 분류하면 자칫 숨어 있는 우량고객을 놓치는 우를 범할 수 있으므로 신중을 기해 선별작업을 해야 한다. 즉, 평소 고객에 대한 정보가 완벽히 수집된 상태에서 분류작업이 이루어져야 한다.

셋_ 최상위 고액계약계층인 5분위 고객에게 소개의뢰를 부탁한다. 이 경우 본인의 가치창출과 신뢰구축이 확고하다는 확신이 섰을 때 대시해 들어가야 한다.

넷_ 5분위 고객은 별도로 리모델링 서비스와 이벤트를 정기적으로 실시해 충성고객으로 만든다.

다섯_ 가장 작은 계약자층인 1분위 고객층과는 차별화된 서비스를 실행한다. 기존고객인 경우에는 계약상황을 냉철히 분석하여 철두철미하게 관리해나가되 시간적 배분에 있어서는 5분위와 차등을 둔다.

여섯_ 고액계약자와 키맨에 대한 패밀리화를 유도한다. 디마케팅과 VIP 마케팅, 소개마케팅이 상호화학적으로 조합될 수 있도록 5분위 고객과 다건 계약고객, 그리고 협력자와 키맨에 대한 본격적인 충성고객화(패밀리화)에 들어간다.

일곱_ 고품격 DM을 정기적으로 보내 감성을 어필을 한다. 고객 스스로 자신은 선택된 사람이라는 느낌이 들도록 특별한 정보들을 제공해준다. 자기가 VIP인 줄 알고 소속감이나 자부심 같은 우월의식을 느끼도록 해주는 것이 부유층 고객을 내 편으로 이끌어내는 비결이다.

명품마케팅으로
베블렌 효과를 노려라

●●● 부유층과 서민층의 구매동기

같은 회사에서 같은 옷감으로 만든 여성 옷이 10벌 있다. 이중 5벌은 동대문 지하상가의 한 귀퉁이에 걸려 있고, 또 다른 5벌은 유명백화점의 마네킹에게 입혀져 눈에 보이는 곳에 고급스럽게 진열되어 있다. 동대문 지하상가에 있는 옷은 가격대가 98,000원이고 유명백화점에 있는 옷은 그의 10배인 980,000원이다. 가격차이가 무려 882,000원이나 난다. 이제 두 부류의 고객이 있다고 하자. 한 쪽은 월수입 200만 원의 서민층이고, 다른 한쪽은 월수입 1,000만 원 이상대의 부유층이다.

먼저 월수입 200만 원을 버는 서민층 고객이 백화점에 있는 옷을 마음에 들어 할 경우를 생각해보자. 그는 그 옷이 마음에는 들지만 가격을 보고는 살 엄두를 못 낸다. 그러다가 동대문 상가에 들러 그와 똑같은 옷이 10배나 싼 가격으로 있음을 보게 되면 두말없이 행복한 마음으로 구매를 하게 된다.

이번에는 월수입이 1,000만 원을 버는 부유층 고객이 백화점에 있는 옷을 마음에 들어 할 경우를 가정해보자. 이들은 맨처음부터 동대문 상가 같은 데서는 물건을 아예 구매하지 않는다. 늘 자신이 이용하는 백화점에서 VIP 대접을 받으며 물건을 산다. 이번에도 마음에 드는 그 옷을 보고는, 가격도 물어보지 않은 채 구매해버렸다. 이들은 나중에 동대문 상가에 그와 비슷한 옷이 있다는 정보를 입수해도 그 옷은 자기가 산 옷과는 어딘가 분명히 다를 거라고 생각하면서 만족을 할 것이다.

앞의 상황은 필자가 잘 알고 지내는 몇몇 사람들을 모델로 하여 쓴 것이지만 바로 이것이 오늘날 부유층과 서민층의 실태이다. 생활수준의 격차가 벌어질수록 부자와 가난한자의 가치관 또한 차이를 드러낸다. 돈이 없는 가정은 한 푼이라도 더 아끼려고 하지만 부자는 돈에 대한 걱정을 하지 않기 때문에 고가의 명품을 추구하면서 여봐란듯이 활용한다. 이들에게 중요한 것은 가능한 다른 사람들과는 차별화된 멋과 품위이다. 극단적으로 말하면, 위의 예는 과시욕을 추구하는 부유층 사람들은 값을 따지지 않을뿐더러 오히려 상품의 값이 비쌀수록 더 선호한다는 것을 역설적으로 보여주는 것이다.

●●● 부유층의 속물근성을 역이용

가격이 비싼 제품, 고급스러운 제품, 가치가 있는 제품, 소량으로 나오는 제품, 희귀한 제품 등 명품을 갈구하는 부유층의 소비행태는 일반 사람들과 사뭇 다르게 표출된다. 명품을 구매하는 사람은 기능과 쓸모를 기준으로 구매를 하는 것이 아니라 명품이 가지는 희소성을 사는 것이다.

돈이 많은 고객은 자신이 차별화된 대접을 받길 원한다. 다른 사람들보다 무언가 돋보이고 싶어 하고, 뽐내고 싶어 하고, 생색을 내려고 한다. 마음에 드는 물건을 구매할 때는 질질 끄는 스타일이 아니라 곧바로 구매를 해버리는 화끈한 면이 있다. 이는 '나는 다른 사람과는 다르다' 는 것을 은근슬쩍 내비치려고 하는 자기과시 심리이다. 이와 같이 부유층은 당장 필요하지 않은데도 불구하고 다른 사람들보다 돋보이고 싶어서 소비하는 경우가 많다. 남들이 구입하기 어려운 값비싼 상품을 보면 오히려 사고 싶어 하는 스노비즘(Snobbism)이 있는 것이다.

즉, 부유층 고객은 속으로는 금전이나 명예 혹은 눈앞의 이익에 지대한 관심을 가지면서도 겉으로는 고상한 체하는 속물근성이 있다.

실제로 서울 강남 압구정동에 있는 어느 한 고급의상실에서는 코트 한 벌에 100만 원의 가격표를 붙여 내놓았다가 잘 안팔리자 미친 척하고 그 가격의 10배인 1,000만 원으로 바꾸어 붙여 놓았더니 쉽게 팔렸다는 웃지 못할 일화가 있다. 이는 부유층 고객들의 단세포적인 속물근성을 여실히 보여주는 것이라 할 수 있다. 그래서 경기가 아무리 나빠도 고가의 명품 제품들이 잘 팔리는 것이다. 부유층 고객에게는 과시소비라고 하는 묘한 심리가 작용하기 때문이다. 부유층의 이러한 속물근성을 잘 이용하여 마케팅 전략을 짜면 충분히 부유층 고객을 내 고객으로 끌어들일 수 있을 것이다.

●●● 베블렌 효과를 극대화하라

이와 같이 부유층 사람들에게는 자신의 성공을 과시하고, 허영심을 만족시키키 위해 물건을 사는 과소비성 심리가 있다. 그래서 비싼 가격의 명품일수록 더 열광하며 구매하려는 경향이 있는데 이러한 심리적 현상을 베블렌 효과(Veblen Effect)라 한다. 즉 베블렌 효과는 가격이 오르는 데도 일부계층의 과시욕이나 허영심 등으로 인해 수요가 줄어들지 않는 현상을 일컫는다.

실제로 명품의 경우 상품이나 브랜드에 따라 정도의 차이는 있지만 물건값이 비쌀수록 구매자가 많아지고, 값이 내려갈수록 구매자가 줄어드는 경향이 나타난다. 소비의 양극화로 경제가 불황임에도 고가의 제품은 여전히 잘 팔려나가는 것이다. 이렇듯 베블렌 효과의 경우는 보통의 수요곡선과 정반대로 나타나는 특이성이 존재한다.

예를 들어 값비싼 귀금속류나 고가의 가전제품, 고급자동차, 골동품 등은 불경기에도 수요가 줄어들지 않는 경향이 있다. 이는 꼭 필요해서 구입하는 경우보다 단지 자신의 부를 과시하거나 허영심을 채우기 위해 구매하는 사람들이 많기 때문이다.

베블렌 효과는 미국의 경제학자인 토스타인 베블렌(Thorstein Veblen, 1857~1929)의 이름을 따서 붙인 경제학 용어이다. 제도비판경제학의 창시자인 베블렌은 자신의 저서인 《유한계급론(The Theory of Leisure Class)》에서 물질만능주의로 치닫는 자본주의 사회에서 재산의 많고 적음이 성공을 가늠하는 척도가 되는 현실을 비판하면서, 부유한 사람들은 자신의 성공을 과시하기 위해 사치를 일삼고, 가난한 사람들은 이를 모방하려고 열심인 세태를 꼬집었는데 이것이 지금은 부유층의 과시적 소비현상을 일컫는 용어로 자리매김한 것이다.

남을 지나치게 의식하거나 허영심이 많은 부유층일수록 베블렌 효과의 영향을 더욱 크게 받는다.

●●● 부유층 고객을 노리는 고단수 심리마케팅

금융기관, 유통기관 등 서비스업체에서는 VIP 고객을 잡기 위한 아이디어를 짜내느라 연일 고심 중이다. 일반손님 100명보다 부자손님 몇 명을 잡는 게 순이익상 훨씬 효율적이기 때문이다. 구매한 상품에 만족을 했을 때에야 비로소 사람들은 다른 사람에게 소개를 한다. 이 때 일반사람은 자신과 생활수준이나 소비레벨이 비슷한 사람에게 소개를 할 것이고, 부자는 그 격에 맞는 돈 많은 손님에게 소개를 할 것이므로 매출액에서 엄청난 차이를 보이게 된다. 그래서 서비스업체에서는 부자손님들이 좋아할만한 상품, 희귀한 상품, 좀 더 고급스런 명품 브랜드를 개발하려고 치열한 경쟁을 벌이고 있다. 백화점들은 아예 부유층 고객만을 위한 별도의 명품관을 꾸미기도 한다. 금융기관 또한 VIP 고객을 잡기 위해 베블렌 효과를 노린 귀족 마케팅에 혈안이 되어 있다.

베블렌 마케팅은 고객의 명품구매심리를 이용한 차별화된 고품격의 마케팅 전략이다. 이는 부유층 고객의 과시성 소비심리를 마케팅에 접목시켜 이익을 극대화하려는 차별화된 VIP 마케팅 전술로 이루어질 수 있다. 따라서 부유층 고객들에게는 VIP 마케팅을 접목한 명품마케팅을 전개하여 베블렌 효과를 빠른 시일 내에 낳게 하는 것이 고액계약체결의 관건이라 할 수 있다.

●●● 베블렌 효과 높이기

이제 당신도 베블렌 효과를 변액유니버설보험 마케팅에 접목시킬 줄 아는 세일즈 마케터가 되어야 한다.

변액유니버설보험에서 명품마케팅 전략이란 변액유니버설보험 상품이 가장 훌륭한 고품격 상품임을 강조하는 전략을 말한다. 아무나 가입하는 상품이 아니라는 사실을 은근슬쩍 내비춤으로서 고객 자신이 우월의식을 갖도록 유도하는 것이다. 이런 경우에는 당신 스스로 명품의 본질을 브랜드파워로 인식하고, 차별화된 전략으로 명품 이미지를 창조해나가기 위해 노력해야 한다.

실제로 변액유니버설보험은 들어가는 투자금(총 납입보험료)의 규모상 그 어떤 명품보다도 고가의 제품이다. 솔직히 일상생활이 매우 빠듯한 서민층의 경우 10년 내지 20년 후를 겨냥해서 매월 정액투자하기는 그리 쉽지 않다. 계약을 유지하는 내내 부담감으로 작용할 수 있고, 이들이 중도해약이라도 하게 되면 이를 계약한 당신의 마음 또한 그리 홀가분하지 않을 것이다.

그러나 부유층 고객을 상대하다 보면 당신이 고객관리를 등한시하거나 신뢰를 잃지 않는 한 중도해약이란 변수는 대개 발생하지 않는다. 남한테 자신의 약한 면을 보이기 싫어하는 이들은 자신의 프라이버시를 생각해서라도 끝까지 보험료를 불입하려는 심리가 아주 강하다. 이러한 부유층 고객의 명품구매심리를 고품격 상품인 변액유니버설보험에 적극 활용하면 보다 큰 금액으로 계약을 체결할 수 있음은 물론 유지율도 좋아 이를 판매하는 당신에게는 금상첨화가 될 것이다. 변액유니버설보험과 VIP 고객은 서로 통하는 면이 있는 매우 밀접한 관계라 할 수 있다.

'선택과 집중'을 통해 고객을 선별하는 디마케팅과 베블렌 효과를 극대화하는 VIP 마케팅과 명품마케팅, 그리고 컨셉마케팅과 감성마케팅을 극대화한 소개마케팅은 불경기일수록, 시장의 파이가 점점 작아질수록, 경쟁자가 많을수록, CRM을 토대로 고객관리를 잘 해나갈수록 더 빛을 발하게 된다. 때문에 이를 반드시 당신의 영업 아젠다로 자리매김하도록 만들어가야 할 것이다.

변액유니버설보험 컨설팅클리닉 코칭 키포인트

하나 _ 고객에게 차별화된 이미지를 심어준다.

둘 _ 고객으로 하여금 선택을 받고 있다는 인식을 갖게 한다.

셋 _ 변액유니버설보험은 아무나 가입하는 상품이 아닌 고품격 상품임을 알려 준다.

넷 _ 최장기상품인 변액유니버설보험은 돈이 있는 부유층 사람들이 주로 대물림 차원에서 실시하는 최고의 재테크 작업임을 알려준다.

다섯 _ 고객의 투자심리를 자극하되 허영심에 입각해 구매를 유도해서는 안 된다, 즉 베블렌 효과를 유도하되 불완전판매를 해서는 안 된다는 것이다. 반드시 고객이 추가보험료를 납입할 수 있는 여력이 있는 선에서 융통성 있게 베블렌 효과를 노려야 한다.

여섯 _ 고객 스스로 잘 가입했다는 생각이 들도록 지속적으로 서비스를 해나간다.

일곱 _ 고객이 가입할 수 있는 범위 내에서 최대의 보험료로 오직 당신에게만 가입하게 유도한다. 물론, 이와 같이 컨설팅을 했을 경우에는 평생고객관리를 해야 함은 기본이다. 즉, 계약체결 후 사후관리는 뒷전인 베플렌 마케팅은 결코 있어서는 안 된다는 것이다. 다른 상품과 달리 보험은 평생을 안고 가야 하는 상품이기 때문에 지속적으로 관리를 해야 할 책임이 당신에게 있다.

여덟 _ 재무전문성을 갖춰 최적의 만족감을 심어주도록 노력한다. VIP 요구수준에 맞출 수 있도록 투자 및 세무분야에 대한 전문가적 식견을 갖도록 노력하고, 다양한 포트폴리오에 입각한 인생재테크 플랜을 신속·정확히 제시할 수 있도록 전문자격증(CFP, FPK, IFP, 투자상담사, 보험중개인, 공인중개사 자격증 등)을 취득해 컨설팅 능력을 배양해나간다.

간접투자상품의 꽃, 변액유니버설보험

지금 가정에는 보험의 꽃이 활짝 피었습니다.

지금 보험회사에는 변액의 꽃이 활짝 피었습니다.

지금 변액시장에는 변액유니버설보험의 꽃이 활짝 피었습니다.

변액유니버설보험은 보험의 꽃 중 가장 아름다운 꽃입니다.

변액유니버설보험은 간접투자상품 중 가장 아름다운 꽃입니다.

지금 당신의 마음은 변액유니버설보험 꽃으로 향기가 가득 차 있습니다.

조물주가 온 세상 만물 중에서

인간을 가장 성스러운 피조물로 창조했듯이

인간은 그에 대한 보답으로 최고의 가치를 추구하면서

세상을 보다 아름답고 멋있게 가꾸어나가고 있습니다.

그중에서도 보험컨설턴트는 보다 큰 사랑을

많은 사람들에게 베풀어주어

온 가정이 행복과 사랑의 기쁨을 누릴 수 있도록

언제나 살갑게 그 길을 제시해줍니다.

수많은 상품과 질 좋은 서비스로

Epilogue
에 필 로 그

무엇이 인간답게 살아가는 방편인지
인생의 길을 올곧게 걸어갈 수 있도록
튼튼한 버팀목으로, 때론 든든한 디딤돌로
어렵고 힘들 때 늘 곁에서 보듬어줍니다.

조물주가 세상을 보다 아름답게 꾸미려고
지상에 선물한 화려한 꽃이
메마른 가슴에 사랑의 씨앗을 움트게 하였듯이
사람은 세상 사람들에게 가족사랑의 방법을 일깨워주고
세상을 보다 행복하고 멋있게 살아갈 수 있도록
보험을 만들어 그 꽃을 활짝 피웠습니다.

꽃 중에서 장미가 가장 화려하듯이
보험 중에서는 변액유니버설보험이 가장 화려하고 멋있습니다.
그 어떤 수식어로도 그에 버금가는 보험 꽃은 없습니다.
변액유니버설보험 꽃은 어느 보험 꽃과 접을 붙여도
그 향기와 아름다움이 독특하게 빛날 수 있도록 만들어진
배아줄기 같은 고귀하고 성스러운 씨불입니다.

인간의 무병장수를 가져오는 가장 획기적인 의술이

배아줄기를 통해 우량세포를 확대 재생산하는 것이듯

장수시대, 저금리 시대, 핵가족화 시대, 자기경영 시대에 있어서

보험을 통해 개개인과 가정의 행복과 풍요로운 생활을 일구어낼 수 있는

가장 획기적인 인생재테크 방법은

보험의 꽃인 변액유니버설보험을 보다 활짝 피워서

모든 가정이 평생 월급이 나오는 1인 1통장을 갖도록

자신들이 바라는 풍요로움을 만끽해나갈 수 있도록

당신이 그 길을 알뜰하게 제시해주는 것입니다.

끊김없이 늘 빛을 발하는 변액유니버설보험 꽃이

단지 자태가 빛나고 빛깔고운 꽃으로만 머물지 않고

세대를 이어가는 소중한 '씨불'이 될 수 있도록

그 길을 당신이 지금부터 잘 제시해주어야 합니다.

진정한 금융주치의로서, 재정클리닉 전문가로서

고객이 늘 만족감과 기쁨을 맛보도록 해주어야 합니다.

Epilogue
에 필 로 그

소중한 이여!

이제부터 당신의 삶을, 당신의 보험인생을

모두 변액유니버설보험에 올인하세요. 모두 배팅하세요.

오로지 변액유니버설보험에만 선택과 집중을 하도록 해보세요.

보험과 금융, 경제 전반에 대해 전문가가 됨은 물론

생활 전반에 대해서도 폭넓은 지식을 쌓아야만

변액유니버설보험 꽃을 아름답게 피울 수 있지만

당신의 모든 역량을 집중해서

고객을 위하는 일념을 갖고 매진해나가보세요.

변액유니버설보험을 향한 끝없는 사랑과 보살핌만이

진정한 마음과 아낌없는 정성으로 고객을 위해

생애 전반에 걸친 인생재테크를 컨설팅클리닉 하는 길만이

당신의 성공을 확실하게 보장해줍니다.

그러한 올곧은 마음 안고 변액유니버설보험 꽃을 소중히 가꿔나가면서

이 책을 펼치고 닫으시기 바랍니다.

변액유니버설보험 **컨설팅 키포인트 63**

초판 1쇄 발행 | 2005년 11월 18일
초판 6쇄 발행 | 2006년 3월 6일

지은이 | 김동범
펴낸이 | 김선식
펴낸곳 | 다산북스
출판 등록 | 2005년 12월 23일 제313-2005-00277호

PM | 신혜진
기획편집 | 서재왕, 윤정숙, 허은경, 신현대, 백승대, 윤영삼
디자인 | 전은옥
마케팅 | 유민우, 임채성, 허성권
경영지원 | 조경일, 김미현, 김효정

주소 | 서울시 마포구 염리동 161-7 한청빌딩 6층
전화 | 02-702-1724(편집) 02-703-1723(마케팅)
팩스 | 02-703-2219
e-mail | dasanbooks@hanamil.net
홈페이지 | www.dasanbooks.com
표지 · 본문 출력 | 엔터
종이 | 정한페이퍼
인쇄 · 제본 | 주식회사 현문

값 12,000원
ISBN 89-91147-40-2 (03320)